U0908727

四川大學中國俗文化研究所《新國學》編輯委員會

新國學

第十九卷

周裕鍇◎主編

四川大學出版社

項目策劃：毛張琳
責任編輯：黄蕴婷
特約編輯：毛張琳
責任校對：張宇琛
封面設計：嚴春豔
責任印製：王　煒

圖書在版編目（CIP）數據

新國學．第十九卷 / 周裕鍇主編．— 成都 ：四川大學出版社，2020.8
ISBN 978-7-5690-3462-2

Ⅰ．①新… Ⅱ．①周… Ⅲ．①社會科學－中國－叢刊 Ⅳ．①C55

中國版本圖書館 CIP 數據核字（2020）第 156693 號

書名　新國學（第十九卷）
Xin Guoxue (Di-shijiu Juan)

主　　編　周裕鍇
出　　版　四川大學出版社
地　　址　成都市一環路南一段 24 號（610065）
發　　行　四川大學出版社
書　　號　ISBN 978-7-5690-3462-2
印前製作　四川勝翔數碼印務設計有限公司
印　　刷　四川盛圖彩色印刷有限公司
成品尺寸　165mm×240mm
插　　頁　2
印　　張　13.5
字　　數　245 千字
版　　次　2020 年 9 月第 1 版
印　　次　2020 年 9 月第 1 次印刷
定　　價　58.00 圓

◆ 讀者郵購本書，請與本社發行科聯繫。
電話：(028)85408408/(028)85401670/
(028)86408023　郵政編碼 ：610065
◆ 本社圖書如有印裝質量問題，請寄回出版社調换。
◆ 網址：http://press.scu.edu.cn

四川大學出版社
微信公衆號

目　録

1　“詩言志”“歌永言”新辨
——兼論“詩”“歌”的概念定義與文體嬗變
劉士義

14　從“事類”“類事”到“類書”
——為紀念類書編纂 1800 周年而作
劉全波

28　論宋初的君臣酬唱活動
朱新亮

42　從雅健到平和：北宋中後期詩學話語的轉變
左志南

59　超然臺賦詠：文本生發及意義賦予
伍曉蔓

73　宋代挽詩體制研究
——以黄庭堅的挽詩创作為解读中心
何京芮

85　宋詩題壁傳播研究的區域視角：福建的具體展開
林陽華

98　南宋地志文學化現象與近世社會
秦　蓁

118 《鐔津文集》國内外版本考論
謝天鵬

139 蜀僧士珪參學、住持考
李　熙

150 從三山燈來住錫天寧寺看聚雲系禪僧的弘法使命感
李志紅

159 澹歸和尚《徧行堂集》文字獄案再考
——從高綱《徧行堂集序》及募疏的發現說起
薛　涓

177 《全宋文》補遺七則
——以明清家譜為中心
王建勇

193 《編類運使復齋郭公敏行録》中的元人佚詞
慈　波

201 《士人身份與南宋詩文研究》評介
張少助

CONTENTS

1 New Interpretations of "Shi Yan Zhi" and "Ge Yong Yan"
——The Conceptual Definition and Stylistic Evolution of "Poetry" and "Song"
Liu Shiyi

14 The Research from "Shilei" and "Leishi" to "Leishu" for the 1800th Anniversary of Leishu Compilation
Liu Quanbo

27 The Poetry Activities of Monarch and Court Officials in the Early Song Dynasty
Zhu Xingliang

42 From Elegant and Vigorous to Peaceful: the Change of Poetic Discourse in the Middle and Late Northern Song Dynasty
Zuo Zhinan

59 Content and Meaning of Writings about Chaoran Pavilion in the Song Dynasty
Wu Xiaoman

73 A Stylistic Study of Elegy in Song Dynasty
He Jingrui

85 Regional Perspective on the Wall Communication of Song Poetry: Elaboration on Fujian Province
Lin Yanghua

98 A Study on the Phenomenon of Geographical Treatises as Literature and Early Modern Society during the Southern Song Dynasty
Qin Zhen

118 Research on Domestic and Overseas Versions of *Tanjin Corpus* Written by Qisong
Xie Tianpeng

139 On the Life Tracks of a Monk Named Shigui from Sichuan
Li Xi

150 On the Mission of the Buddhist Monk Who Belong to the Chan Line of Juyun in View of San Shan Denglai Lived in Tianning Temple
Li Zhihong

159 Re-examination of Literary Inquisition Case about Monk Tangui's *Bian Xing Tang Ji*
——Speaking from the Discovery of Gao Gang's *Preface of Bian Xing Tang Ji*
Xue Juan

177 Seven Missing Articles of *Quan Song Wen*
Wang Jianyong

193 Undiscovered Ci Poems of Yuan Dynasty In *Guogong Minxinglu*
Ci Bo

201 Comments andIntroductions: *The Study on Scholar's Identity and the Poetry-article of the Southern Song Dynasty*
Zhang Shaozhu

"詩言志""歌永言"新辨*

——兼論"詩""歌"的概念定義與文體嬗變

劉士義

山西師範大學文學院

摘　要："詩言志""歌永言"最早出自《尚書·堯典》，乃舜對夔之訓語，後世詩、歌並舉，其源頭均追溯於此。然而以認識規律衡之，"歌"本源於上古先民群體的無意識用語習慣，而"詩"則爲周代執政者的群體意志之產物，較歌體後出。由此觀之，《尚書》之"詩言志"與"歌永言"釋詁，亦必予以重新認識。結合《尚書》所處時代的政治、祭禮、巫風及語源環境，"詩言志"四句訓語當釋爲"持志，歌羕言。聲依羕，律和聲"，而此訓語反映國家執政者對禮樂官所屬祭禮、教育職屬的職權規劃。

關鍵詞：詩言志　歌永言　《尚書》　歌詩體

因《尚書》之"詩言志"訓語而生發的"在心爲志，發言爲詩"之定義，在語義層面上解決了"詩"體形成的基本問題。與之相應，"歌永言"訓釋則繼續深化了傳統的樂歌體系，進而形成了"歌"系等音樂文體。對於兩者之關係，研究者多沿襲傳統《詩》學的解經思路及觀點，將"詩""歌"之定義歸溯於"詩言志""歌永言"訓語，並利用《詩大序》之"志—詩—歌—舞"的嬗變體系，將"詩""歌"兩體並立，從而建立起後

* 本文爲國家社會科學基金專案《明代樂籍制度與文學研究》（專案編號：16CZW031）階段性成果。

世詩體概念的基本内核與外延範疇。降及兩漢，武帝革新樂府機構，通過作歌、采歌等方式以配樂。在此基礎上，"歌""詩"兩體進一步合流，從而促發了"歌詩"體之産生。① 然而，"歌"本爲上古先民語言體系中的自然概念，而"詩"則爲周代政治意志之産物，遠較歌體後出。由此推之，《尚書》之"詩言志""歌永言"訓語或已被後世誤釋，其原義亦必予以重新審視。

一

"詩言志"最早出自《尚書》，自周代以"詩"刺世以來，其便成爲後世"詩"體概念的基本定義與規範。在《詩》《書》並行的文化時代，無論是作詩、賦詩，抑或是誦詩、歌詩，"詩言志"成爲聯繫《書》《詩》體系的重要紐帶。《左傳・襄公二十七年》載趙孟以《詩》觀七子之志，文子"詩以言志"以語叔向，孔子云"詩亡隱志，樂亡隱情，文亡隱言"②等，均可視爲"詩言志"定義的實際運用。先秦時期，《詩》章皆入樂，降及漢世，《詩》樂多亡佚，故徒歌之風蔚爲興起，"歌"體認識亦因此而興。鄭玄《詩譜序》云："《虞書》曰'詩言志，歌永言，聲依永，律和聲'，然則詩之道放於此乎?"由此觀之，及至東漢，鄭玄已然將"詩言志"四句訓語視爲後世"詩"體之本源。

如果說"詩言志"奠定了中國詩體概念之源頭的話，那麼"歌永言"則拓展了傳統"詩"體的概念及涵域，爲後世詩體擴張奠定了文化基礎。《左傳・襄公二十八年》載"賦《詩》斷章，余取所求焉"，傳統知識分子"斷章取義"的文化傳統與中國固有的崇祖溯源之民族心理，使本以各自擁有成熟概念體系的"歌""詩"得以融合，並孳孽出變體。這個過程可以從後世儒者的有關論述中予以證實：

（1）古文《尚書》："詩言志，歌（哥）　（謌）永言，聲依詠，律

---

① 有關"詩""歌"兩體與兩漢"歌詩"體之淵源關係，可參考拙作《兩漢經學與"歌詩"嬗變考》（《浙江學刊》2018年第1期）。

② 《上海博物館藏戰國楚竹書（一至五）文字編》，北京：作家出版社，2007年，第742頁。

和聲。”①

(2) 今文《尚書》:“詩言志，歌詠（詠）言，聲依詠，律和聲。”

(3)《孔子詩論》:“孔子曰：‘詩亡隱志，樂亡隱情，文亡隱言。’”②

(4)《毛詩序》:“詩者，志之所之也，在心爲志，發言爲詩。……嗟歎之不足，故永歌之。”③

(5)《史記》:“詩言意，哥（歌）長言，聲依詠，律和聲。”④

(6)《七略》:“《書》曰‘詩言志，歌詠言’，故哀樂之心感，而歌詠之聲發。誦其言謂之詩，詠其聲謂之歌。”⑤

(7)《漢書・藝文志》:“《書》曰：‘詩言志，哥詠言’。故哀樂之心感，而哥詠之聲發。誦其言謂之詩，詠其聲謂之哥。”⑥

(8)《漢書・禮樂志》:“和親之說難形，則發之於詩歌詠言，鐘石筦弦。”⑦

(9)《說文》:“歌，詠也，從欠，哥聲也。古文以爲謌字。”⑧

(10)《文心雕龍・明詩》:“大舜云：‘詩言志，歌永言’，聖謨所析，義已明矣。是以‘在心爲志，發言爲詩’，舒文載實，其在茲乎。”⑨

(11)《文心雕龍・樂府》:“樂府者，聲依永，律和聲也。……匹夫庶婦，謳吟土風，詩官采言，樂胥被律，志感絲篁，氣變金石。”⑩

從上述文獻的梳理中，我們可以基本還原“詩”“歌”概念的定義過程及文體互釋情況。這種情況均肇源於《尚書》之“詩言志，歌永言”訓

---

① ［清］阮元校刻《十三經注疏》，上海：上海古籍出版社，1997年，第131頁。

② 《上海博物館藏戰國楚竹書（一至五）文字編》，北京：作家出版社，2007年，第742頁。

③ ［西漢］毛亨傳，［東漢］鄭玄箋，［唐］孔穎達疏《毛詩注疏・詩譜序》，上海：上海古籍出版社，2013年，第2頁。

④ ［西漢］司馬遷《史記》，北京：中華書局，1982年，第39～41頁。

⑤ ［西漢］劉向、劉歆《七略别録佚文 七略佚文》，澳門：澳門大學出版中心，2007年，第78～79頁。

⑥ ［東漢］班固撰，［唐］顏師古注《漢書》，北京：中華書局，1964年，第1708頁。

⑦ ［東漢］班固撰，［唐］顏師古注《漢書》，北京：中華書局，1964年，第1028頁。

⑧ ［東漢］許慎撰，［清］段玉裁注《說文解字注》，南京：鳳凰出版社，2007年，第720頁。

⑨ ［南朝宋］劉勰著，范文瀾注《文心雕龍・明詩》，北京：人民文學出版社，1962年，第65頁。

⑩ ［南朝宋］劉勰著，范文瀾注《文心雕龍・樂府》，北京：人民文學出版社，1962年，第101頁。

語，那麼有關“詩”“歌”兩體的嬗變狀況亦必追溯於此。

在古今文《尚書》中，“詩”“歌”“詠”“言”諸字需要獲得特別關注，因爲諸字對理解“詩”“歌”兩體的文化溯源極爲重要。在“詩”體概念定義的過程中，對“詩”“志”概念的文化闡釋尤爲重要。在古人語源體系中，“志”是作爲“詩”的充要條件而存在的。《左傳》對“詩—志”的闡釋關係，春秋時已被孔子加以拓展。《孔子詩論》中所涉及的“詩”“樂”“文”“言”等概念，已是周代禮樂規範的重要概念，此亦表明了“詩”學體系在禮樂文化中的重要地位。與之相較，此時期之“歌”體則被選擇性地忽略，不僅其地位未引起重視，對於“歌永言”亦未做明確之闡釋。

然而降至漢代，這種狀況已發生了較大變化，在傳統“詩言志”闡釋的基礎上，“歌”亦得到了充分闡釋。“嗟歎之不足，故永歌之”，“永歌”與“嗟歎”構成對等解釋，指向因“言之不足”而產生的遞進式情緒動作。考慮到兩漢時期的用語習慣，“嗟歎”當爲“嗟”“歎”二詞構成的複合詞。那麼，考慮到前後用語的平衡及對仗關係，“永歌”亦可解爲“永”（詠）與“歌”的文義互釋。劉歆《七略》對此之解釋正可爲其佐證。依引文（6）之文辭推斷，“詩”乃因“哀樂”而產生的“誦言”，而“歌”則是“歌詠”其聲而產生的有旋律的音樂。此種解釋正印證了《詩》至兩漢因《詩》樂失傳而淪爲徒歌的論斷。

降及東漢，班固在此基礎上又有發揮，“故哀樂之心感，而哥詠之聲發，誦其言謂之詩，詠其聲謂之哥”，直接定義了“歌”體的本質特徵。《漢書・禮樂志》云：“和親之說難形，則發之於詩歌詠言，鐘石筦弦”，更是徑將“歌”比於“詩”“詠”“言”而獨立一體，此亦啓“歌”體實際執行之濫觴，並爲後世“歌”“詩”並立奠定了語源基礎。除此之外，“歌永言”在漢代還存在另一種影響極大的闡釋，即“歌——永言”。司馬遷之論可爲其代表，“詩言意，哥長言，聲依詠，律和聲”。司馬遷搬引儒典時偏好直譯其文，“詩言意”乃對“詩言志”的解釋，而“歌長言”則是對“歌永言”的直詁。因語境而知，此“歌”乃動詞，“長言”爲“歌”之賓語，而“永”當“長”解。此種闡釋在後世流傳極廣，影響也最爲巨大。

兩漢時期，樂府活動至爲興盛，並由此帶來“歌詩”體的蔚然興盛。

漢末至南朝，文人擬樂府與五言詩乘兩漢樂府之余勢而興起。與此同時，朝廷宗廟之“歌詩”與模仿民歌之“歌行”亦流行於世。在此背景下，“歌”體逐步實現與“詩”體並列的文化地位。此時期詩體的發展境況可以從劉勰《文心雕龍》中覘睹一斑。《文心雕龍·明詩》言：“大舜云：‘詩言志，歌永言’，聖謨所析，義已明矣。”《文心雕龍·樂府》云：“樂府者，聲依永，律和聲也。”劉勰將《明詩》與《樂府》並列，實際上已承認了“歌詩”與“歌”互釋的文體定義意義，並直接證明了“歌”“歌詩”相較於傳統“詩”體的獨立地位。在此境況下，詩體定義已從傳統的“儒典”釋義逐步過渡至廣義的“詩”文類體系。南朝以降，後世論詩往往“詩”“歌”並舉，“詩歌”亦成爲中國詩學的一個專有名詞，其源頭均可追溯至此。

從“詩言志”到“歌永言”的歷代累積釋詁中，中國古代“詩歌”體系的文化溯源得以基本確立。從“詩”到“歌”及“歌詩”的文體遞嬗亦折射出周秦兩漢乃至南北朝的知識分子對“詩”學認識的巨大移嬗。這種移嬗伴隨着對“詩言志”“歌永言”的不斷釋詁而逐漸推進，只不過後世學者過於偏重對“詩言志”之“志”的解釋，而無意間疏遠了對“歌永言”的文化審視。① 然而，這個看似完美的學術推論卻存在着巨大的事實問題。無論“詩言志”抑或“歌永言”，其源頭均溯及《尚書》中舜對夔之訓語。然而，以現存文獻及考古文字考之，“詩”乃周代特有政治之產物，商代且無“詩”及相關定義，更勿論堯舜之傳說時代。那麼，此“詩言志”必有所本，而“歌永言”亦須重視。

二

探討“詩”“志”“歌”“言”的原始語境與文化遞嬗意義，離不開對“詩言志”“歌永言”用語環境的溯源與辨疑。只有對“詩”之定義及其概念體系進行文化層次上的深刻質疑，才能解決“詩”體嬗變之疑問，進而

① 學界對“詩言志”之“志”的解釋多爲言意、言志與言情三種，在此基礎上又產生了抒情、議論與敘事基本功能方式。後世詩體表現領域之拓展多據此而展開。具體可參考聞一多《歌與詩》與朱自清《詩言志辨》。

探討《尚書·堯典》所載舜對夔之訓語的真實含義。對於《尚書》的成書年代問題學界多有爭論，竊以爲應結合上古時代文獻傳播的方式，承認《尚書》文本中有關堯舜禹時代之語録事實，並在此前提下進行上古史料及事實的還原。首先，《尚書》乃記載虞夏商周諸時期君臣之間有關政治的語録體文集，其形成是一個世代累積並逐次整理的過程，其間或因用語習慣與語源規律等因素發生衍訛，因此必須以發展角度視之；其次，以先秦成書形式來看，與早期"詩"文本以《風》《雅》《頌》獨立流傳相似，在《書》成爲一種特定文獻之前，諸章是以單篇形式出現的，因此僅以《書》的總纂定型來推定其成書年代必失於武斷；最後，以現存最早文字記録來看，《尚書》所載之歷史可分爲口傳記憶時代與文字記録時代，那麼在從口傳記憶史料向文字記録轉化時，因草創文字的音義複雜關係與浸染時代意識之影響，抑或發生文本釋讀的偏移。

然而迄今爲止，學界多就"詩"之用語習慣與使用場域來討論"詩言志"訓語的產生年代，對於"詩"體定義及其概念並未做充分的探討。[①] 以語源規律視之，"詩言志"與"詩"體定義相聯系實肇始於周代，"詩"乃周代政治用語之產物，而"詩，言其志"釋詁實乃周人"斷章取義"的附會罷了。以認識論衡之，作爲一種文化概念——"詩"體定義有其必然的社會原因與語源規律，沒有無功利及目的的概念體系。此外，具有相同或相近的核心品質、執施範疇與功能場域的概念替嬗亦必存在強大的社會助力，這種助力交織著語言規律、文化元素、認知需求、人文總結與政治促導諸多元素。如果要追溯"詩"體概念的定義過程，就必須揭櫫"詩言志"之"斷章"義的迷轂。"詩言志"本出自《尚書·堯典》，周秦時期被儒家學者繼承，兩漢儒者特以《詩》訓"詩"，"詩""志"命題遂成定讞。[②] 兩漢時期，"詩"體的"詩言志"釋詁是以"詩志同質"論爲基礎

---

① 關於"詩言志"年代的斷定，後世多有爭論。以王文生《"詩言志"文學思想綱領產生的時代考》爲例。王文生從思想史方面推斷其產生於公元前九世紀中葉的周厲王時期。然而此種説法是建立在"詩"體合理基礎上的個人推斷，而實事是此"詩"非彼"詩"，舍前後文語境而妄斷文意仍然不免"以今律古"之嫌，而結論多流於文學性的主觀臆斷。竊以爲在沒有確鑿證據的前提下，不能輕易否定古人斷讞。

② 關於《尚書·堯典》之"詩言志"的闡釋，漢代的今古文闡釋亦有著較大區別。降及東漢，鄭玄群箋諸經，再經《毛詩·大序》之鼓揚，遂成"詩"體定義的文化定式。

的，後世"詩"體概念亦與"志"的解釋有密切的關係。[①] 楊樹達在《釋詩》中所持之"詩言志"釋詁，基本上代表了學界對詩體定義的共識。

> 《説文三篇上言部》云："詩，志也，志發於言。從言，寺聲。"古文作訨，從言，㞢聲。按志字從心㞢聲，寺字亦從㞢聲，㞢志寺古音無二。古文從言㞢，言㞢即言志也。篆文從言寺，言寺亦言志也。《書·舜典》曰："詩言志。"《禮記·樂記》曰："詩言其志也。"……蓋詩以言志爲古人通義，故造文者之制字也，即以言志爲文。其以㞢爲志，或以寺爲志，音同假借耳。[②]

然而，以現代社會學與語言學考之，因"詩言志"而產生的"詩志同質"論有着諸多問題。首先，《尚書》"詩言志"乃堯舜時代之語録，此時代尚無用"詩"的事實。且考之於甲骨、金文等出土文獻，甲骨文只見"言"字，"志"僅散見於商周時代之金文，而"詩"則至周代才得以大量出現。[③] 其次，以存世甲骨文字論之，其造型以象形、會意爲主，精練省繁，簡便易識。甲骨文字除表意之外，更多的是以表音符號出現，實爲後世假借、轉讀之語法源頭。現世流行的形聲字型乃後起之產物，是解決語言複雜化與文字簡省不足之矛盾而衍生的造字體系。由此可知，楊樹達以"詩""志""訨"等形聲字型來追溯"詩"體之本源，已與聞一多一樣走了"以今律古"之歧路。

除此之外，"詩志同質"論還涉及概念定義的另一個問題，即重疊概念的嬗替關係。在具有相同用語場域的語系中，任何概念都具有穩定性與獨一性，如果出現了替代或更嬗亦必然存在促使其發生的原因。"詩志同質"論就涉及以下兩個關鍵因素：第一，如何判定"詩"與"志"的生發聯繫，爲何是"詩"言"志"，而非"志"言"詩"？如果是"詩言志"的話，那麼"詩"比"志"的文化先進性表現在哪里？第二，如何闡釋因"志"而"詩"的概念嬗替過程，其背後的動力因素是什麼，是語源概念的地域差異，還是群體認知的人爲規定，抑或政治因素的強力助推？這些

---

① 具體内容可參考朱自清《詩言志辨》，載《朱自清古典文學論文集》，上海：上海古籍出版社，1981年，第194頁。

② 楊樹達《增訂積微居小學金石論叢》，北京：科學出版社，1955年，第25～26頁。

③ 參考方述鑫《甲骨金文字典》、馬如森《殷墟甲骨文實用字典》、陳初生《金文常用字典》等資料。

都是“詩志同質”未予解釋的問題。

上古堯舜禹時代之事蹟除《尚書》外，多保存於《逸周書》《竹書紀年》《史記》等文獻中，亦散見於《山海經》《吕氏春秋》《淮南子》。考之此類文獻，亦未發現與《堯典》所傳之“詩”“言志”具有相同指歸的語言行爲。事實上，“詩”體概念的大規模應用始於宗周而盛於成周，而此時期適逢甲骨文向金文過渡的重要階段，形聲字的大量出現爲“詩”體概念的定義奠定了介質基礎。降及戰國中晚期，在出土的楚簡中才發現了大量的“詩”體事實，然而“詩”之字型仍以“寺”“旹”“峕”“岦”等字爲主，以“言”爲形符的形聲字型僅存一例。[①] 由此亦可推斷上古時期“詩”本字的實際使用情況，即上古無“詩”字，“詩”體概念的使用與記録乃藉由同音字而用之。如此而論，便產生了上古語言釋詁的錯位與誤釋。以此而論，此“詩言志”或許非“詩，言志”之解釋了。

從考古文獻來看，中國成熟的文字體系最早可追溯至商代的甲骨文字，而《尚書》所載的有關堯舜禹湯之事蹟則多自上古時代傳説。結合目前考古資料，此時尚未發現成熟的文字記録系統。據此而論，其書所傳載之先賢語訓與帝王事蹟，則多因後世傳述者的口耳相傳而保留下來。那麽，由於傳述者之記憶與理解的偏差或經由語言自身的衍變等主客觀原因，這種記憶偏差亦可能被累層地堆積出來。人類進入文字時代後，這種情況亦加劇了傳述事實的偏差與失真。當文字取代傳統的口述記憶後，傳述者記憶轉化成文字記録必然受到書面文字的功能制約。早期文字的簡陋粗糙特徵成爲這種記憶轉化錯衍的客觀原因。因此對“詩言志”及其語境的還原與重釋成爲解決此問題的重要突破口。

三

由上文推斷可知，存世《尚書》所載之堯舜禹諸章或由傳説時代的口

① 《上海博物館藏戰國楚竹書（一至五）文字編》（北京：作家出版社，2007 年）中用“詩”總共 21 處，僅有 2 處爲“言”旁形聲字，所占比不及十分之一。

耳相傳經過文字時代的書面整理而成。那麼，舜對夔之訓語[①]的闡釋就必須考慮到語音與文字轉録的實際情況，並結合堯舜禹時期特有的時代背景、文化特徵等因素予以重新審視。

> 帝曰：“夔！命汝典樂，教胄子。直而温，寬而栗，剛而無虐，簡而無傲。詩言志，歌永言，聲依永，律和聲。八音克諧，無相奪倫，神人以和。”夔曰：“於！予擊石拊石，百獸率舞。”[②]

上古時代的社會體系是建立在政治建制與巫祭維繫基礎上的群體組織。政治建制在政權方面保證了世俗政權的穩定與統一，而巫祭維繫則在意識形態方面樹立了國家的絕對權威。在一個穩定的社會體系中，世俗政權與巫祭維繫往往集中於政府，而處於政權中心的領導者則既具有政治統領身份又兼領宗教祭祀等職權。在巫祭鬼神崇拜較爲狂熱的時代，宗教祭祀權甚至代表着政權的實際執行權。[③] 宗教祭祀必須依賴冗繁的禮儀形式與隆重的音樂建構來塑造其儀式的崇高、神聖與威嚴，因此對宗教禮樂的傳承與禮樂人才的培養亦成爲極爲重要的職責。堯舜時期，世俗政權體制漸趨完備，巫祭儀樂成爲世俗政權的重要組成部分。由於古代巫祭儀禮與文化傳承的統一性，巫祭官又兼執國家文化教育之職責，承擔着國子教育的重要責任。[④]

堯舜禹時期，世俗政權事務日益繁重，在此情況下催生了權力的分化與下移。在這種局勢下，代表宗教控制權的巫祭職責逐漸從權力中樞分離，依附於巫祭職責體系的國子教育權亦隨之分離。那麼，審視舜對夔訓

---

① 有關《尚書》所載之舜與夔之人物事蹟，近世多存爭議。以王國維爲代表的部分學者認爲舜、夔實一人，降及商周因神話歷史化等原因而被分化爲兩人，然而此種學説與人類學、傳播學多有抵牾。首先，以現代學術視角衡之，在上古神話及傳説時代，先民往往將諸多的傳奇事蹟追附於同時或後世的重要人物身上，而非將人物以職能化分。其次，近世學者多以“音同”或“音轉”等方式將上古人物重疊合並，因上古語系已漶漫難辨以致此種説法多流於主觀臆想，不足爲訓。今仍以傳世《尚書》爲據，判爲君臣兩人。

② ［清］阮元校刻《十三經注疏》，上海：上海古籍出版社，1997 年，第 106 頁。

③ 有關上古社會政權與巫祭之關係，可從《禮記・表記》覘窺一斑，“子曰：‘夏道尊命，事鬼敬神而遠之……殷人尊神，率民以事神，先鬼而後禮……周人尊禮尚施，事鬼敬神而遠之’”。除此之外，出土之甲骨卜辭亦可佐證上古政權與巫祭的相互關係。

④ 上古巫祭官兼教育之職責在春秋戰國時期亦有體現，《周禮・春官》：“大司樂掌成均之法，以治建國之學政，而合國之子弟焉。”除此之外，楚國濃厚的巫祭傳統使其表現得更加明顯，《離騷》中的屈原形象即爲巫祭官身份而兼國子教育之職責。

語的政治及文化環境，可以推斷帝舜是將政權的祭祀與教育職權交付於夔，而夔的責任則是“典樂”與“教冑子”。上古時代，巫儀祭祀代表着文化權力的承替，而文化教育則是世俗政權的前提。因此，可以説受教育權代表着預備權力的繼承，而被教育者則預示着獲得了准執政者的身份。

舜對夔訓語“命汝典樂，教冑子”，簡明扼要地點明了這個問題。“直而温，寬而栗，剛而無虐，簡而無傲”，是告誡夔與國之諸子作爲樂官與未來執政者應具備的職業素養。這一點亦深刻地影響了孔子的爲師風範，“子温而厲，威而不猛，恭而安”正是對此的直接呈現。“詩言志，歌永言，聲依永，律和聲”則闡述了“冑子”所應具備的禮樂文化素質。由於前文已論斷虞舜時代不可能出現成熟的“詩”體概念，因此舜之訓語其實只涉及了五個禮樂命題，即志、歌、言、聲、律，而此恰恰爲“詩”體的重新釋詁奠定了語源基礎。

志，最早見於戰國中晚期，中山王方壺所載之金文作，從心止聲，其文作“渇（竭）忠盡志”，已具後世“志向、懷抱”義。漢代《説文》作“志，意也。從心，之聲”解，正是承繼此義。從字形推知，“志”的原始意義源於先民對自我意識的認識，金文呈“心”形或與人類情緒或意志形成時心臟的起伏波動有關。此後，因概念範疇與功能的拓展而逐漸產生“記憶、懷抱、志向”與“文字記録”等義。① “歌”在甲骨文中作②，其形爲人首，作開口放聲貌，又有，取形爲兩口並列狀，象徵兩人放聲對唱，引申爲開口引吭放歌。由甲骨文造形可知，“歌”之定義與人的發聲狀態密切相關，而後逐漸指向兩人對唱的動作行爲，因爲對唱行爲是附著情感意義的語調、長短、緩急、升降等語音組合，因此後世之“歌”則指稱具有一定的音律節奏並附著特定情感及意義的語音

① 聞一多在《歌與詩》中認爲“志”包括三種含義：其一，記憶；其二，記録；其三，懷抱。聞一多將“志”概括爲“無文字時專憑記憶。文字產生以後，則用文字記載以代記憶，故記憶之記又孳乳爲記載之記。記憶謂之志，記載亦爲之志。古時幾乎一切文字記載皆曰志。”此説備考。

② 李圃編《古文字詁林》第 7 冊（上海：上海教育出版社，2004 年），引《續甲骨文編》之“前 6・35・6”，第 798 頁。

行爲。①

聲，甲骨文作，取“叩擊懸磬而傳之於耳”義②，本指與樂器相關的音樂，與人類口形發聲的“音”字相對，《說文》：“音，聲也。生於心，有節於外，謂之音。宮、商、角、徵、羽，聲；絲、竹、金、石、匏、土、革、木，音也。”後世“音”“聲”合稱，進而泛指聲音。③律，甲骨文形似手持樂管狀，本指手持管狀樂器以長短來校正樂音，此處當指器樂的旋律標準。那麼，此“志”“歌”“聲”“律”四個概念體系構成了上古祭祀禮樂的基本框架。

然而，這四個概念是如何構成一個完整的禮樂體系的呢？從戰國出土文獻以及秦漢文獻可知，古代“寺”“詩”“旹”等字互用，乃借“寺”之音而代指同音異義者，而“寺”之本義指手所觸及之處，引申爲“持取”“保留”義。“寺”字見於金文，本義爲“持”，又作表音文字，兼及“旹”“寺”“詩”等義。漢代文獻中“詩”多解釋爲“持”，《儀禮・特牲饋食禮》：“詩懷之。”《詩含神霧》：“詩，持也。以手維持，則承奉之義。”鄭玄《詩譜序》：“詩者，持也。”此皆可爲古今文字衍生之遺證。因此，《尚書》所載之“詩言志”當爲“寺言志”，取義爲“持”，即“持言志”。“言”字在“持言志”中爲語助詞，並無實際意義，其目的是與下句“歌永言”相對稱，以保持全句音律與對仗的協調性。“言”作爲語助詞以保持前後語句諧和的案例在《詩經》中多有體現，如“駕言出遊，以寫我憂”（《詩經・邶風・泉水》）、“鼓咽咽，醉言歸”（《詩經・魯頌・有駜》）、“寤言不寐，願言則嚏”（《詩經・邶風・終風》）、“言告師氏，言告言歸”（《詩經・周南・葛覃》）等，均可爲證。④

如果“詩言志”解爲“持志”的話，與之相應，“歌永言”之“歌”則爲動詞，其賓語爲“永言”，取“歌唱永言”義。與“詩言志”之“言”

① 隨着語法的發展，作爲動詞之“歌”逐漸過渡爲表徵此類動作狀態的名詞性概念，上古文獻中的“歌某某”“某某歌”等句式即是明證。

② 方述鑫《甲骨金文字典》，成都：巴蜀書社，1993年，第1289頁。

③ 隨着語言的發展，降及東漢，許慎已將“聲”“音”互釋，甚至混淆了二者的區別。此亦佐證了《尚書》因語源傳播而造成的釋詁訛誤。

④ 當代，有學者利用現代語言學之縝密的詞性體系來分析“言”之語言現象，鄙以爲多有苛責之嫌。上古時代，語言肇造，語源體系中詞性往往兼而有之，名動形諸詞多合用一個語源概念，這一點與後世有較大區別。

的虛詞屬性不同，“歌永言”中的“言”實指因口而發的語言。那麼，此一問題的關鍵便聚焦於“永”的闡釋上。在甲骨文中，“永”從人，從水，從彳，取人在水中游貌，後分化爲“泳”。《六書故・地理三》：“永，濳行水中謂之永。《詩》云‘漢之廣矣，不可永思’，别作‘泳’。”① 上古時期，因同音異義之緣故，又借指“長久，永遠”義、“羕”等義。《詩經・周南・漢廣》“江之永矣”，陳奂傳疏：“永，古羕字”。又，“羕”“漾”爲古今字，王先謙《詩三家義集疏》：“魯，作羕。韓，永作漾。”“漾”引申爲水流波蕩而産生之紋理貌。《集韻・養韻》：“瀁，滉漾，水皃。或從羕。”《篇海類編・水部》：“漾，水搖動皃。”那麼，“永言”可解爲“羕言”，即如流水紋理般旋律的語言形式。實際上，這種旋律往往通過長短急緩等形式表現出來，而緩長又是歌唱的主要形式，因此亦可理解古人將“羕言”訓爲“長言”之故。

當理解“詩言志，歌永言”之後，“聲依永，律和聲”就迎刃而解了，即樂器依照主祭人長短緩急的發音而附和快慢輕重的音樂旋律，而用聲律指揮來保持樂器演奏的和諧有致。這種演奏方式與後世“因詞制樂”“配樂演唱”的方式有相似之處。如此一來，舜對夔的訓語便有了一個統一合理的功能場域與解釋。“持志，歌羕言。聲依羕，律和聲”，其所指的是主祭者在莊嚴神聖的禮祭儀式中應該遵守的基本行爲及禮儀規範。如果還原這個場景的話，應該是秉持需要向天祇祖宗所禱告的祝詞，用具有一定長短緩急的語音誦唱出來。與此同時，樂器要附和主祭者誦唱的語音形式，並且受樂律指揮的統一約束而保持誦讀與器樂的和諧有致。

四、小結

由上可知，“寺言志，歌永言，聲依永，律和聲”，本爲《尚書》所載舜對夔的職責訓語。其中，舜重點交代了音樂規範在巫祭儀樂中的重要作用，並強調了教育國子的基本方式。降及後世，舜對夔之訓語經由傳説時代的口耳相傳逐步向文字時代的書面記録轉化。宗周初期，用“詩”之風

① ［明］閔齊伋輯，［清］畢弘述篆訂《訂正六書通》，上海：上海古籍書店，1981 年，第 226 頁。

蔚然興起，然而由於初期文字的簡陋粗糙等特徵與同音借用等語言習慣，"寺"遂因同音之故而產生"詩"之分化義。降及成周，《詩》學得到廣泛普及與深入研究，"詩"體定義亦得以重新審視。在此機緣下，加之"斷章取義"的文化傳統與崇祖溯源之民族心理，"詩"體概念便從《尚書》之"寺言志"訓語中得到了"根基"。降及兩漢，隨着《詩》學的經典化與樂府采歌活動的深入，"歌"體亦得以重新審視，《尚書》之"歌永言"的經學闡釋預示了樂府"歌詩"體的誕生。"詩""歌"與"歌詩"體的文化嬗變是一個典型的"以今律古"的學術案例，後世層累的經學迷轂遮掩了歷史與文化的真相，要揭櫫這層迷轂就必須以客觀、廣闊而綜合的學術視野予以重新認識。

從“事類”“類事”到“類書”*

——爲紀念類書編纂1800周年而作

劉全波

蘭州大學敦煌學研究所

摘　要：《舊唐書》之《經籍下》子部對於類書之别名的記載是前後不一的，前言“事類”，後言“類事”，並且這個問題至少在明代就出現了，筆者在梳理類書編纂史、發展史的基礎上，對這個問題提出了淺顯的解釋。這個問題是類書發展中的重要問題，是類書獨立意識增強、自覺意識高漲的結果，不是簡單的文字考證或餖飣小事。中古時期，“事類”應該是較爲正式的類書之别名，强調個體，而“類事”在此處的使用亦有合理之處，强調整體，但是二者之間的互通互换是經常出現的。從公元220年曹丕敕撰《皇覽》至今，恰是1800年，類書之學囊括天地，博而廣，深而邃，深入發掘其價值，闡釋其流傳與脈絡，應該就是今後的主要任務。

關鍵詞：事類　類事　類書

中華書局1975年點校本《舊唐書》卷四十七《經籍下》載：

丙部子録，十七家，七百五十三部，書一萬五千六百三十七卷。儒家類一、道家類二、法家類三、名家類四、墨家類五、縱横家類六、雜家類七、農家類八、小説類九、天文類十、曆算類十一、兵書

* 本文爲蘭州大學中央高校基本科研業務費優秀青年教師科研創新項目“南北朝隋唐時期佛教類書編纂研究”（項目編號：2019jbkyzy033）階段性成果。

類十二、五行類十三、雜藝術類十四、事類十五、經脈類十六、醫術類十七。①

右類事二十二部，凡七千八十四卷。②

可見，《舊唐書》卷四十七《經籍下》對於子部之二級分類，也就是類書之別稱的記載是前後不一的，前者稱“事類十五”，後者稱“右類事二十二部”，究竟是“事類”還是“類事”？筆者查閱了以下幾個版本的《舊唐書》，發現這個問題普遍存在。明嘉靖十八年（1539）聞人詮刻本《舊唐書》，亦是前言“事類”，後言“類事”。清李慈銘校，同治十一年（1872）浙江書局刻本《舊唐書》，亦是前言“事類”，後言“類事”。商務印書館編1958年版《縮印百衲本二十四史》之《舊唐書》卷四十七《經籍下》則是依據聞人詮刻本而來。由此可見，對於類書之別稱的記載，即此前言“事類”後言“類事”之事，自明嘉靖年間就已經出現。

“類書”這個名稱出現比較晚，北宋歐陽修等人編纂《新唐書》時在子部設立了“類書類”，正史目録中才出現“類書”這個名稱，並沿用至今。《新唐書》卷五十九《藝文三》載：

丙部子録，其類十七：一曰儒家類，二曰道家類，三曰法家類，四曰名家類，五曰墨家類，六曰縱横家類，七曰雜家類，八曰農家類，九曰小説類，十曰天文類，十一曰曆算類，十二曰兵書類，十三曰五行類，十四曰雜藝術類，十五曰類書類，十六曰明堂經脈類，十七曰醫術類。③

其實，在歐陽修編纂《新唐書》之前，其曾參與編纂的《崇文總目》中就出現了“類書類”：

類書類（以下原卷三十）。謹按此類以下《歐陽修集》無敘釋。類書上，共四十六部，計一千六百五十卷。類書下，共五十一部，計八百六十五卷（以下原卷三十一）。④

---

① 《舊唐書》卷四十七《經籍下》，北京：中華書局，1975年，第2023頁。

② 《舊唐書》卷四十七《經籍下》，第2046頁。

③ 《新唐書》卷五十九《藝文三》，北京：中華書局，1975年，第1509頁。

④ ［宋］王堯臣、王洙、歐陽修撰《崇文總目》卷六《類書類》，《文淵閣四庫全書》第674册，上海：上海古籍出版社，2003年，第72頁。

由上可知，《崇文總目》的部類之中的確已經出現了“類書類”，《崇文總目》應該是目前我們所知道的古今著作中最早出現“類書”稱謂與“類書類”子目的著作，但是非常可惜的是，《崇文總目》中歐陽修對類書的“敘釋”卻在流傳中遺失了，所謂“謹按此類以下《歐陽修集》無敘釋”，我們也就無法知道歐陽修在創造“類書”這個名詞、子目時的最初含義。北宋之前的類書被稱爲什麽一直是我們想要解決的問題，但是誠如上文所言，《舊唐書》對類書之别名的記載前後不一，更使得我們產生了茫然之感。

其實，《舊唐書》對於類書别名的兩個記載，即前文所説的“事類”與“類事”，或許亦不是他們的首創或首誤，有可能是因襲前人。

《舊唐書》卷四十六《經籍上》載：

> 開元九年十一月，殷踐猷、王愜、韋述、余欽、毋煚、劉彦真、王灣、劉仲等重修成《群書四部録》二百卷，右散騎常侍元行沖奏上之。①
>
> 四部者，甲、乙、丙、丁之次也……丙部爲子，其類一十有四：一曰儒家，以紀仁義教化。二曰道家，以紀清淨無爲。三曰法家，以紀刑法典制。四曰名家，以紀循名責實。五曰墨家，以紀強本節用。六曰縱横家，以紀辯説譎詐。七曰雜家，以紀兼敘眾説。八曰農家，以紀播植種藝。九曰小説家，以紀芻辭輿誦。十曰兵法，以紀權謀制度。十一曰天文，以紀星辰象緯。十二曰曆數，以紀推步氣朔。十三曰五行，以紀蓍筮占候。十四曰醫方，以紀藥餌針灸。②

《舊唐書》卷四十六《經籍上》又載：

> 自後毋煚又略爲四十卷，名爲《古今書録》，大凡五萬一千八百五十二卷。③
>
> 孰有四萬卷目，二千部書，名目首尾，三年便令終竟，欲求精悉，不其難乎？所以常有遺恨，竊思追雪。乃與類同契，積思潛心，審正舊疑，詳開新制。永徽新集，神龍近書，則釋而附也。未詳名

---

① 《舊唐書》卷四十六《經籍上》，第 1962 頁。
② 《舊唐書》卷四十六《經籍上》，第 1963 頁。
③ 《舊唐書》卷四十六《經籍上》，第 1962 頁。

> 氏，不知部伍，則論而補也。空張之目，則檢獲便增。未允之序，則詳宜別作。紕繆鹹正，混雜必刊。改舊傳之失者三百餘條，加新書之目者六千餘卷。凡經録十二家，五百七十五部，六千二百四十一卷。史録十三家，八百四十部，一萬七千九百四十六卷。子録十七家，七百五十三部，一萬五千六百三十七卷。集録三家，八百九十二部，一萬二千二十八卷。凡四部之録四十五家，都管三千六十部，五萬一千八百五十二卷，成《書録》四十卷。[①]

據《舊唐書》卷四十六《經籍上》記載，開元九年（721），元行沖、殷踐猷、王愜、韋述、余欽、毋煚、劉彦真、王灣、劉仲等編纂成《群書四部録》二百卷，其後，毋煚刪減《群書四部録》編成《古今書録》四十卷，而五代劉昫編纂《舊唐書·經籍志》時多據《古今書録》。

《群書四部録》按四部區分，子部的子目有十四類，依次是儒家、道家、法家、名家、墨家、縱横家、雜家、農家、小説家、兵法、天文、曆數、五行、醫方。而毋煚根據《群書四部録》編成的《古今書録》亦是按照四部分類法分類，只不過其子部不是十四類，而是十七類。《舊唐書·經籍志》沒有記載這十七類的子目名稱，但是顯然毋煚根據《群書四部録》新編《古今書録》的時候，對子部的子目做了調整，將原來的十四子目調整爲十七子目，不過我們已不能知道毋煚所做的具體改動。《舊唐書·經籍志》是依靠《古今書録》編纂的，它們之間的淵源也是衆所周知的，更爲重要的是，《舊唐書·經籍志》子部的子目也是十七類，與《古今書録》相同，這樣我們可以根據《舊唐書·經籍志》的子目情況推測《古今書録》的子目情況，也就是説《舊唐書·經籍志》出現的子部“事類”或“類事”極有可能是從《古今書録》因襲而來。

故胡道靜認爲類書在子部裏獨辟成爲一類是始於唐開元時毋煚編《古今書録》。這種推測的確也是有道理的。[②] 但是由於《古今書録》的散佚，我們不知道當時毋煚給類書起了一個什麼樣的别名，究竟是“事類”還是“類事”？

此前的《隋書》中，類書是屬於子部雜家的。魏徵等人編纂《隋書》

---

① 《舊唐書》卷四十六《經籍上》，第 1965 頁。

② 胡道靜《中國古代的類書》，北京：中華書局，2005 年，第 3 頁。

之時，被迫從史部分裂出來的類書被收入了子部“雜家”，爲何說是被迫？因爲那時的類書沒有獨立地位，不然就不會依附在子部“雜家”之中。此時期依附在“雜家”的還有佛教典籍，也就是說，《隋書》的編修者把當時他們認爲暫時無法歸類的著作，如類書、佛教典籍，在沒有找到合適的地方，又不足以單立門類安置它們之前，只好將之暫時置於“無所不包”的雜家之末，當然類書與雜家也是有幾分淵源的。

經過唐初的迅猛發展，到編纂《古今書録》之時，類書家族已經蔚爲大觀，故毋煚認爲有必要給類書獨立的目録學地位。因爲唐初編纂了多部大型類書，如《文思博要》《三教珠英》《東殿新書》《瑤山玉彩》《策府》《藝文類聚》《初學記》等，加上唐以前的諸類書《皇覽》《華林遍略》《修文殿御覽》《長洲玉鏡》等，類書已經是一個相當龐大的典籍群，故毋煚做了調整，即子部二級目録由十四類變成了十七類時，給了類書家族一個獨立的位置。但是毋煚此時給類書家族所起的類名是什麼？我們只能根據《舊唐書》猜測，因爲《舊唐書》基本就是沿襲毋煚《古今書録》而來，如此這般，我們把類書家族在目録學中獨立的確切時間可以提前至開元時代，但是我們仍然沒有解決類書此時的別名問題，因爲《古今書録》散佚殆盡，而《舊唐書》記載又前後不一。

一、“事類”爲是

雖然我們對《舊唐書》的版本及類書發展史等做了梳理，但是由於資料散佚，我們仍然不能解決《舊唐書》所載類書別名前後不一的問題，那麼只能將研究的視角轉回文本本身，通過加強文本本身的研究來找答案。

什麼是“事類”呢？劉勰《文心雕龍·事類》載：

> 事類者，蓋文章之外，據事以類義，援古以證今者也……夫經典沉深，載籍浩瀚，實群言之奥區，而才思之神皋也。揚班以下，莫不取資，任力耕耨，縱意漁獵，操刀能割，必裂膏腴。是以將贍才力，務在博見，狐腋非一皮能温，雞蹠必數千而飽矣。是以綜學在博，取

事貴約，校練務精，捃理須核，眾美輻輳，表裏發揮。[①]

陳松雄《齊梁麗辭衡論》又載：

蓋事類者，據事以類義，援古以證今者也。懷文報質之士，揮翰鋪采之流，苟能據古事以證今情，引彼語以明此義，則辭簡而意賅，言近而指遠。是以類事用典，其來有自，屈宋諸騷，著無先鞭。張蔡賦碑，挹其餘韻。然皆意到筆隨之作，非苦慮勞情而爲也。逮乎建安，始專引古之意，訖於正始，方見指事之勤。太康以後，用典益繁。潘嶽西征，幾於盈篇事類，陸機連珠，堪謂通章故實。流風所至，遞相追逐，懷鉛吮墨之徒，布麗典以逞淵博，載筆摛文之士，引古事以增繁縟。延及南朝，隸事最富，凡情韻之傾瀉，事理之鋪陳，莫不吐膽嘔心，經營刻畫。或借古語以申今情，或用先典以明近理。學者博識子史，忽禮樂之是非，文士廣搜前言，昧經教之宗旨。但務多學廣識，因書立功，緝事比類，持刀以割膏腴，用舊博古，操斧以伐山林。宋之顏、謝，承其流而揚波，齊之任、王，變其本而加厲。梁代文苑，推引最深，沈、劉逞博贍之學，引事無謬，徐、庾展俊邁之才，用舊合機，工如良匠之度木，美比騶奭之雕龍，達意切情之作，處處能見，出身入化之篇，時時或聞。馴至一事不知，或承之羞，一語無據，自覺其陋。非典故無以成章，非博物不足稱美。此隸事之富，所以造極於齊梁，麗辭之美，所以致績於博古者也。[②]

誠然，在劉勰的眼中，“事類”首先是一種文學創作手法，是借古言今，是徵引、引用，是用古人之言辭、典故表達今人之思想、情感。劉勰對於“事類”的這個闡釋，必然是歷代學者所熟知的，毋煚也不例外，其必然也是根據其中含義，對類書類典籍做了歸集，並使用了“事類”一詞來命名。南北朝以後，類書大量出現，其主要功能就是爲文人作文提供“事類”支援，而經過一段時間的發展，尤其是“事類”之書多到一定數量之時，反過來用“事類”命名這一類典籍亦是合情合理。

歷代多有以“事類”爲名之典籍，《宋史·藝文六》即載有多部，如

① ［梁］劉勰撰，周振甫注《文心雕龍注釋》，北京：人民文學出版社，1981年，第411～413頁。

② 陳松雄《齊梁麗辭衡論》，臺北：文史哲出版社，1986年，第114～115頁。

“《軺車事類》三卷。《引證事類備用》三十卷。《十史事類》十二卷。《三傳分門事類》十二卷。《鹿革事類》二十卷。《唐朝事類》十卷。《書林事類》一百卷。吳淑《事類賦》三十卷。吳曾《南北分門事類》十二卷。《引證事類》三十卷”。

清代學者孫星衍在對類書進行分類之時，仍然使用了“事類”一詞，可見此“事類”是類書別名中影響力較大的一個。《孫氏祠堂書目外編》卷三“類書第九”載：

> 《天中記》六十卷。明陳耀文撰。《焦氏類林》八卷。明焦竑撰。《日涉編》十二卷。明陳階撰。《五車韻瑞》一百六十卷。明淩稚隆撰。《三才圖會》一百六卷。明王圻撰。《潛確類書》一百二十卷。明陳仁錫撰。《廣韻藻》六卷。明方夏撰。《文選錦字》二十一卷。明淩稚隆撰。《讀書記數略》五十四卷。宮夢仁撰。《韻府約編》廿四卷。鄧愷撰。《唐詩金粉》十卷。沈炳震撰。《廿一史言行略》四十二卷。過元文撰。右事類。
>
> 《姓源珠璣》六卷。明楊信民撰。《尚友録》二十二卷。明廖國賢撰。《宋明詩人姓氏韻編》二卷。無撰人名氏。右姓類。
>
> 《經籍考》七十六卷。元馬端臨撰明刊本。《世善堂藏書目録》二卷。明陳第撰。《絳雲樓書目》一冊。寫本。《皇宋書録》三卷。董史撰。《浙江天一閣書目》三冊。《匯刻書目》十冊。顧修撰。右書目。①

如此看來，“事類”應該是更準確的類書之別名，我們或許也可以就此斷定《舊唐書》之前言“事類”爲是，後言“類事”爲非。果然是這樣的嗎？也不一定。

按照《舊唐書》卷四十七《經籍下》子部諸類目的排列順序，我們可以見到，諸類目的結尾皆有一個“類”字，即“儒家類一、道家類二、法家類三、名家類四、墨家類五、縱横家類六、雜家類七、農家類八、小說

---

① ［清］孫星衍撰《孫氏祠堂書目》，《叢書集成初編》第40冊，北京：中華書局，1985年，第116～118頁。此處我們將“事類”“姓類”“書目”並列，是爲了展現“事類”是類書之別名，並說明“事類”所對應的其他類目之狀況，而對於清儒孫星衍將“姓類”“書目”列入“類書”，我們是有不同意見的。具體可參劉全波《類書研究通論》，蘭州：甘肅文化出版社，2008年。

類九、天文類十、曆算類十一、兵書類十二、五行類十三、雜藝術類十四、事類十五、經脈類十六、醫術類十七”，此模式是以“類”字結尾，而在文中再次提及此類目時，皆把“類”字省略，只餘下“儒家、道家、法家、名家、墨家、縱横家、雜家、農家、小説、天文、曆算、兵書、五行、雜藝術、經脈、醫術”，而“事類”去掉“類”之後，單餘一個“事”字，文意不通且多有歧義，肯定是不能作爲“事類”類目之簡稱獨立存在的，而爲了區别，或者是適應上述變化，故在“事”前加“類”字以做變化，以不失“事類”之本義。

如此看來，所謂的前言“事類”、後言“類事”前後不一的問題竟然不是問題。我們在對類書進行研究的過程中，總是想要搞清楚“類書類”類目産生之前，諸類書類典籍的類名是什麽，而通過上文的考察，可知“事類”就是“類書類”産生之前諸類書之别名、總稱。

“事類”簡化爲“事”亦是可以的，爲何非要變爲“類事”呢？這還需要進一步的考察。

二、“類事”爲是

其實我們對於這個問題還可以有另外的解釋方法，即以“類事”爲出發點。誠如前文所説，《舊唐書·經籍下》子部小敘部分諸類目的結尾皆有一個“類”字，即“儒家類一、道家類二、法家類三、名家類四、墨家類五、縱横家類六、雜家類七、農家類八、小説類九、天文類十、曆算類十一、兵書類十二、五行類十三、雜藝術類十四、事類十五、經脈類十六、醫術類十七”。此敘述模式很顯然是以“類”字結尾，而諸類目在正文中再次出現時，皆把“類”字省略了，只餘下“儒家、道家、法家、名家、墨家、縱横家、雜家、農家、小説、天文、曆算、兵書、五行、雜藝術、類事、經脈、醫術”，如此來看，我們所見到的“類事”其實是去掉尾巴“類”之後的狀況，如果加上尾巴，其就變成了“類事類”，繼續按照這個思路往前推，“事類”一詞極有可能就是前面丟掉了一個“類”字。

脱脱等人編纂《宋史》之時，將歐陽修等人所定的子部“類書類”子目改爲“類事類”。《宋史》卷二百五《藝文四》載：

> 子類十七：一曰儒家類，二曰道家類（釋氏及神仙附），三曰法

家類，四曰名家類，五曰墨家類，六曰縱橫家類，七曰農家類，八曰雜家類，九曰小説家類，十曰天文類，十一曰五行類，十二曰蓍龜類，十三曰曆算類，十四曰兵書類，十五曰雜藝術類，十六曰類事類，十七曰醫書類。①

由《宋史》將“類書類”改爲“類事類”一事可知，“類事類”在中古時代常用作類書之别名，或許此“類事類”之名就是從《舊唐書》而來，因爲《隋書》中類書類典籍是屬於子部“雜家”的，沒有可參照性，而元初編纂《宋史》之時，能夠參照的就是比《新唐書》還早的《舊唐書》。誠如上文所言，唐宋以來，“類事類”多被目録學者提及，並使用在目録學著作中，雖然“類書類”的使用頻率明顯高於“類事類”。

但是直到清代，仍然有學者使用“類事類”總稱類書。《浙江採集遺書總録》己集、庚集載“子部”諸家依次爲：“儒家類、雜家類、説家類一（總類）、説家類二（文格詩話）、説家類三（金石書畫）、説家類四（小説）、藝玩類、類事類、叢書類、天文術算類、五行類、兵家類、農家類、醫家類、道家類、釋家類。”②

在類書之别名“事類”“類事”之間，筆者傾向於“事類”，因爲自南北朝以來，“事類”一詞不斷被使用，劉勰《文心雕龍》亦有“事類”篇。

有學者認爲“類書之别名”是個小問題，但是筆者不這樣認爲，因爲這是一個關係類書理論研究的大問題，如果不能夠把“類書”的由來搞清楚，“類書”之“自覺”、類書之“獨立”就成爲無根之木。爲了更好地研究類書的發展史、編纂史，我們要搞清楚“類書”别名的出現與獨立時間，每一個階段的别名反映的就是類書在特定時期的發展與變化，代表着類書的自覺與獨立。

明清諸圖書目録中，在“類書類”“類事類”之外，亦有其他别名稱呼類書，如“類家類”“類家”“類編”“匯書類”。這些稱呼都在强調“類”，筆者推測，中古時期對於類書的認知在於“事”，而明清諸人對於類書的認知更側重於“類”。

---

① 《宋史》卷二〇五《藝文四》，北京：中華書局，1977 年，第 5171 頁。

② ［清］沈初等撰，杜澤遜、何燦點校《浙江採集遺書總録》，上海：上海古籍出版社，2010 年。

表 1 明清諸圖書目録

明	《國史經籍志》	四部分類	子部·類家類
明	《澹生堂藏書目》	四十六類	類家類
明	《世善堂藏書目録》	六大類	史類·類編
明	《紅雨樓書目》	四部分類	子部·匯書類
清	《讀書敏求記》	四部分類	子·類家

三、中古時期類書編纂體例的發展與成熟

對於類書的體例，前輩學者亦多有研究，針對中古時期的類書發展、編纂情況，筆者建議用類事類書、類文類書、類句類書、類語類書、賦體類書、組合體類書六種模式進行考察。① 類事類書自始至終是中國類書的發展主流，此種體例亦有多種模式，有出處、書名、人名在前者，亦有出處、書名、人名在後者，更有不具出處、書名、人名者，但是此種體例以引用、排列段落、長句爲主，《皇覽》《史林》《四部要略》《壽光書苑》《類苑》《華林遍略》《修文殿御覽》《長洲玉鏡》《文思博要》《東殿新書》《三教珠英》等，所採用的體例就是類事類書。

類文類書不被一些學者認可，但我們通過考察認爲此種體例是存在的，夏南強亦單獨將類文類書獨立出來作爲一種類書分類方法。當然，單獨的類文類書或許早已經獨立於類書之外，但是還有存在於經典類書之中的類文部分，這是我們研究類文類書的基礎。類文類書體例的形成當與類事類書有關，排列組合模式亦相同，至唐初《藝文類聚》編纂之時，將此二種模式合並成新的“事文並舉”體例，並被後世沿襲。

類句類書出現的時間比較早，最晚在南北朝時期，追求博學多識的類句類書這一新的類書體例被類書編纂者創造出來並大量使用，並傳承至今。類句類書比類事類書、類文類書簡潔明了，知識點也更加凸顯，比較適用於私人使用，其典型代表是《北堂書鈔》《白氏六帖事類集》等，但

① 劉全波《論敦煌類書的分類》，載王三慶、鄭阿財主編《2013 敦煌、吐魯番國際學術研討會論文集》，台南：成功大學中國文學系，2014 年，第 547～580 頁。

是我們認爲《北堂書鈔》之前的南北朝時期已經有類句類書流行。

類語類書是在類句類書基礎上產生的，類句類書追求知識量的豐富與簡潔，而類語類書則以二言、三言、四言形式出現，更加簡潔，同時類語類書還追求辭藻的對偶，這與中古文學的發展關係密切。類語類書的典型代表有《語對》《編珠》《籯金》等。總之，從南北朝至隋唐時期，類句類書與類語類書已經逐漸成熟完善，並迅速擠佔官修類書之外的私纂類書空間。

賦體類書也是類書分類裹面一個比較受關注、質疑的領域，或有學者説類書是賦導引而來的，賦體類書明顯就是回歸"賦"的行爲，且言賦體類書的重點是"賦"而不是類書，甚至有學者直接建議將"賦體類書"歸入"賦類"，從類書中徹底獨立出來。其实，類書的源頭是多元的，與賦只有一定關係。[①]《事類賦》是賦體類書的代表，《事類賦》最初的名稱是"一字題賦"，後來才成爲今天我們見到的"事類賦並注"。《四庫全書總目》之《事類賦提要》載："先進所著，一字題詞百首，退惟蕪累，方積兢憂，遽奉訓詞，俾加注釋，又稱：前所進二十卷，加以注解，卷帙差大，今廣爲三十卷，目之曰《事類賦》云云。"[②] 也就是説吳淑最先編纂的"一字題賦"沒有得到認同，加入注釋之後才流行於世，這顯然告訴我們《事類賦》的重點是類書與"事類並注"而非"賦"。賦體類書與賦之側重點明顯不同，賦體類書只是用了賦之模式以組織事類，所以我們認爲賦體類書的發展不是賦的直接作用，而更有可能是類句類書、類語類書的產物，是將類句類書、類語類書之內容用賦的形式連接起來。學界原來以爲《事類賦》是賦體類書的開創之作，但隨着各類文獻的不斷湧現，尤其是敦煌類書《兔園策府》的出現，讓我們知曉了唐初即有賦體類書，而日本藏《翰苑》殘卷的重現，更是給我們帶來了諸多新的認知，即唐初編纂的賦體類書不僅有《兔園策府》，還有《翰苑》，這都是賦體類書的傑出代表。

事文並舉類書模式其實是一種組合模式，由類事、類文、類句、類語

---

① 劉全波《論類書的淵源》，《圖書情報知識》2013 年第 1 期，第 78～84 頁。

② ［清］永瑢等撰《四庫全書總目》卷一三五《事類賦提要》，北京：中華書局，1965 年，第 1144 頁。

等類書基本元素組合而成，如《藝文類聚》是類事、類文之組合，《初學記》是類事、類語、類文之組合。後來的發展中，在這些基本元素之外，還出現了敘説、總論等説明性的文字，但是我們認爲只要保留着類書的基本模式，這些隨着時代發展而出現的敘説、總論等，不會改變類書的基本性質。這種組合體類書的編纂難度是很高的，所以私人編纂類書多不採用這種模式，而只有在人才濟濟的情況下才可以做出如此經典的文本，《藝文類聚》《初學記》之所以能流傳千年，並成爲經典，主要還是和它們的編纂體例有關。

前文我們對“事類”“類事”做了很多分析，其實，“事類”的重點在“事”，且多強調個體，“類事”的重點在“類”，且多強調整體。誠如上文所言，隨着此類典籍的增多，尤其是唐初大量類書典籍的編纂，“事類”不足以包納衆家，如類文、類句、類語、賦體之類，所以“事類”逐漸被“類事”取代，這是類書發展的結果，也是類書編纂體例發展的結果。

四、餘論

黄初元年（220），曹丕敕令王象、劉劭、桓范、繆襲、韋誕等人開始編纂《皇覽》，大約在黄初三年（222），《皇覽》編纂完成，被藏於秘府。《皇覽》開創了一種新的圖書編纂模式，在此之後出現了一千餘種類書，這個龐大的家族佔了《四庫全書》的十分之一。作爲典籍之薈萃、知識之精華的類書，成爲讀書人的錦繡萬花谷，不斷被刊刻、補編、續編、新編，類書漸漸與中國古代政治、文學、科舉、教育乃至日常生活緊密相連，甚至流傳到日本、韓國、越南等地。隨着學術的不斷發展與海内外資料的不斷公佈，類書研究需開拓新境界。

第一，提升類書研究的理論水準。歷來有一種偏見，認爲古文獻研究只有方法，沒有理論，也不需要理論，受此影響，多年來古文獻學的理論建設非常薄弱，而類書研究理論的建設更加薄弱，這種現象必須改變。衆所周知，一門成熟的學科，如果只是停留在實證研究的層面而沒有系統的理論和方法論，就不可能有持續的創新。具體到類書研究，我們有很多理論問題都沒有徹底解決，比如類書的定義、定位問題，學者們往往從自身的研究側重點出發，各持己見，於是關於類書的定義也就千差萬別，莫衷一是，關於類書數量的統計更是大相徑庭，多者有一千餘種，少者僅五六百種。再者，《四庫全書總目》對類書的貶抑太過嚴重，導致諸學者皆認爲類書是無用之書，其實，清儒所著《四庫全書總目》之類書類提要十分經典，後世學者從事類書研究多以之爲據，但是如果不爲類書正名，很容易被誤導，故對《四庫全書總目》之類書類提要的正本清源就是最急迫的理論任務之一。

第二，開拓類書研究的國際視野。類書不僅在中國大量流傳，在日本、韓國、越南等國也是流傳廣泛。日本、韓國、越南現存古籍中就有不少是從中國流傳過去的古類書，打開任何一本漢籍目録，幾乎都能看到類書的身影，不少在中國已失傳的古類書在日本重新被發現。《日本國見在書目録》記載了流傳到日本的諸多類書，如《華林遍略》《修文殿御覽》《類苑》《類文》《藝文類聚》《翰苑》《初學記》《玉府新書》《玉苑麗文》《玉苑》《編珠録》等。長期以來，學界較多關注的是各國的單個種類的類書研究，缺乏綜合性的考察與探究。文化史本身就是一部諸文明交流的歷史，把類書放在整個東亞漢字文化圈之中，利用日本、韓國、越南等國保存的類書資料進行研究，或許更能看清問題。今天，東亞儒學、東亞文學等觀念已然深入人心，東亞類書亦大有可爲。

第三，加強類書文獻的校勘與整理。類書在流傳中多有散佚，然而保存下來的殘章斷篇仍未得到精良的校勘，如魏晉南北朝時期的《皇覽》《修文殿御覽》，隋唐時期的《北堂書鈔》《編珠》《白氏六帖事類集》等，學界、讀者往往只知道它們的名字，卻找不到一個精良的校本。類書的知識量極其豐富，徵引文獻又多，整理難度極大，需要众多學者的合力。部分類書的整理成果也需要不斷更新，以適應類書研究的發展需要。總之，如山如海如珍如玉的類書典籍亟待更全面的匯集、校勘與整理。

第四，撰寫一部足以反映新時代特點的中國類書史。古今有不少學者認爲類書是“剽竊”“腐爛”之書，沒有原創性，沒有思想性，只是“尋章摘句”“獺祭”“餖飣”而已，這未免有點無視類書的存在價值。綿延1800年，流傳遍東亞，卷帙數以萬計的類書絕對是探究古代知識、文化、思想、學術的寶庫。類書從產生到現在，一直都與中國傳統文化緊密相連，其在古代的地位、受重視程度遠遠超出今人的想象。在古代，類書編纂是可以和正史修撰相媲美的國家文化事業，且與帝王政治、科舉考試、文學創作、童蒙教育、日常生活乃至中外文化交流皆有關係。可惜的是，千百年來，尤其是近代以來系統研究類書且能較好構建類書研究理論的著作屈指可数，至今也沒有一部足以反映中國類書發展全貌的通史。在綜合研究的基礎上，在對近百年類書研究做回顧與述評的基礎上，撰寫一部分量十足且有新時代特色的中國類書史，就是擺在當今學術界面前的不可推卸的使命與責任。

論宋初的君臣酬唱活動

朱新亮

四川師範大學四川文化教育高等研究院

摘　要： 宋初君臣酬唱活動除常見的君王感觸於懷、作詩囑令群臣唱和之外，還形成了相對穩固、較具規律性的作詩傳統，如爲贈賜、美刺臣僚而作，爲節令盛日、宗廟典禮、祥瑞降臨而作，爲賞花釣魚、觀書宴會等文化活動而作。宋初君臣酬唱主要受君王嗜好、右文政策、科舉取士等因素影響。儘管這類唱和作品的藝術成就並不高超，卻有着廣泛、深遠的文化意義，不僅引領着北宋詩壇酬唱風氣，而且將漢族文明傳播到了周邊民族地區。

關鍵詞： 宋初　君臣酬唱　科舉制度　藝術成就　文化影響

從《詩經·小雅》“鼓瑟吹笙”的宴飲集會，到漢代梁孝王的兔園宴集、孝武帝的柏梁臺聯句，再到東漢文人上巳修禊的“嘯儔命侶”，魏晉南北朝的鄴下酣歌、竹林清談、蘭亭雅集，無不展示着歷史上集會唱和的迷人風采。集會唱和廣義上也包括宫廷性質的君臣酬唱，其中最典型的要數南朝梁武帝及昭明太子、唐太宗、南唐李煜等人組織的酬唱集會。降及北宋，宋太祖因戎馬倥傯無暇爲文，仁宗對音樂的興趣遠大於文學，倒是宋太宗、真宗對詩歌興趣盎然，沿襲晚唐以來的宫廷酬唱風氣，奠定了北宋之世的基本文化政策。歷史學界對宋初的文化考察多聚焦於宋太宗右文政策的文化影響[①]，文學界則多關注北宋君王、宗室、官員等的文學研究[②]，儘管王水照曾言“降及宋代，詩歌酬唱之風漸開，特别是宋初幾位君主皆雅好藝文，君臣之間應制、奉和之聲代代不絕”[③]，鞏本棟亦於論述“同處之唱和”時提及宋初君臣酬唱[④]，卻皆未充分鋪敘展開。可以說宫廷集會性質的君臣酬唱活動被學界普遍忽視，因此，筆者試圖爬梳鈎稽宋初君臣酬唱史料，還原君臣唱和的歷史情景，探尋君臣唱和的興盛原因與文化影響。

一、宋初君臣酬唱賡和的歷史情景

作爲展現宋代皇帝、臣僚文化互動的君臣酬唱常被研究宋代歷史、詩歌的學者論及，卻往往是簡筆涉過，鮮有學者追問：宋代君臣唱和究竟發生於怎樣的歷史背景？何種情境催生了君臣酬唱活動的繁榮？筆者閲讀史籍發現，宋代君臣酬唱並非皆是隨機性的文學活動，大部分酬唱活動皆有其特定的發生規律，或者説，君臣酬唱的實用目的決定了其往往存在特定的發生情境。這些承載實用目的的唱和情境既包括贈賜或美刺臣僚，亦包括節令盛日、宗廟典禮、祥瑞降臨，還包括賞花釣魚、觀書宴會等文化活動。

隨機性質的君臣酬唱主要發生於宋太宗、真宗兩朝，這部分詩歌多半由於君王心有感觸而作詩囑令群臣唱和。譬如太平興國四年（979）四月宋太宗作《聞捷奏》《平隆州詩》，五月作《平晉賦》《平晉詩》，六月作《悲陷蕃民詩》；太平興國五年（980）作《喜春雨詩》；太平興國七年

① 相關研究成果參見：王雲海《宋太宗的“右文”政策》（《河南大學學報》1986年第1期），李笑梅《試析宋太宗擴大科舉及其積極意義》（《遼寧大學學報》1989年第2期），虞文霞《宋太宗“右文政策”與宋代文化昌盛》（《江西社會科學》1989年專輯），張海鷗《宋太宗尚文雅考》（《廣州大學學報》1992年第2期），張其凡《論宋太宗朝的科舉取士》（《中州學刊》1997年第2期）等。

② 相關研究成果參見：陶生魁《宋太宗與‘白體’詩風》（《隴東學院學報》2004年第3期），陳元峰《宋太宗朝翰林學士述論》（《文學遺產》2010年第4期），趙潤金《北宋皇族與文學》（中山大學2010年博士學位論文），呂肖奂《宋代官員詩人酬唱論略》（《江西師範大學學報》2014年第1期）等。

③ 王水照《嘉祐二年貢舉事件的文學史意義》，載《王水照自選集》，上海：上海教育出版社，2000年，第233頁。

④ 鞏本棟《唱和詩詞研究——以唐宋爲中心》，北京：中華書局，2013年，第59頁。

（982）作《太平興國七年季冬大雪賜學士》；雍熙三年（986）“上以諸將違詔失律，作自勉詩賜近臣”①；淳化三年（992）追念太子元僖而作《思亡子詩》，從中可見宋太宗的詩歌創作題材多與軍事政治、氣候節令有關，這主要由於軍事勝敗作爲“國之大事”容易激發君王情緒，進而外化爲興之所至的詩篇。宋真宗咸平三年（1000）作《喜捷詩》；景德元年（1004）作《北征回鑾詩》；大中祥符三年（1010）作《貴廪食吟》《軫田夫吟》《念農歌》《念邊詩》；大中祥符四年（1011）作《鐵牛詩》《喜雨述懷歌》；大中祥符七年（1014）作《憫農歌》《讀十一經》；天禧二年（1018）作《稼穡倍登詩》等，由於真宗秉承北宋太平基業，無需過多操心軍事問題，故其關注重心已從軍事轉移至農業。宋太宗、真宗這些詩篇多是抒發一己感懷，個人情感色彩比較濃烈，但將作品出示群臣並令群臣唱和後就染上了君臣唱和色彩。

贈賜或美刺臣僚而作者在君臣酬唱詩中爲數甚多，可約略分爲三種情況：其一，宋初君王常於臣僚除官外任或致仕休居時賦詩贈之。如宋真宗《賜陳堯叟謝病歸濟源》：“文苑垂清譽，朝端仰盛才。嘉猷毗萬路，奇遇列三臺。勤職興居爽，辭榮奏疏來。疇咨登百揆，異數冠中臺。巨屏揚旌去，名藩晝錦回。君臣相厚意，瞻望兩徘徊。”② 該詩主旨在於讚美陳堯叟的高才清譽、嘉謀奇遇，描述其忠於職守、位高譽重，並對其辭榮歸鄉表示依依不捨。陳堯叟《賡上賜病歸韻》便是賡和真宗此詩，詩云：“寅會丁昌運，籲謨愧瑣才。微功酬帝造，邁級處公臺。辭位囊封上，逾涯寵數來。維藩分聖寄，涕泗遠丹臺。旌仰宸章降，隆彌睿眷回。載賡誠寡和，望闕幾徘徊。”③ 先謙稱自己這樣的庸才無功受禄、寵逾常規，接着表達難分難捨的戀闕之心。君臣一唱一和，在詩歌應酬中恰如其分地表達着各自的感情。此外，宋真宗《賜楊億判秘監》《賜王欽若除太子太保判杭州十韻》等詩皆是贈賜臣僚除任官職之作。

其二，君王亦常賜詩訓誡科舉考試的知貢舉官員，還賜詩勉勵及第進士。大中祥符二年（1009）、五年（1012），晁迥任禮闈主考官，宋真宗兩

---

① 李燾《續資治通鑒長編》，北京：中華書局，2004年第2版，第618頁。

② 北京大學古文獻研究所編《全宋詩》，北京：北京大學出版社，1998年第2版，第1182頁。

③ 北京大學古文獻研究所編《全宋詩》，第984頁。

次作《賜知貢舉晁迥》。詩云：

> 禮闈選士古稱難，都爲升沉咫尺間。較藝清時公道在，掄材應得惠人寰。
>
> 盛時選士貢闈開，殿宇聞風獻藝來。心似權衡求實效，勿教蓬蓽有遺才。[①]

真宗詩反復告誡晁迥取録士人的艱難性、重要性，望其公平擇拔，勿使考試遺漏才士。這些詩歌拋卻風雲月露的刻意形模，著意於說理訓示，可窺君主道德規誡的實用目的。此外，真宗還有《賜知貢舉錢惟演》《又將放榜》等涉及科舉之詩。宋初君主還常賜詩給榮耀晉身的新科進士，陳岩肖《庚溪詩話》記載“太宗皇帝既輔藝祖皇帝創業垂統，暨登寶位，尤留意斯文。每進士及第，賜聞喜宴，必制詩賜之，其後累朝尊爲故事”[②]，例如淳化三年（992）“覆試諸科，擢七百八十四人，並賜及第，百八十人出身。就宴，賜御制詩三首，箴一首”[③]。現存宋真宗《賜詹騤》就是贈給大中祥符元年（1008）及第進士詹騤的詩歌。

其三，宋太宗、真宗還常賜詩給民間隱士、厚德女性等社會群體。如太宗雍熙元年（984），“上屢與（陳摶）屬和詩什，數月，遣還”[④]。真宗《送張無夢歸天台山》引發了群臣同題創作高潮，今尚存三十餘首同題詩歌。咸平五年（1002）、六年（1003），景德二年（1005），大中祥符二年至四年，宋真宗皆有詩作贈种放歸山，大中祥符四年曾賜詩給道士柴通玄，還有《賜道人鄭隱歸山》《賜僧義澄》等詩，這是由於宋初君主崇奉道教，拉攏方外之士，故多招徠賜詩之舉。同時，太宗、真宗也注重儒家倫理道德對社會風氣的化導作用，對令德母親多有表彰。如太宗淳化二年（991）“上嘗召見黄中母王氏，命坐，謂曰：‘教子如是，真所謂孟母矣。’作詩賜之，頒賜甚厚”[⑤]，真宗大中祥符三年（1010）“上作詩，賜京西轉運副使王隨父母。隨因對，自陳父年八十餘，母年七十餘，居河南，今在

---

① 北京大學古文獻研究所編《全宋詩》，第 1180 頁。

② 陈岩肖《庚溪詩話》卷上，《宋詩話全編》第 3 冊，南京：江蘇古籍出版社，1988 年，第 2786 頁。

③ 李燾《續資治通鑒長編》，第 734 頁。

④ 李燾《續資治通鑒長編》，第 588 頁。

⑤ 李燾《續資治通鑒長編》，第 720 頁。

廵内。上嘉其耆耋善訓，故旌美焉。又賜粟帛羊酒，令隨過家爲壽。時人榮之"[①]，可見宋初君主對品德高尚、德育後人的女性頗多表彰旌榮。

這幾類贈賜臣僚的詩歌往往藴含着宋初君王明確的美刺目的，宋太宗通过詩歌將群臣價值理念引至忠正仁義、淡泊謙退之理想高度的目的更爲明顯。《續資治通鑒長編》（以下簡稱《長編》）載：

> （端拱元年六月）嘉貞喜黄白之術，願爲文字官，常語人曰："我得見鉛中銀一錢，而知制誥一日足矣。"嘗獻詩，有歆慕青雲意，上和以賜之，戒其狹劣好進。嘉貞尋病卒。[②]

> （至道二年十二月）禮部侍郎蘇易簡性嗜酒，初入翰林，告謝日，飲已半酣，其後沉湎不已。上嘗因接見，誠約深切，易簡垂涕再拜。翌日，復具表稱謝，上親批答以申獎勵，又草書《勸酒》《戒酒》二詩賜易簡，令對其母讀之。自是每入直，不敢飲。或休暇在第，賓客候之，則已醉矣。十二月乙巳，易簡卒，上曰："易簡竟以酒敗，深可惜也。"[③]

前者針對嘉貞的狹劣好進，賜詩誡之，也是對躁競之輩、澆薄之徒的誡殄；後者訓誡蘇易簡的嗜酒劣習，皆表明宋太宗試圖通過詩歌誡示群臣要淡泊謙退、克己奉公。宋初君王對符合道德期望、貢獻卓著的臣僚常以詩讚揚，如雍熙元年（984）三月滑州河決，田重進、劉吉領塞河之役，晨夜兼作後終於塞住河口，太宗作《平河歌》以美其成功；真宗大中祥符四年（1011）"以知河南府薛映有治狀，賜詩嘉獎"[④]。可以說，宋初君王充分發揮了詩歌的美刺作用，以此種文雅、温和的方式統馭臣僚的觀念、行爲。

節令盛日、宗廟祭祀典禮亦是較具規律性的君臣酬唱發生場景。節令盛日作者如太宗淳化五年（994）"上制《元旦》《除夕詩》各二章，賜近臣，俾之屬和。翰林學士張洎，上表解釋詩意，凡數千言。上甚悦，命宰相召至中書獎諭"[⑤]，真宗咸平二年（999）"上作《社日》五言詩賜近臣

① 李燾《續資治通鑒長編》，第1696頁。
② 李燾《續資治通鑒長編》，第655頁。
③ 李燾《續資治通鑒長編》，第855頁。
④ 李燾《續資治通鑒長編》，第1715頁。
⑤ 李燾《續資治通鑒長編》，第765頁。

屬和，宰執求免次韻，上曰：'君唱臣和，亦舊制也，無煩多讓'"[①]。從現存王禹偁《七夕應制》、寇准《奉和御制中秋玩月歌》《和御制降聖節內中道場睹瑞鶴神雀歌》等節假盛日詩亦可見當時君臣酬唱盛況。宗廟祭祀典禮是封建國家的重要大事，往往伴隨着群臣進詩獻賦、君臣酬唱活動，如宋真宗大中祥符元年（1008）"上作《慶東封禮成》詩，從臣皆和"[②]，四年（1011）"上作《祀汾陰禮成詩》，就宴所賜之"[③]，六年（1013）"上作《慶升祔禮成》詩，賜近臣和"[④]。真宗大中祥符年間熱衷東封、天書以粉飾太平，故對祥瑞之物每形之歌詠，如大中祥符五年（1012）"修玉清昭應宫使丁謂言，天書閣望柱起直氣千餘條，青紫黄白相間，又吐白光若銀絲，上有輕白雲覆之，俄變五色。上作《瑞應詩》賜近臣和"[⑤]，大中祥符七年（1014）"司天言含譽星見，帝作歌，賜近臣屬和"[⑥]。節令盛日、宗廟典禮、吉瑞呈祥是君臣酬唱的重要觸媒，此類酬唱往往逸出君王作詩、群臣賡和的常規而出現群臣獻詩、君王酬唱的現象，如大中祥符八年（1015）"樞密使、同平章事王欽若上《承天節四裔同獻壽歌》，上和之"[⑦]；天禧三年（1019）"知江寧府丁謂言，啓承天節道場，甘露降，仍獻五言詩。有詔褒答，又和詩賜焉"[⑧]。臣唱君和多見於祭祀祥瑞類詩歌，原因在於臣僚心存阿諛諂媚的功利性動機，君王則樂於接受吹捧以彰顯勳業、粉飾太平。

賞花釣魚、觀書宴會等文化活動也是君臣唱和之觸發時機。賞花釣魚在宋初已成固定文化傳統，常伴隨君臣作詩唱和。宋初君主尤其是真宗特别喜歡觀書賦詩，陳岩肖《庚溪詩話》記載"真宗皇帝聽斷之暇，惟務觀書。每觀一書畢，即有篇詠，命近臣賡和"[⑨]。不僅日常與近臣如此賡和，真宗還常組織臨閣觀書之類的文化活動並與群臣酬唱，如景德四年（1007）"太清樓藏太宗禦制及墨蹟石本九百三十四卷、軸，四部群書三萬

① 李燾《續資治通鑒長編》，第 959 頁。
② 李燾《續資治通鑒長編》，第 1575 頁。
③ 李燾《續資治通鑒長編》，第 1713 頁。
④ 李燾《續資治通鑒長編》，第 1849 頁。
⑤ 李燾《續資治通鑒長編》，第 1771 頁。
⑥ 李燾《續資治通鑒長編》，第 1863 頁。
⑦ 李燾《續資治通鑒長編》，第 1958 頁。
⑧ 李燾《續資治通鑒長編》，第 2136 頁。
⑨ 陈岩肖《庚溪詩話》卷上，第 2787 頁。

三千七百二十五卷。是日，上召輔臣對苑中，遂登樓閲視。又至景福玉宸殿、翔鸞儀鳳閣，上置酒作詩，王旦等皆賦，馬知節辭以不能，上不許，亦賦焉，因賜食樓下”[①]；大中祥符三年（1010）“上幸射堂宴射，又至西堂閲太宗御書、圖畫。上作詩，從臣皆賦，賜開封府將吏器幣”[②]；大中祥符四年（1011）“召輔臣至苑中山亭觀太宗聖制及四部書，由玉宸殿佛閣至東西洞觀古書，讀禦制書籍記石。上作詩，王旦等賦和”[③]；大中祥符七年（1014）“召宰相觀太宗聖文、神筆於玉宸殿。宴翔鸞閣，浮觴曲水，奏《雲韶樂》。上作詩，群臣皆賦”[④]，諸如此類，不勝枚舉。真宗的聚閣觀書既是對太宗文德的敬仰追思，也促成宋代讀書詩的激增與君臣酬唱的興盛繁榮。

可以説，宋初的君臣酬唱活動兼具感發性和規律性兩重因素，具有較爲强烈的實用目的，它以一種相對温和、柔軟的方式成爲宋代君王引領文化、駕馭群臣的重要機制。

二、宋初君臣唱和活動興盛的歷史原因

鞏本棟稱“唐代以君臣唱和、郡邑府主與幕僚賓主之間的唱和爲多，而宋代則是士大夫群體之間的唱和較多，反映出詩詞唱和由君王提倡向世人普遍創作發展、由特定條件下的唱和向常態化發展的趨勢”[⑤]，宋初處於唐代文化向宋代文化轉變的歷史階段，宋初君臣酬唱頻繁既是唐代君臣唱和與元和以後詩壇酬唱傳統的賡續，也與宋初特定的歷史環境密切相關。

首先，宋初君主的詩歌嗜好是促成宋初君臣唱和活動興盛的個人原因。宋太祖開國之初，鑒於唐末五代地方割據政權與朝廷武將勢力强大、戰亂傾伐不斷的歷史事實，對擁戴自己登上皇位的武將施行“杯酒釋兵權”，不斷加强中央集權，削弱地方軍事實力，奉行崇文抑武國策，但太

---

① 李燾《續資治通鑒長編》，第 1447 頁。
② 李燾《續資治通鑒長編》，第 1658 頁。
③ 李燾《續資治通鑒長編》，第 1738 頁。
④ 李燾《續資治通鑒長編》，第 1867 頁。
⑤ 鞏本棟《唱和詩詞研究——以唐宋爲中心》，第 52 頁。

祖南征北戰、戎馬一生，無暇專心創作詩歌。宋太宗比太祖更傾心文藝，《宋史·太宗紀》載：

> （太宗）性嗜學，宣祖總兵淮南，破州縣，財物悉不取，第求古書遺帝，恒飭厲之，帝由是工文業，多藝能。①

嗜學的個人秉性、優越的文化氛圍培養了能文善藝的宋太宗。他登基之前與僚屬的酬唱贈答詩已成卷帙，“上居藩邸時，每有篇詠，令昉屬和，前後數百章，皆宗訥繕寫”②，踐祚後更經由君臣唱和活動催化着宋初詩壇的吟詠熱度與創作活力。宋太宗與臣僚賡和酬唱的直接文本《君臣賡載集》雖已亡佚，但 30 卷的體制規模間接昭示了太宗朝君臣唱和實乃一件碩果頗豐的文化盛事。筆者據《長編》粗略統計，太宗在位 22 年間約有 28 處作詩、賜詩給群臣的歷史記載。“賞花賦詩”亦是仿自太宗朝並逐漸固定爲宋世君主、臣僚之間的文化活動，《長編》卷二十五載：

> （雍熙元年三月）己丑，召宰相近臣賞花於後苑，上曰：“春氣暄和，萬物暢茂，四方無事，朕以天下之樂爲樂，宜令侍從詞臣各賦詩。”賞花賦詩自此始。③

雍熙元年（984）的賞花賦詩開創了此後每年春日君主、臣僚吟詠消閒的文化聚會，寇准、姚鉉、楊億等皆有賞花釣魚詩存世，彭汝礪等甚至還曾擬作賞花釣魚詩。宋太宗朝的文化活動是宋世文化始音，誠如王旦所云：“以文章化人成俗，實自太宗始也。”④ 相較於太宗朝的君臣酬唱活動，史籍所記真宗朝君臣唱和則存在若干變化，最顯著的就是宗室陸續參與酬唱活動並得到真宗的悉心鼓勵、督促培養。⑤《長編》卷七十八載：

> （大中祥符五年九月）先是，上謂宰臣曰：“朕每戒宗室，令讀書、作詩、習筆劄、射藝，如聞頗能精熟，朕將臨觀焉。”……元偓

---

① 脫脫等《宋史》，北京：中華書局，1985 年，第 53 頁。

② 脫脫等《宋史》，第 9140 頁。

③ 李燾《續資治通鑒長編》，第 595 頁。

④ 李燾《續資治通鑒長編》，第 1806 頁。

⑤ 宋初君主皆重視宗室教育，太宗於太平興國八年（983）設立咨議、翊善、侍講等輔導宗室讀書的官職，遴選學問人品兼備的姚坦、邢昺任教，只是在君臣唱和等文化活動上，真宗更多地讓宗室參與。

首冠戚藩，能自修勵，嘗曰："讀書日記兩事，歲月滋久，爲益多矣。"上每稱其好學，御詩出，必令繼和焉。①

元偓的自我修勵、勤奮苦讀頗爲真宗賞識，故真宗每有新詩皆令元偓唱和。真宗還常將宗室詩歌出示臣僚以令群臣欣賞觀摩。以大中祥符五年（1012）爲例，史籍記載該年五月"上以宗室所和《緑毛龜詩》示宰臣等"②，六月"上以諸王所和金華殿《麥歌》示輔臣"③，十月"上以宗室所進和幸諸王宮賜宴詩示輔臣"④。這樣頻繁出示宗室詩歌既是對勤學宗室的鼓勵獎賞，又成爲宗室臣僚研習詩歌的助力。宗室内部酬唱活動結集成《諸王唱酬詩集》後，真宗還爲此集賜贈序言。⑤ 真宗的鼓勵、推挹無疑激發了宋代宗室的文藝興趣。宗室之外，真宗朝的君臣唱和活動也十分興盛。《長編》卷九十二載：

（天禧二年九月）龍圖閣待制李虛己上奉詔編群臣所和御制詩爲《明良集》五百卷，詔賜銀帛。⑥

這條史料提及的《明良集》乃群臣所和御制詩，五百卷的體制規模足覘君臣唱和詩的豐富程度。宋初之所以誕生如此衆多的君臣唱和作品，直接源於宋初統治者對詩歌的特殊偏嗜。

其次，右文政策、科舉制度是促成宋初君臣唱和興盛的制度因素，從制度層面保障官員文學素質的具養、文化活動的繁榮。這主要表現在如下方面：

第一，宋初統治者注重搜尋天下圖籍，從後蜀、南唐分别收穫13000、20000餘卷書籍，這些書籍與民間獻書極大地充實了三館。宋太宗時又建崇文院、秘閣等文化機構，還大力扶持刻書業的發展，《長編》卷六十記載：

（景德二年）五月戊辰朔，幸國子監閲書庫，問祭酒邢昺書板幾

① 李燾《續資治通鑒長編》，第1788頁。
② 李燾《續資治通鑒長編》，第1764頁。
③ 李燾《續資治通鑒長編》，第1769頁。
④ 李燾《續資治通鑒長編》，第1793頁。
⑤ 李燾《續資治通鑒長編》，第1760頁。
⑥ 李燾《續資治通鑒長編》，第2126頁。

何，昺曰："國初不及四千，今十餘萬，經史正義皆具。臣少時業儒，觀學徒能具經疏者百無一二，蓋傳寫不給。今板本大備，士庶家皆有之，斯乃儒者逢時之幸也。"上喜曰："國家雖尚儒術，然非四方無事，何以及此。"先是，館閣博聚群書，精加讎校，經史未有印板者，悉令刊刻。或言《三國志》乃奸雄角立之事，不當傳佈。上曰："君臣善惡，足爲鑒戒，仲尼《春秋》豈非列國爭鬥之書乎?"①

從國初 4000 書版到景德二年（1005）的十餘萬書版，從精選刻書到經史子集全面刻印，宋初刻書業的振興與書籍的廣泛刊刻又拓寬了士人的知識面，有利於宋初文化事業的繁榮興盛。

第二，科舉取士名額增加、考試科目向詩賦傾斜爲官僚集團輸送了大量具有文化修養的知識分子。宋太祖朝承唐五代餘緒，每年開科取士，但録取人數基本維持在 10 人左右的低位，太宗即位之初即著手進行科舉制度改革，擴大科舉取士名額，"上初即位，以疆宇至遠，吏員益衆，思廣振淹滯，以資其闕，顧謂侍臣曰：'朕欲博求俊乂於科場中，非敢望拔十得五，止得一二，亦可爲致治之具矣。'"② 據張其凡統計，宋太宗在位期間開科八次，總計録取進士 1487 人，諸科 4447 人，特奏名 191 人，合共 6125 人。③ 雖然史家認爲太宗擴大科舉取士人數乃收買人心、籠絡士人，以此淡化、消除其在"斧聲燭影"中繼位的負面影響，但這些舉措客觀上夯實了宋朝統治基礎，有利於文人湧入士大夫階層。

中唐以降，"詩賦取士"成爲進士科考試的主要特色。宋初追紹唐代，所考内容爲"詩、賦、論各一首，策五道，帖《論語》十帖，對《春秋》或《禮記》墨義十條"④，基本也是以詩賦爲去取標準，如祝尚書所說："至少在真宗中葉之前，詩賦在進士科考試中起着決定性的作用。"⑤ 唐代進士科科舉考試只有發解試、省試兩級，宋太祖開寶六年（973）下第舉子徐士廉擊鼓訴訟李昉取士不公，宋太祖設殿試重新衡定取士名單，自後殿試遂爲常制。太祖朝殿試所試爲詩、賦二首，太宗即位初依循前例，直

① 李燾《續資治通鑒長編》，第 1333 頁。
② 李燾《續資治通鑒長編》，第 393 頁。
③ 張其凡《論宋太宗朝的科舉取士》，《中州學刊》1997 年第 2 期。
④ 脱脱《宋史》，第 3604 頁。
⑤ 祝尚書《宋代科舉與文學》，北京：中華書局，2008 年，第 45 頁。

到太平興國三年（978）“上御講武殿，復試合格人，進士加論一首，自是常以三題爲准”①。殿試考試内容由詩、賦改爲詩、賦、論，不過依舊沒有改變以詩賦取士的整體格局，稍後又詔令省試改爲律賦，“詔自今廣文館及諸州府、禮部試進士律賦，並以平側依次用韻”②。向詩賦傾斜的科舉政策鼓勵了應試舉子潛心文藝，有利於文士釋褐仕進和文官政治局面的形成，也爲宋初君臣酬唱奠定了較爲廣泛的人才基礎。當這批爲通過科舉考試習詩作賦的文人型官員進入統治階層後，他們的文學素養即轉化爲君臣賡和的文化資本，在統治階層内部養成詩文相交的文化風潮。

第三，詩藝拔萃的文人詞臣有一條特殊仕進之路，即以社會名聲上達宮闕，通過皇帝垂賜功名，從而步入仕途或晉升官職、封賜賞錢。《長編》卷二十八載：

> （雍熙四年）丙戌，上御便殿，對絳州團練副使李度，面賜五品服，仍賜錢十萬。度嘗知歙州，坐事左遷，十年不調。有中黄門得度歙州所著詩石本，傳入禁中，上見之，因問宰相曰：“度今安在?”即召赴闕，尋授虞部員外郎。度進《賀雨詩》，上特與繼和，令宰相召度至中書宣示之。度，洛陽人也。③

李度坐事降職，十年不調，卻通過詩歌上達宸聰，獲得了别人難以企及的赴闕晉升機會。又《長編》卷二十九載：

> （端拱元年）春正月丙寅，以大理評事王禹偁爲右拾遺，羅處約爲著作佐郎，並直史館。先是，禹偁知長洲縣，處約知吴縣，相與日賦五題，蘇、杭間人多傳誦。上聞其名，召赴中書，命試《詔臣僚和御制雪詩序》稱旨，故皆擢用爲直史館，賜緋；舊止賜塗金帶，特擇犀帶寵之。禹偁，巨野人。處約，華陽人也。④

王禹偁、羅處約的唱和詩在蘇杭地區廣爲傳誦，遂爲太宗所知、所任，此類史料表明擅長詩文的文人雅士擁有更多的仕進機會。宋初這類靈泛活絡的取士方式給懷才不遇者以晉身之階，鼓舞了士人的詩歌創作熱情。

---

① 李燾《續資治通鑒長編》，第434頁。
② 李燾《續資治通鑒長編》，第434頁。
③ 李燾《續資治通鑒長編》，第632頁。
④ 李燾《續資治通鑒長編》，第646頁。

三、宋初君臣酬唱的藝術成就與文化意義

雖然宋初君臣酬唱作品卷帙浩繁，詩歌作品卻鮮有可圈可點者。胡應麟《詩藪》曾稱“宋室諸君雖皆留意翰墨，而篇什佳者殊寡。藝祖‘未離海底千山黑，才到天中萬國明’俚語偶中律耳。彈壓徐鼎臣，自是貴勢，非以詩也”①，認爲宋初君王乃倚仗權勢而非詩藝彈壓群臣，甚至稱宋太祖這句常被誇爲彰顯大國風範、個人氣魄的詩是“俚語偶中律”，可見胡應麟對宋初君王詩藝的蔑視程度。那麼，宋代臣僚應制唱和詩的藝術水準又如何呢？我們來看楊億的《後苑賞花釣魚應制》：

> 宜春小苑門城旁，賜宴群仙奉紫皇。漢沼乳魚偏傍釣，青陵舞蝶自尋芳。波平鼇背浮昆閬，日轉金莖豔赭黄。滿酌流霞侍臣醉，暖風宫蕊雜爐香。②

紫、青、金、赭、黄等字使整首詩充滿裝飾意味，儘管紫皇、青陵自成富於意義的詞語，卻依舊給人豐富多彩的視覺感受。小苑、群仙、乳魚、舞蝶、昆閬、流霞、暖風、宫蕊、爐香等詞則傳達了一派國泰民安、富麗祥和的氣息，切合了臣僚們歌功頌德的主觀意圖。如果説楊億作爲西昆體詩人喜歡堆砌富麗辭藻還屬情有可原，那麼晚唐體詩人寇准應制詩、獨吟詩的差别之大則令人瞠目結舌，以兩首詩歌爲例：

> 戒井銅龍漏水平，玉輪初滿物華清。光連南極星輝正，影泛中天帝宇明。風來蘋末披輕霧，香濕蘭叢浥零露。絳河横度璨雲章，靈鵲群飛繞宫樹。法久照兮慶昌時，榮芳宴兮忘疲。敷睿文兮玩澄景，當嚴更兮漸永。九門秘邃敞堯宸，藹藹金波矚目頻。進牘豈能抽鄙思，賡歌深愧預朝倫。（《奉和御制中秋玩月歌》）
>
> 蕭蕭古原上，景物感離腸。遠嶠收殘雨，寒林帶夕陽。溪聲迷竹韻，野色混秋光。吟罷還西望，平沙起雁行。（《秋日原上》）③

---

① ［明］胡應麟撰《詩藪》外編卷五，北京：中華書局，1962 年，第 204 頁。

② 北京大學古文獻研究所編《全宋詩》第 3 册，第 1322 頁。

③ 北京大學古文獻研究所編《全宋詩》第 2 册，第 992、1003 頁。

二詩皆作於秋日，情感色調卻截然相反。《奉和御制中秋玩月歌》堆砌許多雕飾詞語，錯彩鏤金，所寫卻無非盛世昌時月照宮闕之景、君臣中秋玩月之樂，末句又是自謙客套，從中很難見出多少真情實感。《秋日原上》首聯簡筆點出時間、地點，頷聯、頸聯以白描手法勾勒秋日古原所見遠嶠、殘雨、寒林、夕陽、溪聲、竹韻、野色、秋光，尾聯餘音繚繞、意境深遠。整首詩呈現了寇准感受敏鋭、寫景精細的晚唐體特色，略帶衰颯低徊之感。相較前詩的隶事摛藻、雕章琢句，這首詩更多流露了自己的真實性情。葛立方曾稱“應制詩非他詩比，自是一家，句法大抵不出典實富豔爾”[①]，確實是準確總結了應制詩的典型特徵。王夫之也曾對應制詩有過頗爲犀利的議論：“詩傭者，衰腐廣文，應上官之征索；望門幕客，受主人之僱托也。彼皆不得已而爲之。”[②] 臣僚奉和君主之詩近於“不得已而爲之”的“詩傭”，故易淪爲精神意旨匱乏的表面文章。熊海英總結南朝宮廷集會詩歌藝術時也指出，“集會的唱和乃是宮廷，參與者的身份乃是侍從之臣，這就決定了他們的審美趣味、詩歌觀念有趨附性”[③]。王夫之、熊海英等人的看法是比較精闢的，正是臣僚依附性的身份地位限制了君臣唱和詩的藝術成就。

儘管宋初君臣酬唱的藝術成就不足稱道，它的文化影響卻頗爲深遠，可以說，君臣酬唱的文化意義要遠大於文學意義。首先，君臣酬唱推動著宋初唱和風氣的蔚然興起，宗室酬唱的《諸王唱酬詩集》、群臣和御制詩的《應制賞花集》《明良集》、學士院的《翰林酬唱集》《禁林宴會集》、三館秘閣的《西昆酬唱集》皆構成宋初詩壇不可小覷的一部分。此外，李昉、李至的日常酬唱結集爲《二李唱和集》，釋子之間互相唱和結集爲《四釋聯唱集》《九僧詩》等。除了酬唱專集，宋初詩人別集中爲數眾多的酬唱詩也表明宋初詩歌酬唱的熱度，即便如林逋、魏野那樣的山林處士所作酬唱詩占詩集的比例亦不低，廟堂、江湖皆彌漫着酬唱賡和的熱烈氛圍。

其次，北宋君臣熾熱的唱和風氣潛在地浸潤着西夏等周邊政權，西夏

---

① 葛立方《韻語陽秋》，載何文煥輯《歷代詩話》，北京：中華書局，1981 年，第 498 頁。

② 王夫之《薑齋詩話》，長沙：岳麓書社，2011 年，第 841 頁。

③ 熊海英《北宋文人集會與詩歌》，北京：中華書局，2008 年，第 11 頁。

主德明、諒祚、乾順等皆深受北宋文化的影響。諒祚曾上表請求宋太宗詩文作品，由此可見宋太宗詩文的文化意義。西夏大德五年（1139），“靈芝生於後堂高守忠家，乾順作《靈芝歌》，俾中書相王仁宗和之”[①]，乾順此詩長久失傳，直到1975年考古發現此詩殘碑存“俟時效祉，擇地騰芳”“德施率土”“賚及多方”等詩句，從中不難看出乾順較高的文學修養，這也是西夏向慕中原文明、濡染宋廷唱和風氣的典型表現。

文化盛事往往掩蓋了矛盾危機，朝廷群臣沉浸於宴飲作樂、詩歌酬唱的時代氛圍，宰相李昉《禁林春直》“一院有花春晝永，八方無事詔書稀”“豈合此身居此地，妨賢尸禄自知非”傳達了宋代士大夫的普遍仕宦態度，被元人方回稱爲“宋朝善言太平第一人”。這樣沉湎詩歌、庸碌懶散的士風常引起輕鋭進取的年輕士子的鄙薄，《長編》卷二十九載：

> （端拱元年二月）先是，有翟馬周者擊登聞鼓，訟中書侍郎、兼工部尚書、平章事李昉身任元宰，屬北戎入寇，不憂邊思職，但賦詩飲酒並置女樂等事。[②]

李昉因惰於憂邊思職，終日賦詩飲酒、置備女樂，招來訴訟，但他罷相之後非但不收斂，反倒索性撂開朝政，日與李至酬唱贈答，《二李唱和集》就是李昉罷相後與李至酬唱往來結成的唱和詩集。這種循默苟且的士大夫在宋廷的對外戰爭中一味退讓主和，可以有爲而不爲，最終埋下了宋朝軍事外交軟弱之根。李昉僅是宋初政壇的縮影，這種耽於享樂、弱於治政的士大夫不勝枚舉，這又是宋初君臣賡和酬贈之風蔚然昌盛所帶來的負面影響。

---

① 脱脱等《宋史》，第14023頁。

② 李燾《續資治通鑒長編》，第647頁。

從雅健到平和：北宋中後期詩學話語的轉變*

左志南

西南民族大學文學與新聞傳播學院

摘　要：北宋中後期儒釋整合的學術發展趨勢，使得士大夫的人格審美及人生境界追求的自覺意識漸趨明顯，這在詩學領域的體現便是“雅健”之品評標準的出現。而儒學的新發展則使以儒學爲本位文化的士大夫在人生境界的體認上發生了相應的變化，這與黨爭激烈的政治原因相結合，造成了詩學領域對自在平和風格的推崇。這種變化趨勢集中體現在王安石、蘇軾、黃庭堅及江西詩派的創作中。

關鍵詞：雅健　平和　儒學　詩學

儒學在北宋中後期逐漸繁榮，湧現了張載關學、二程洛學等學派，而同時期的新學、蜀學亦可視之爲宋代儒學之派別。此時期之詩歌創作、詩學觀念也發生了巨大的變化，學術發展與文學嬗變之間有着密切的關係，甚至在某種程度上可以説宋學的完善促就了詩學觀念的轉型。在理學這一新思想體系的影響下，士大夫群體對於出處進退以及理想人格的思考都發生了變化。與之同步，他們對文學的認識也發生了變化，最顯著的表現便是詩學話語中“雅健”的凸顯。此一時期的詩歌在書寫内容上發生了顯著的變化，更側重於書寫主體獨立不倚、自在平和的精神狀態。這是“雅

---

* 本文爲國家社科基金專案“兩宋之交理學嬗變與詩文流變的雙向考察”（編號：17XZW027）階段性成果。作者簡介：左志南（1981—　），男，山東泰安人，西南民族大學文學與新聞傳播學院副教授，文學博士、博士後，碩士研究生導師，主要從事宋代文學研究。

健”追求在創作中的具體表現。同時，這種趨勢與思想界內聖學說影響的逐漸擴大有着密切關係：內聖學說的日漸豐富使士大夫更加嚮往“孔顔樂處”的人格境界，投映在詩歌創作中，即書寫自在平和之理想精神境界的趨勢漸趨明顯；而世風澆薄、黨爭激烈的環境，使士大夫追求獨立人格的精神開始凸顯，投映在詩歌創作中便是對獨立不倚精神境界的書寫日益顯著。二者雖然在表現形式上差異較大，但內核卻是同一的，即皆本自對儒家倫理信念的堅守。

這一轉變過程可從王安石、蘇軾、黄庭堅詩歌的對比中看出。王安石之詩歌的總體發展趨勢是早期尚“健”，晚年崇“雅”，“雅”與“健”未能達到水乳交融之境界；蘇軾晚年部分詩歌呈現“雅健”之特色，但蘇軾是以天然自放之態度書寫情懷，對“雅健”風格的追求缺乏自覺意識；黄庭堅詩不但呈現了“雅健”的特色，而且其文學創作亦主張“雅健”。江西詩派諸人在對黄庭堅的師法過程中，由於自身境遇的制約、個性愛好的影響和理禪並重的學術淵源，其創作表現主體獨立不倚之兀傲精神的一面被弱化，而書寫自在平和精神的一面則更加鮮明，這使北宋後期詩歌呈現了以自在平和爲美的詩歌追求。

一、“雅健”：北宋中後期所凸顯的詩學話語之一

在北宋中後期的詩學話語中，“雅健”是中心話語之一，且追慕“雅健”風格是北宋中後期詩歌發展變化在文論領域的必然反映。“雅健”作爲詩學中心話語之一的凸顯亦經歷了一個過程，即由單純尚“健”逐漸過渡到“雅”“健”並舉。

北宋詩歌“宋調”特徵的逐步顯現是在天聖年間，伴隨宋調顯現的一個文學現象便是對韓愈的尊崇與學習，顧永新指出：“最晚在天聖中，尊韓在北宋的士人階層中，已經初成風氣。”① 師法韓愈反映在詩歌創作領域便是粗豪之風的盛行，魏泰《東軒筆録》云：“皇祐已後，時人作詩尚

① 顧永新《北宋前中葉的尊韓思潮》，載《北大中文研究》第一輯，北京：北京大學出版社，1998 年。

豪放，甚者粗俗強惡，遂以成風。”① 與創作領域的粗豪詩風相一致，該時期的詩學追求呈現了尚“健”的傾向，周裕鍇認爲：“‘健’字的語義無非剛強和有力二義，而其內容卻涉及宋代儒學背景、古文傳統以及宋人的人格意識。”② 該時期詩學領域對於“健”的追求也確實與古文運動、儒學復興有着密切的聯繫。在此文化背景下，詩歌創作領域呈現了推崇韓愈雄奇詩風的特點。石介《三豪詩送杜默師雄》之序言：“石曼卿之詩，歐陽永叔之文辭，杜師雄之歌篇，豪於一代矣，詩云：‘師雄二十二，筆距獰如鷹。才格自天來，辭華非學能。回顧李賀輩，麤俗良可憎。玉川月蝕詩，猶欲相憑淩。’”③ 稱讚以“歌篇”“豪於一代”的杜默詩豪氣充盈，筆力險重。石介將杜默與盧仝相比，便是指出杜默與韓孟詩風的接近。此時的文壇領袖歐陽修雖然以李白爲其師法對象，但其詩風更接近韓愈，劉熙載云：“東坡謂歐陽公‘論大道似韓愈，詩賦似李白’。然試以歐詩觀之，雖曰似李，其刻意形容處，實於韓爲逼近耳。”④ 此一時期的李覯、曾鞏、王令、王安石等亦皆推崇韓愈詩歌，士大夫對於韓愈的推重與學習，使北宋詩歌越出了西昆體與晚唐體的藩籬，開始呈現宋調之特徵。⑤

對韓愈的推崇與學習是此時期的詩學尚“健”現象出現的主要原因。而隨着宋代詩歌的發展，士大夫對“健”的理解與追求也發生了微妙的轉變，即追慕之風格由雄健轉向了雅健。這位被石介稱爲“三豪”之一的人物，其詩歌在蘇軾眼中卻是另外一種形象：“吾觀杜默豪氣，正是京東學究飲私酒，食瘴死牛肉，醉飽後所發者也。作詩狂怪，至盧仝、馬異極矣，若更求奇便作杜默矣。”⑥ 蘇軾之語顯示了他對求奇求怪之風的不滿，亦顯示了他不同於石介、歐陽修等前輩的詩學追求。蘇軾在文中多以“雅健”稱讚友人，如《薦宗室令畤狀》：“臣嘗見其所著述，筆力雅健，博貫子史。”《薦何宗元十議狀》：“近以所著十議示臣，文詞雅健，議論審當。”

---

① 魏泰《東軒筆録》卷十一，北京：中華書局，1983 年，第 128 頁。

② 周裕鍇《宋代詩學通論》，上海：上海古籍出版社，2008 年，第 327 頁。

③ 石介《徂徠集》卷二，《景印文淵閣四庫全書》第 1090 冊，臺北：商務印書館，1983 年，第 190 頁上。

④ 劉熙載《藝概》，上海：上海古籍出版社，1978 年，第 66 頁。

⑤ 李貴《天聖尊韓與宋調的初步成型》一文對此有詳細論述，載《文學遺產》2007 年第 6 期。

⑥ 胡仔《苕溪漁隱叢話·前集》卷二十四，北京：人民文學出版社，1962 年，第 174 頁。

雖然作爲北宋中後期詩壇代表人物的黄庭堅的文集中未有對於“雅健”的論述，但他一方面強調“健”，如“淩雲健筆意縱横”等，另一方面他又強調“一點俗氣無”“唯不可以俗”等。同時，黄庭堅強調詩歌“吟詠性情”，反對“怒鄰駡座”。綜合其觀點，即爲要求詩歌在勁健之餘還應注重内容的雅正、語言的高雅、形式的優美等，亦即主張詩歌應追求“雅健”。而“雅健”在北宋後期及南宋文人的文集中出現的頻率則更高：“詩以意爲主，又須篇中練句，句中練字，乃得工耳。以氣韻清高深眇者絶，以格力雅健雄豪者勝。”[①] “‘五聖聯龍衮，千官列鴈行。聖圖天廣大，宗祀日光輝。’則又得其雄深而雅健矣。”[②] “東坡海外所作，愈雅健精當不可及。”[③] “後山雅健強似山谷，然氣力不似山谷較大，但卻無山谷許多輕浮底意思。”[④] 張表臣、韓淲、朱熹等人關於“雅健”的論述雖然帶有北宋後期或南宋詩學的特色，但他們以“雅健”評價蘇軾、黄庭堅、陳師道等，正反映了北宋中後期詩歌所呈現的與之前不同的特色，此特色亦可用“雅健”來概括。將此與蘇、黄等人關於“雅健”的論述相比對，不難發現“雅健”已是北宋中後期被凸顯的詩學話語。

“雅健”之詩學話語在北宋中後期的凸顯與詩歌書寫内容的轉向是互爲表裏的，即與詩歌書寫内容轉向爲對人格精神、人生境界等的書寫有著密切的聯繫。

二、人格精神書寫的凸顯與“雅健”風格的實現

北宋中後期詩歌“雅健”特徵的凸顯與此一時期思想界的變化，即與儒學的發展有着緊密的聯繫。周裕鍇指出：“宋代的士大夫以儒學爲安身立命的根基，尤其是道學家，全心探索生命哲學的問題，先秦儒學的‘行健’精神不僅得到恢復，而且更進一步被強化。這具體表現爲‘治心養

---

① 張表臣《珊瑚鉤詩話》，《歷代詩話》本，北京：中華書局，1981年，第455頁。

② 張表臣《珊瑚鉤詩話》，《歷代詩話》本，北京：中華書局，1981年，第453頁。

③ 韓淲《澗泉日記》，《景印文淵閣四庫全書》第864册，臺北：商務印書館，1983年，第791頁下。

④ 黎靖德編，王星賢點校《朱子語類》卷一百四十，北京：中華書局，1985年，第3334頁。

氣’的學説的風行。”① 而道學家“治心養氣”學説的形成與士大夫學佛有着千絲萬縷的聯繫。佛教對士大夫最直接的吸引力是其不同於儒學的思維方式，士大夫研習佛學的行爲難免影響到其觀想世界、看待人生的方式，從而使他們對人格境界的追求發生變化。同時，儒學心性化的發展趨勢使士大夫對於人格境界的追求具備了較強的自覺意識。此自覺意識與他們從佛學中所汲取的思想相結合，使他們屢屢將所推崇及追求之人格境界形諸詩歌。這個特點的出現經歷了一個由不自覺到自覺的過程，亦經歷了一個由書寫外向型参政熱情到書寫内向型人格精神的過程。而此演變的軌跡在王安石、蘇軾、黄庭堅三人詩歌所書寫的主題的轉變中即可以看出。

（一）尚“健”崇“雅”，未臻“雅健”——王安石之創作風格走向

對於王安石前期詩歌的書寫主題，以往論者多認爲主要是書寫其不同流俗之急切革新的参政熱情，如葉夢得云：“荊公以意氣自許，故詩語爲其所向，不復更爲涵蓄。如‘天下蒼生待霖雨，不知龍向此中蟠’，又‘濃緑萬枝紅一點，動人春色不須多’，又‘平治險穢非無力，潤澤焦枯是有才’之類，皆直道其胷中事。”② 曾慥亦云：“荊公《題金陵此君亭詩》云：‘誰憐直節生來瘦，自許高才老更剛。’賓客每對公稱頌此句，公輒顰蹙不樂。”③ 這種熱情實際上就是王安石對其人格精神的書寫，其中“健”的一面彰顯無疑，而“雅”的特質則相對模糊，這也就是葉夢得“不復更爲涵蓄”之評的原因。此勁健有餘而典雅不足的特點，在王安石晚年發生了變化。王安石在罷相閒居金陵時期所作之詩歌，在藝術手法上呈現了向唐詩的回歸，其心態趨於平和，其詩作亦呈現了“舒閑容與”之特點，如葉夢得云：“王荊公晚年詩律尤精嚴，造語用字，間不容髪，然意與言會，言隨意遣，渾然天成，殆不見有牽率排比處。如‘含風鴨緑鱗鱗起，弄日鵝黄裹裹垂’，讀之初不覺有對偶，至‘細數落花因坐久，緩尋芳草得歸遲’，但見舒閑容與之態耳。”④ 葉夢得、曾慥之論雖著眼於王安石的詩歌技法運用，但是從其所舉之王安石詩來看，其意在通過生活細節的詩化記

---

① 周裕鍇《宋代詩學通論》，上海：上海古籍出版社，2008 年，第 328 頁。

② 葉夢得《石林詩話》，《歷代詩話》本，北京：中華書局，1981 年，第 419 頁。

③ 曾慥《高齋詩話》，《宋詩話輯佚》本，北京：中華書局，1981 年，第 496 頁。

④ 葉夢得《石林詩話》，《歷代詩話》本，北京：中華書局，1981 年，第 406 頁。

録來表現其精神狀態，從中不難看出其人格精神前後差別之大。王安石早年詩歌更傾向於外向型入世精神的書寫，而其不懼流俗之精神投映到詩篇中即呈現了剛健之氣象。但在政治生涯受挫後，王安石退回到閒居生活，其詩歌轉而書寫閒適自得之精神。王安石詩歌中人格精神的書寫呈現了前後迥異的特點，其原因在於王安石在“內聖”學說探討上的缺失，這使他沒有完全處理好兼濟與獨善的關係。反映在佛學研習上便是更傾向於接受般若空觀學說，以從中尋找心靈解脱之法門，這正是其生命意義探討上陷於迷惘狀態的反映，也是朱熹批評其“見道理不透徹”的原因。王安石在生命哲學探討上的缺陷使其詩歌中人格精神的書寫呈現了兩極化的特點，有勁健亦有典雅，卻沒有將二者實現融合，達到“雅健”的境界。

（二）“雅健”在不自覺書寫中的體現——蘇軾晚年創作風格走向

蘇軾與王安石有所差别，雖然入仕之初在政治熱情的激發下，蘇軾創作了大量的諷刺現實、針砭時弊的詩歌，但在黄州之貶後，蘇軾詩歌中抨擊時弊的成分與之前相比大爲減少，而蘇軾對於詩道之體認亦發生了一定變化，如前所引之《薦宗室令時狀》《薦何宗元十議狀》皆作於元祐年間，而其元祐年間所作之《答陳傳道五首》其二亦曰：“錢塘詩皆率然信筆。”[①] 顯示了其對於之前創作的不滿。而蘇軾對於黄庭堅詩的評價也顯示了他所推崇之詩歌風格：“讀魯直詩，如見魯仲連、李太白，不敢復論鄙事，雖若不入用，亦不無補於世也。”“黄魯直詩文如蝤蛑江瑤柱，格韻高絶，盤飡盡廢。”[②] 而蘇軾南遷儋耳、海南時期所作之詩則可視爲他對這種詩美追求的實踐。試觀其《慈湖夾阻風五首》其一、其五：

> 捍索桅竿立嘯空，篙師酣寢浪花中。故應菅蒯知心腹，弱纜能爭萬里風。
>
> 臥看落月横千丈，起喚清風得半帆。且並水村攲側過，人間何處不巉巖。[③]

---

① 蘇軾《蘇軾文集》卷五十三，北京：中華書局，1986 年，第 1574 頁。

② 蘇軾《書黄魯直詩後二首》，《蘇軾文集》卷六十七，北京：中華書局，1986 年，第 2122 頁。

③ 蘇軾《慈湖夾阻風五首》，《蘇軾詩集合注》卷三十七，上海：上海古籍出版社，2003 年，第 1932 頁。

前者作於前往惠州途中，面對所遭受的迫害及遠謫萬里的境遇，蘇軾詩中反而沒有絲毫憂戚之意，亦無貶謫黄州初期的故作曠達之語。詩中所流露的是不系於物之坦然胸懷：風浪滔天，而見慣此等景象的船師卻酣睡於舟中，後二言或許只有菅蒯編織的纜繩知道其此時的想法，即用此看似柔弱的弱纜張帆隨長風遠航萬里。後者寫夜中航行所見，璧月橫斜，清風徐徐，小舟揚帆隨風而下，傾斜之船身掠過水邊小村。蘇軾以觀此景而感觸到的"人間何處不巉岩"作結，將其平等觀物之豁達人格精神揮灑無餘。二詩皆是其平和淡然人格精神的展現。即使是一些慨歎人生流落的詩篇亦無黄州時期"也擬哭塗窮，死灰吹不起"式的悲吟：

> 亦知壺子不死，敢問老聃所遊。瑟瑟寒松露骨，耽耽老虎垂頭。
> 莫言西蜀萬里，且到南華一遊。扶病江邊送客，杖拏浦口回頭。
> 老去此生一訣，興來明日重遊。臥聞三老白事，半夜南風打頭。[①]

此爲南遷途中蘇軾過長蘆訪復禪師而作，詩中沒有窮途末路的悲歎，其一以平和語調敘述了與復禪師見面的場景：松樹於寒風中瑟瑟作響，禪師於室內宴坐無語。其二敘述了禪師江邊相送，自己於舟中回頭相望，以此結出自己將遠赴貶所，不知再次相見又待何時的送別之情；其三寫因風不能啓程，遂再次相訪，夜中難寐，於舟中臥聽船師對話，又聞夜半南風吹浪撞擊船頭。平和氣度之下蘊含着滄桑老成之韻味，毫無淒涼蕭瑟之色彩，這正是蘇軾綿歷世事後豁達平和之人格精神的寫照，黄庭堅讚曰："儋耳道人長蘆三偈，不愧古之作者。"[②] 其《過大庾嶺》詩云："浩然天地間，唯我獨也正。"趙汸評曰："以垂老之年，當轉徙流離之際，而浩然無毫髮顧慮。"[③] 蘇軾晚年詩歌通過浩然豁達之精神的書寫，使其中"健"的內涵發生了轉變，即著重凸顯主體面對個人境遇變遷時的平和氣度，於

---

① 蘇軾《僕所至未嘗出遊，過長蘆聞復禪師病甚，不可不一問。既見，則有間矣。明日阻風，復留。見之作三絶句，呈聞復，並請轉呈參寥子各賦數首》，《蘇軾詩集合注》卷三十七，上海：上海古籍出版社，2003年，第1927頁。

② 《蘇軾詩集合注》卷三十七《僕所至未嘗出遊，過長蘆聞復禪師病甚……》"五注本趙云"所引，上海：上海古籍出版社，2003年，第1928頁。

③ 蘇軾《過大庾嶺》，《蘇軾詩集合注》卷三十八，第1946頁查注所引，上海：上海古籍出版社，2003年。

淡然中隱含着主體充盈的理性精神。這種平和理性精神的書寫反而比痛徹心扉的哀號更能動人心魄，詩中所凸顯的剛健有力、獨立不倚、不悲不懼的人格精神特質，對讀者而言更具別樣魅力；此外蘇軾晚年詩歌中抨擊時政的內容減少，如前期“此輩何曾堪一笑，吾儕相對復三人”[①]之類的性情外露的內容大量減少，更偏向於書寫平和內心，如其海南和陶淵明詩，將慕陶情節與理想人格的追求相結合，其自述曰：“吾於淵明，豈獨好其詩也哉？如其爲人實有感焉。……平生出仕以犯世患，此所以深愧淵明，欲以晚節師範其萬一也。”[②] 這使蘇軾詩歌於平淡自在風格中融入了“雅”的風味，並與蘇軾豁達人格精神的書寫相結合，遂成就了其詩歌“雅健”的特色。

但蘇軾的“雅健”帶有更多不自覺的色彩，如方東樹評曰：“自以真面目與天下相見，隨意吐屬，自然高妙。”[③] 指出了蘇軾自然流露的創作特點。同時，蘇軾書寫自我人格精神的目的乃通過文學創作緩和緊張壓抑的情緒，保持心理的平衡，這也與蘇軾學佛立足於用的態度相一致，誠如周裕鍇所論：“他從未想到過‘出生死，超三乘，遂作佛’，所以對‘世之君子，所謂超然玄悟者’表示懷疑。蘇軾對禪宗義理談不上有多少發揮或獨到的體會，但由於他將人生如夢的真切體會以及隨之而產生的遊戲人間的態度與禪宗詼詭反常的思維方式結合在一起，因此更充分地顯示了禪宗思想作爲一種人生藝術所發揮的作用。”[④] 這種著眼於用的特點使蘇軾未能完全達到抱道而居、外界變遷不系於懷的境界，亦使其許多詩歌帶有一種無法排遣的痛苦與迷惘。這也是蘇軾文學創作雖得後輩詩人推崇，而在當時儒學新發展的思想背景下未能成爲後人師法之理想範式的內在原因。

（三）“雅健”風格的呈現與對此風格的自覺追求——黄庭堅詩歌書寫內容與其對雅健風格的自覺追求

與蘇軾相比，黄庭堅詩歌書寫人格精神、人生境界的特色更爲突出，

① 蘇軾《過密州次韻趙明叔喬禹功》，《蘇軾詩集合注》卷二十六，上海：上海古籍出版社，2003年，第1310頁。

② 蘇轍《子瞻和陶淵明詩集引》，《蘇轍集·欒城後集》卷二十一，上海：上海古籍出版社，2003年，第1110頁。

③ 方東樹《昭昧詹言》，北京：人民文學出版社，1961年，第444頁。

④ 周裕鍇《夢幻與真如——蘇、黄的禪悦傾向與其詩歌意象之關係》，《文學遺產》2001年第3期。

這表現在其寄贈詩及唱和交遊詩中。如其《次韻劉景文登鄴王臺見思五首》其三之後半言："白璧按劍起，朱弦流水聲。乖逢四時爾，木石了無情。"[①]"白璧"出自《漢書・鄒陽傳》[②]，代指官場傾軋、互相猜忌的現狀，末二句任淵注曰："達人之於窮通，猶木石之於寒暑，初無喜愠也。"詩意乃稱讚劉景文於眾人爭名逐利、互相猜忌之環境下內心淡然，不以外物爲意的高雅情懷。而其贈李夷伯詩亦是稱讚友人高雅之情懷："談笑一樽非俗物，對公無地可言愁。"[③] 其《和答外舅孫莘老》亦是著眼於孫覺的高妙人格境界："少監岩壑姿，宿昔廟廊具。行趨補袞職，黼黻我王度。歸休飲熱客，觴豆慫調護。浩然養靈根，勿藥有神助。"稱讚孫覺在朝恪盡職守，居家治心養氣。詩之末尾以"何時臨書几，剥芡談至暮"凸顯孫覺的人格精神對自己產生的強大吸引力。除去在寄贈詩及唱和交遊詩中書寫主體人格精神、人生境界外，在一些以場所爲題的詩歌中，黃庭堅亦是以主體之人格精神的書寫爲主，如其《平陰張澄居士陰處三詩》，黃庭堅在詩中直書張澄的人格精神，先以"無心經世網，有道藏丘山"點出友人抱道自居不以見用於世爲意的立身處世特點，接著以"德人牆九仞，強學窺一斑"來切合"仁亭"，作結處云："牧牛有坦途，亡羊自多端。市聲鏖午枕，常以此心觀。"[④] 以此進一步突出其心以道爲依歸的安然自得的人生境界。"復庵""亭泉"詩亦是著眼於書寫友人以道爲精神依歸的人格特點，著重凸顯友人安於平淡生活且怡然自得的精神狀態："禾黍鋤其驕，牛羊鞭在後。隱几天籟寒，六鑿忽通透。"[⑤]"棲遲林丘下，欲濯無塵纓。杖藜逢載酒，一瓢酌餘清。"[⑥] 其《題王仲弓兄弟巽亭》曰："事常超然觀，樂與賢者共。人登斷壟求，我目歸鴻送。溪毛亂錦襭，侯蟲響機綜。

① 黃庭堅著，任淵等注，劉尚榮點校《黃庭堅詩集注・山谷詩集注》卷一，北京：中華書局，2003 年，第 81 頁。

② 《漢書・鄒陽傳》："明月之珠，夜光之璧，以闇投人於道，眾莫不按劍相盼者，何則？無因而至前也。"

③ 黃庭堅《閏月訪同年李夷伯子真於河上子真以詩謝次韻》，《黃庭堅詩集注・山谷外集詩注》卷三，北京：中華書局，2003 年，第 815 頁。

④ 黃庭堅著，任淵等注，劉尚榮點校《黃庭堅詩集注・山谷詩集注》卷一，北京：中華書局，2003 年，第 71 頁。

⑤ 黃庭堅著，任淵等注，劉尚榮點校《黃庭堅詩集注・山谷詩集注》卷一，北京：中華書局，2003 年，第 73 頁。

⑥ 黃庭堅著，任淵等注，劉尚榮點校《黃庭堅詩集注・山谷詩集注》卷一，北京：中華書局，2003 年，第 74 頁。

世紛甚崢嶸，胸次欲空洞。”[①] 亦是著眼於讚頌友人輕外物而自重，不牽情於功名利祿的超然品格。

黄庭堅慣常於在詩中書寫主體人格精神與人生境界，是由其融通儒釋之修養特點所決定的。從黄庭堅元豐七年（1084）作《發願文》後近二十年不茹葷腥可以看出，他對禪宗超生死、越流俗之境界的由衷嚮往及強烈的自覺約束意識；亦可以從其面對外界壓力而能堅守自我人格的立身處世中看出，他以忠信孝友等倫理信念爲精神之依歸並著力堅守的剛強意志。這種自覺意識的存在使他多於詩篇中勉勵友人、砥礪自我。這種儒釋融合的特點也使其詩歌對人格精神、人生境界的書寫兼具儒釋特色，如前所舉“仁亭”詩中，黄庭堅用“牧牛有坦途”這一禪宗典故來讚許友人通過儒家之養心治性所臻之平和自在境界。

此外，黄庭堅詩歌以書寫主體人格精神、人生境界爲主題還與黄庭堅的文藝觀點有直接的關係。黄庭堅認爲：“文章者，道之器也。言者，行之枝葉也。”認爲文章是表現“道”的工具，而“言”則是主體品行的外在表現。總而言之，文學創作是創作主體內在修養的外在表現。其《與徐師川書四》亦曰：“文章乃其粉澤，要須探其根本。根本固則世故之風雨不能漂搖，古之特立獨行者蓋用此道耳。”[②] 指出獨立不倚之人格修養對文學創作的重要性。黄庭堅在稱讚友人詩畫等的詩篇中也多次表達了此一觀點，如其讚黄斌老畫竹云：“酒澆胸次不能平，吐出蒼竹歲崢嶸。”[③] 指出黄斌老畫竹之妙乃其兀傲不平之胸次的外在表現。《用前韻謝子舟爲予作風雨竹》曰：“吾聞絕一源，戰勝自百倍。枯榮轉時機，生死付交態。狙公倒七芋，勿用嗔喜對。此物當更工，請以小喻大。”“胸中高勝，則遊戲筆墨自當不凡。”[④] 諸如此類的表述還有很多，如：“子舟落心畫，榮觀

① 黄庭堅著，任淵等注，劉尚榮點校《黄庭堅詩集注·山谷詩集注》卷二，北京：中華書局，2003 年，第 117 頁。

② 黄庭堅著，劉琳等校《黄庭堅全集·正集》，成都：四川大學出版社，2001 年，第 486 頁。

③ 黄庭堅《次韻黄斌老所畫横竹》，《黄庭堅詩集注·山谷詩集注》卷十二，北京：中華書局，2003 年，第 450 頁。

④ 黄庭堅《黄庭堅詩集注·山谷詩集注》卷十二第 453 頁任淵注。

不在外。耆年道機熟，贈勝當倍倍。”[①] “胸中元自有丘壑，故作老木蟠風霜。”[②] “東坡老人翰林公，醉時吐出胸中墨。”[③]

而黄庭堅融合儒釋的修養方式及他所追求的隨心所欲不逾距的自在自爲境界，使他强調詩歌應表現主體對道的體認。黄庭堅《胡宗元詩集序》曰：“士有抱青雲之器，而陸沉林皋之下，與麋鹿同群，與草木共盡，獨托於無用之空言，以爲千歲不朽之計。謂其怨邪，則其言仁義之澤也；謂其不怨邪，則又傷己不見其人。然則其言不怨之怨也。”[④] 黄庭堅“不怨之怨”的論述，一方面肯定了文學作品的獨立價值，不同於道學家之割裂文道；另一方面則彰顯了他所主張的文學作品不應流於諷刺怨懟境地的觀點。其《書王知載〈朐山雜詠〉後》一文則提出了文學創作不應書寫主體心理失衡之怒罵情緒的主張：“詩者，人之情性也。非强諫争於廷，怨忿詬於道，怒鄰罵坐之爲也。其人忠信篤敬，抱道而居，與時乖逢，遇物悲喜，同床而不察，並世而不聞。情之所不能堪，因發於呻吟調笑之聲，胸次釋然，而聞者亦有所勸勉。”[⑤] 而其“東坡文章妙天下，其短處在好罵，慎勿襲其軌也”[⑥] 的論述，亦是主張文學創作應是抱道自居之平和精神的表現。其《次韻定國聞子由臥病績溪》一詩，稱讚蘇轍在“溪弩潛發機，土風甚不美”的貶所，處於“聞道病在床，食魚不知旨”的情況下，内心平和毫無怨懟之意：“此公天機深，爵禄心已死。養生遺形骸，觀妙得骨髓。”[⑦] 黄庭堅對自在平和之人生境界的嚮往，在其對陶淵明的評價中展露無遺，他於《書陶淵明詩後寄王吉老》中寫道：“血氣方剛時，讀此詩

① 黄庭堅《再用前韻詠子舟所作竹》，《黄庭堅詩集注・山谷詩集注》卷十二，北京：中華書局，2003 年，第 455 頁。

② 黄庭堅《題子瞻枯木》，《黄庭堅詩集注・山谷詩集注》卷九，北京：中華書局，2003 年，第 348 頁。

③ 黄庭堅《題子瞻畫竹石》，《黄庭堅詩集注・山谷詩集注》卷十五，北京：中華書局，2003 年，第 563 頁。

④ 黄庭堅著，劉琳等校《黄庭堅全集・正集》卷十五，成都：四川大學出版社，2001 年，第 410 頁。

⑤ 黄庭堅《書王知載〈朐山雜詠〉後》，《黄庭堅全集・正集》，成都：四川大學出版社，2001 年，第 665 頁。

⑥ 黄庭堅《答洪駒父書三首》其二，《黄庭堅全集・正集》卷十八，成都：四川大學出版社，2001 年，第 474 頁。

⑦ 黄庭堅著，任淵等注，劉尚榮點校《黄庭堅詩集注・山谷詩集注》卷二，北京：中華書局，2003 年，第 103 頁。

如嚼枯木。及綿歷世事，如決定無所用智，每觀此篇，如渴飲水，如欲寐得啜茗，如飢啖湯餅。今人亦有能同味者乎？但恐嚼不破耳。”[①] 對於自在平和之人格精神的追慕，與其詩歌書寫主體人格精神的特點相結合，必然會使其詩歌創作將自在平和作爲理想之境界。此外，黃庭堅對於詩歌技法的論述，其目的亦是通過練字、造語等達到平和精神的更好書寫，其《跋雷太簡梅聖俞詩》云：“如此篇是其得意處，其用字穩妥，句法刻厲而有和氣，他人無此功也。”[②]

論者多將黃庭堅此種文學態度之成因以政治因素解釋之，如張毅指出：“黃庭堅把強諫怨忿視爲詩之禍，是當時高壓政治之下文字獄的嚴酷所致，是出於對文化專制的畏懼。”[③] 政治變化對黃庭堅產生的影響誠然不可忽略，但如從黃庭堅關於人生境界的追求及其獨具特色的修養方式上來看，他反對怨忿怒張情緒形諸詩歌的文學觀點是其思想發展趨勢在文學領域的體現，故而黃庭堅對自在平和詩風的追求亦是其詩歌發展的必然結果。而其“不怨之怨”、強調抱道自居之平和精神書寫的文學觀點，使其詩歌一方面堅持書寫獨立不倚之兀傲精神，一方面又頻頻強調平和自在之內在精神，二者看似矛盾，實則是統一在堅守倫理信念、護持真如自性的修行觀念內的。要實踐對倫理信念的堅守、對真如自性的護持，就要不爲外界之變遷所動，因而其詩歌多出現松柏、砥柱等堅固永恆之意象以及秋江、明月等澄明高潔之意象。而黃庭堅對於詩歌應書寫主體自在平和精神的強調又使其詩歌呈現了超越、灑脫、不俗的高雅特徵。蘇軾對黃庭堅“輕外物而自重”之評語，以及江瑤柱之比擬都說明了當時人對黃詩高雅的定位。前者使其詩歌呈現了剛健的風貌，而後者則使其詩歌呈現了高雅不俗的特點，二者的統一則使其詩歌達到了“雅健”的藝術境界。

總之，黃庭堅與王安石詩“雅”與“健”的割裂不同，亦與蘇軾晚年詩作中以天然自放之創作態度在部分作品中達到“雅健”之境界不同，黃庭堅自覺將其兼具儒釋特色的修養功夫與其文學創作建立起聯繫，認爲文

---

① 黃庭堅著，劉琳等校《黃庭堅全集・外集》卷二十三，成都：四川大學出版社，2001年，第1404頁。

② 黃庭堅著，劉琳等校《黃庭堅全集・正集》卷二十五，北京：中華書局，2003年，第662頁。

③ 張毅《宋代文學思想史》，北京：中華書局，2003年，第150頁。

學創作是創作主體抱道自居之平和精神的書寫。黄庭堅對於詩歌書寫内容的自覺意識，使其詩歌實現了“雅”“健”的有機結合，達到了“雅健”的詩歌境界。

三、自在平和：師法山谷及“雅健”審美範式確立所昭示的發展趨勢

黄庭堅詩歌所達到的“雅健”風格境界及其融通儒釋的修養方式爲後輩詩人所推崇。而與黄庭堅同時及稍後之詩人也提出了與其類似的觀點，甚至如出一轍，如陳師道曰：“故謂詩非力學可致，正須胸肚中泄爾。”① 《李希聲詩話》有云：“有道之士胸中過人，落筆便造妙處；彼淺陋之人，雕琢肺肝，不過僅然嘲風弄月而已。”② 謝逸曰：“大抵文士有妙思者，未必有美才，有美才者未必有妙思。惟體道之士，見亡執謝，定亂兩融，心如明鏡，遇物便了，故縱口而筆，肆談而書，無遇而不貞也。”③ 江西派諸人關於内在修養、人生境界對文學創作具有決定作用的見解，在理學興起的學術思潮下必然會趨向於對“雅健”審美風格的追慕。江西詩派諸人的詩論亦多崇尚“雅健”之論述，如范温曰：“建安詩辯而不華，質而不俚，風調高雅，格力遒壯。”④ 范温對於建安詩歌“遒壯”與“高雅”的論述，實際上也正是其追求“雅健”的藝術理想在評價前人詩歌中的體現。范温更是將整體風格上對“雅健”的追求落實到詩歌技法層面，其《潛溪詩眼》多處論述皆體現了他的這種追求：“李義山‘海外徒聞更九州’，其意則用楊妃在蓬萊山，其語則用鄒子云：‘九州島之外，更有九州島’，如此然後深穩健麗。”⑤ 又曰：“老杜《謝嚴武詩》云：‘雨映行宫辱贈詩’，山谷云：‘只此‘雨映’二字，寫出一時景物，此句便覺雅健。”⑥ 此外，黄庭堅強調詩歌應書寫抱道自居人格精神的主張也正適合江西派諸

---

① 陳師道《後山詩話》，《歷代詩話》本，北京：中華書局，1981 年，第 302 頁。

② 李希聲《李希聲詩話》，《宋詩話輯佚》本，北京：中華書局，1980 年，第 478 頁。

③ 謝逸《林間録序》，《溪堂集》卷七，《景印文淵閣四庫全書》第 1122 册，臺北：商務印書館，1983 年，第 520 頁下。

④ 范温《潛溪詩眼》，《宋詩話輯佚》本，北京：中華書局，1980 年，第 315 頁。

⑤ 范温《潛溪詩眼》，《宋詩話輯佚》本，北京：中華書局，1980 年，第 326 頁。

⑥ 范温《潛溪詩眼》，《宋詩話輯佚》本，北京：中華書局，1980 年，第 331 頁。

人的現狀，更容易引起他們的回應。江西詩派中潘大臨、洪朋、謝逸、謝薖等皆布衣終身，李彭、夏倪、汪革、楊符等人事跡不詳，黄庭堅關於士大夫當抱道自居不以見用於世爲意的觀點正契合了他們潔身自好、參禪問道、逍遥於山林佛寺的立身處世現狀。

此外，黄庭堅融通儒釋的修養方式及堅守倫理信念的思想很好地解答了何爲“内聖”的問題，而其之立身處世也向後學詮釋了何爲“内聖”之具體生存狀態的問題。余英時指出儒學之新發展在王安石之後經歷了一個“後王安石時代”的發展階段，並指出：“‘後王安石時代’的政治文化顯然多出了一層‘内聖’的曲折。……理學家空前加重了‘内聖’的政治份量——‘内聖’之學有誤，則‘外王’無從實現。”[①] 在當時儒學發展注重“内聖”的新趨勢下，黄庭堅融通儒釋的方式不但爲後學詩人所接受，而且也赢得了理學家的稱讚，如朱熹答門人“魯直好在甚處”時曰：“他亦孝友。”[②] 李侗以黄庭堅對周敦頤“光風霽月”之評爲“爲善形容有道者氣象”[③]。因而江西詩派諸人並不像他們的前輩蘇軾那樣與理學針鋒相對，而是大多與理學中人有着師承淵源，如徐俯、吕本中師從楊時，汪革、謝逸、謝薖、饒節等遊於吕希哲門下。因此在北宋中後期程門後學與蘇黄後學呈現了逐步合流、攜手並進的趨勢。這也是黄庭堅詩學中主張吟詠性情、書寫主體抱道自居人格精神得到江西派諸人首肯並師法的内在原因，而江西派諸人師承山谷文學觀點，對詩歌書寫内容進行有意識的選擇，則使“雅健”成爲他們所追慕的理想風格。

但江西派諸人的生存現狀及個性愛好等卻使他們在追求“雅健”風格的創作過程中，平和自在的一面被突出並强化，而獨立不倚精神的書寫則被淡化。黄庭堅之一生處於新舊黨爭的傾軋中，奔競之風熾熱，故其極爲注重堅持倫理信念，所嚮往的亦是超脱於名利場中的高雅情懷，這使黄庭堅慣常以兀傲精神的書寫來表達對士人爭名逐利的不屑。而江西詩派諸人大多布衣閒居，遠離政治傾軋的漩渦，並且仕進參政之理想淡漠，因而他

---

① 余英時《朱熹的歷史世界》（下册），北京：生活·讀書·新知三聯書店，2004 年，第 423 頁。

② 黎靖德編《朱子語類》卷一百三十，北京：中華書局，1985 年，第 3121 頁。

③ 李幼武纂集《宋名臣言行録·外集》卷十一，《景印文淵閣四庫全書》第 449 册，臺北：商務印書館，1983 年，第 764 頁。

們詩歌中獨立不倚精神的書寫相對淡化，而平和情懷的書寫則更爲突出。這造成了“健”之一面被削弱，而“雅”的一面被突出。《詩話總龜》載：“（徐俯）有‘平生功名心，夜窗短檠燈’之句，大爲山谷所賞。”① 又曰：“余嘗聞龜父前後詩有‘一朝厭蝸角，萬里騎鵬背’一聯最爲妙絶，龜父云山谷亦歎賞此句。”② 黄庭堅對後學所作詩歌中深沉靜默、超越流俗之情懷書寫的讚許，亦使江西後學著力於此種情懷的書寫及人格境界的修養。以其詩作爲例：

> 庵居已是介，又以介名庵。胡爲酷好介，毋乃在律貪。人生要當介，君侯恐不堪。富貴不相貸，安得作禪龕。客去自無事，客來不妨談。但能了諸幻，起卧俱無慚。愼勿作住相，如繭縛老蠶。興來出庵去，叢林禪可參。③
>
> 金風吐商管，秀色浮山椒。苔乾石骨瘦，水落溪毛凋。埃塵暗篋輿，風霜緇客貂。藜羹浥野飯，松醪酌村瓢。會當對榻語，竹塢風蕭蕭。浣腸去舊學，詞源湧春潮。④

二詩皆著力書寫友人抱道而居之人格精神。前詩以吟詠王直方“介庵”開篇，用“介”字描繪出王直方之氣度風貌，接著又敘述王直方閒居參禪之喜好，用以表明友人之“介”乃以道爲依歸，而不是怨懟諷刺、中心不平之氣的外現。後詩前六句描寫汪革村居之環境，是作者對汪革村居環境的想象：颯颯秋風中山色日佳，溪水退去，苔蘚乾落，露出嶙嶙山石；風霜慘澹，塵埃漫天，染黑遊子貂裘。詩人刻意營造之境乃爲了映襯友人抱道自居、心無掛礙的通脱境界。末尾用欲與友人對床夜談感受其高深之學問作結，將友人抱道自居、迥異流俗的人格精神作進一步的凸顯。

在江西詩派其他詩人的作品中，人格精神、人生境界作爲詩歌主要書寫内容屢次出現，如：“似聞有盜起空舍，聞說驅除唾手間。抱鼓不驚雞

---

① 阮閲編，周本淳點校《詩話總龜·前集》卷四，北京：人民文學出版社，1987年，第43頁。

② 阮閲《詩話總龜·前集》卷九，北京：人民文學出版社，1987年，第103頁。

③ 謝逸《王直方園亭七詠·介庵》，《溪堂集》卷一，《景印文淵閣四庫全書》第1122册，臺北：商務印書館，1983年，第482頁下。

④ 謝逸《懷汪信民村居》，《溪堂集》卷二，《景印文淵閣四庫全書》第1122册，臺北：商務印書館，1983年，第487頁下。

自午，先生閉戶養三關。”① “要路眼誰白，浮雲心自灰。”② “我獨蓬窗底，達曙發清餓。賴有竺乾書，開顏真自賀。近局可憐人，雞黍起頹墮。”③ “爲回緣雲策，小緩攀天路。元因會心期，非關排俗馭。青燈耿夜窗，高談雜疏雨。”④ 此外，江西派諸人詩作中參禪問道、山林記遊之類作品亦蔚爲大觀，對出塵之思的書寫實亦可視作其迥異流俗之情懷的另類表現。

誠然，江西派詩論中極少有關於詩歌整體風格追求的，更多的是關於詩歌技法的具體討論。但作爲具有自覺詩歌追求意識的詩人，他們不可能完全忽略對詩歌整體風格的追求，而僅僅沉醉於形而下的詩歌技法的探索上。而江西派諸人所自覺推崇之詩歌藝術風格，正是在他們登上文壇之前就已經形成共識的對“雅健”風格的追慕，但江西派諸人的生存現狀及理禪淵源，使其詩歌中表現剛健兀傲精神的一面被弱化，而書寫自在平和精神的一面被彰顯，這使此時期詩歌在內容上主要表現創作主體抱道自居之情懷，在風格上自在平和的風韻日漸顯著。

四、追慕“雅健”卻臻平和：儒學新變與內聖理論完善背景下的詩風走向

周裕鍇指出隨着宋代儒學的復興，自兩漢以來文苑與儒林分流的現象發生了改變，“儒學的復興使儒林傳統大規模滲入文苑，影響文苑”⑤。此現象在北宋中後期尤爲明顯，隨著儒學的復興及其影響力的擴大，士大夫大多具有將儒家之道內化爲生命之一部分的自覺修養意識，這使此時期詩歌中表現主體人格精神、人生境界的內容大爲增多。儒學復興最爲顯著的表現即爲解決“內聖”理論豐富的問題，故而對“內聖”的體悟成爲詩歌書寫的主要內容之一。伴隨着“內聖”之學的興起，詩歌風格亦呈現了與

---

① 饒節《次韻呂原名侍講歡喜四絕句》之“獲稻（盜）”，《倚松詩集》卷二，《景印文淵閣四庫全書》第1117冊，臺北：商務印書館，1983年，第235頁上。

② 謝薖《寄汪信民二首》其一，《竹友集》卷五，《景印文淵閣四庫全書》第1122冊，臺北：商務印書館，1983年，第582頁下。

③ 李彭《赴鄰舍招》，《日涉園集》卷二，《景印文淵閣四庫全書》第1122冊，臺北：商務印書館，1983年，第633頁上。

④ 李彭《將遊雲居中途得佛鑒師到日涉簡徑歸》，《日涉園集》卷二，《景印文淵閣四庫全書》第1122冊，臺北：商務印書館，1983年，第633頁下。

⑤ 周裕鍇《宋代詩學通論》，上海：上海古籍出版社，2008年，第339～340頁。

往昔不同之特色。

王安石、蘇軾、黄庭堅三者對“内聖”的思考與他們研習佛學的深度、所接受的佛學思想有着直接關係。甚至可以説，對佛學思想接受的不同造就了三人對個體生存狀態體認的差異，即“内聖”思考上的差異。而三者在“内聖”理論完善上的深度及層次上的差異則直接影響了他們的詩歌風格。士大夫對“内聖”問題思考的深入反映在詩學領域使北宋中葉凸顯的對“健”之風格的追求，逐漸轉變爲對“雅健”的追求，强調用“雅”來約束“健”，使詩歌在保持勁健氣骨的同時，實現内容的雅正與形式的優美，而不是淪爲杜默式的粗豪怒張，程頤所論即反映了這點：“興於詩者，吟詠性情涵暢道德之中而動，有‘吾與點也’氣象。”[①] 黄庭堅抱道自居、自在平和之精神境界，與其書寫主體人格精神、人生境界的詩學主張，使其成爲此時期文苑中人的理想範式，這與北宋中後期儒學復興文化背景下儒林與文苑合流的發展趨勢關係密切。後學師法黄庭堅，體現在詩歌風格方面即爲追慕“雅健”風格，但山谷後學的生存狀態、個人喜好等特點使其創作中書寫主體自在平和、抱道自居的一面更加突出，使此時期的詩歌呈現了朝自在平和發展的趨勢，亦使自在平和成爲理想風格。

---

① 程顥、程頤著，王孝魚校點《二程集·河南程氏外書》卷三，北京：中華書局，2004年，第366頁。

超然臺賦詠：文本生發及意義賦予

伍曉蔓

四川大學中國俗文學研究所

摘　要：超然臺賦詠是北宋盛行的亭臺樓閣集體賦詠的典型個案。熙寧八年（1075），蘇軾在密州修葺城北舊臺，蘇轍爲之命名“超然”，使這個建築有了人文的意義。圍繞超然臺，蘇轍作賦，蘇軾作記，蘇軾並寄自己創作的《超然臺記》請諸友同賦。文彥博、司馬光、文同、鮮于侁、李清臣等寄來詩賦，張耒登臨現場創作。諸友的賦詠圍繞超然臺、超然這個名字、蘇軾這個人以及作者和蘇軾之間的關係等主題，在地理空間、情感空間和精神空間中展開，各具特點。這種賦予建築物意義的活動，也是以文會友的活動，包括精神志趣的交流及情感連結。經過這次賦詠，大地留下名勝，文學史留下名作，士大夫公共文化空間被重新建構。

關鍵詞：超然臺　蘇軾　蘇轍　亭臺樓閣賦詠

北宋文學有一個突出的現象，即亭臺樓閣賦詠的激增。這些作品有詩，有賦，有曲子詞，也有駢文和古文。當前學界已關注到亭臺樓閣記這一文體，但這還遠遠不夠。大量關於亭臺樓閣的創作是在營建、遊覽活動或書信往來中，圍繞賦予建築意義這一主題展開的。不同文體在同一主題下間奏共鳴，讓我們去關注這些文本生發的場域。熙寧年間蘇軾主持的超然臺賦詠就是一則典型個案，兹鈎稽其來龍去脈，以體會其文本生發和意義賦予。

一、有爲的修造：葺臺緣起

超然臺修葺于熙寧八年（1075）冬。[①] 關於此臺的修葺，蘇軾在《超然臺記》中有如下説明：

> 余自錢塘移守膠西，釋舟楫之安，而服車馬之勞，去雕牆之美，而庇采椽之居，背湖山之觀，而適桑麻之野。始至之日，歲比不登，盜賊滿野，獄訟充斥，而齋廚索然，日食杞菊。人固疑余之不樂也。處之期年，而貌加豐，髮之白者，日以反黑。余既樂其風俗之淳，而其吏民亦安予之拙也。於是治其園圃，潔其庭宇，伐安丘、高密之木以修補破敗，爲苟完之計。而園之北，因城以爲臺者舊矣，稍葺而新之。時相與登覽，放意肆志焉。[②]

超然臺是密州（今山東省諸城市）的一座舊臺，蘇軾在做密州知州一年之後，將城北舊臺整治一新，以供登覽。這是做臺的緣起。[③] 在交代緣起之外，《超然臺記》還透露出這樣的信息：

第一，作者從杭州改官密州，初到時並不適應。與杭州那樣文化發達、經濟繁榮、風景優美的城市相比，密州治安混亂，經濟蕭條。“余之不樂”，其實不是人之所疑，而是蘇軾自己心境的投射。

第二，經過一段時間的調適之後，蘇軾很好地接受了當下的狀態，發現當地民風淳樸的好處，並與民同樂。

第三，安住在當下後，蘇軾開始興建遊觀之地，爲“苟完之計”。超然臺的修葺，使自己及同伴們找到一個“放意肆志”的所在。這個從“不

---

① 據孔凡禮《三蘇年譜》卷二十五，本文所論超然臺修築、賦詠情事，諸作者之行履，皆據《三蘇年譜》，北京：北京古籍出版社，2004 年。

② ［宋］蘇軾著、孔凡禮點校《蘇軾文集》，北京：中華書局，2008 年，第 351～352 頁。

③ 據《蘇軾在密州》第四編《蘇軾在密州遺址遺跡考略》，超然臺坐落在密州故城北城牆中心偏西處，今諸城市人民路臺下巷北端與北關路交匯處。臺爲元魏時建築。超然臺背北面南，北面緊依城牆，高三丈。檯面略呈梯形，前沿東西長八丈餘，南北寬七丈餘。臺壁基礎爲花崗岩條石砌成，高六尺許，基礎之上爲古代大青磚壘就，自下而上，漸次內縮，成爲下寬上窄的梯形豎壁。正面臺壁上鑲嵌一塊高五尺餘、寬二尺餘、上削兩角的青石板，上鐫陰文“超然臺”三字，筆勢渾圓有力，骨法凝重。據傳，三字原出自蘇軾手筆，後被某知縣以僞模擬，竊載而歸。密州人民曾多次修葺超然臺，該臺在抗日戰爭期間被毀（轉引自孔凡禮《三蘇年譜》卷二十五，第 848～850 頁）。

樂”到“樂”再到“放意肆志”的心路歷程，是超然臺修葺的原因及意義所在。

除了文本已有的表述，我們還可以從蘇軾的經歷中提取這樣一些背景信息：

第一，蘇軾的仕途並不得意。其時新黨當權，排斥舊黨。作爲新法的反對者，雖然有制科高等的優良履歷，蘇軾還是被排斥在權力中心之外。

第二，當時整個舊黨群體都處在外放或在野的狀態，他們的政治主張不被聽取，有共同的不得意的苦悶。

第三，在地方官任上，蘇軾看到新法之擾民，甚至有時不得不奉行新法，内心非常糾結。“歲比不登，盜賊滿野，獄訟充斥，而齋廚索然，日食杞菊”，很難說不是牢騷話。這段話在後來也確實被政敵加以箋注，在烏臺詩案中成爲他諷刺新法的例證。

參考背景信息，再加以文本解讀，我們看到，作《超然臺記》的蘇軾内心本不超然，有一些藏得很深的牢騷、抑鬱、苦悶。修葺遊觀之臺，放意肆志乃至“樂哉遊乎”，都是一些有爲的行爲，是借修葺舊臺、登高臨遠，達到一種忘懷煩惱、自適其意的狀態，這種狀態被蘇轍命名爲“超然”。

二、精確高妙：蘇轍命名及作賦

蘇軾修葺舊臺，登覽而樂，將此事寫信告訴時爲齊州（今山東省濟南市）掌書記的弟弟蘇轍，請他幫此臺取一個名字。

蘇轍是蘇軾的胞弟，同時也是他人生最重要的知己。無論人生志趣、政治態度還是審美趣味，兄弟倆都極爲接近。接到哥哥來信後，蘇轍聞弦歌而知雅意，爲此臺命名“超然”，並爲之作賦。他這樣解釋自己的命名：

> 子瞻既通守餘杭，三年不得代。以轍之在濟南也，求爲東州守。既得請高密，其地介於淮海之間，風俗朴陋，四方賓客不至。受命之歲，承大旱之餘孽，驅除螟蝗，逐捕盜賊，廩卹饑饉，日不遑給。幾年而後少安，顧居處隱陋，無以自放，乃因其城上之廢臺而增葺之。日與其僚覽其山川而樂之，以告轍曰：“此將何以名之?”轍曰：“今夫山居者知山，林居者知林，耕者知原，漁者知澤，安於其所而已。

其樂不相及也，而臺則盡之。天下之士，奔走於是非之場，浮沉於榮辱之海，囂然盡力而忘反，亦莫自知也。而達者哀之，二者非以其超然不累於物故邪？《老子》曰：‘雖有榮觀，燕處超然。’嘗試以‘超然’命之，可乎？”①

在這裏，他指出了哥哥的處境，即蘇軾後來在《超然臺記》中說到的在密州做官的種種煩惱，及一年之後對煩惱的克服，並做臺之緣起。其中“既通守餘杭，三年不得代。以轍之在濟南也，求爲東州守”句，委婉地指出蘇軾仕途不得意之狀。蘇轍這樣說明自己給樓臺的命名：

第一，臺是供登高望遠的建築，能超越山居者、林居者、耕者、漁者的狹隘視野，達到通觀的效果。

第二，達者有開闊的心胸，能超越普通士子奔走於是非之場、榮辱之海的狹窄心量，認識到真正的自我。

第三，達者的心胸和樓臺的高度皆“超然不累於物”，同於老子說的“雖有榮觀，燕處超然”的道理，故用老子“超然”之義爲臺命名。

在下面的賦裏，蘇轍說：

嗟人生之漂搖兮，寄流枿於海壖。苟所遇而皆得兮，遑既擇而後安。彼世俗之私已兮，每自予於曲全。中變潰而失故兮，有驚悼而汍瀾。誠達觀之無不可兮，又何有於憂患。顧游宦之迫隘兮，常勤苦以終年。盍求樂於一醉兮，滅膏火之焚煎。雖晝日其猶未足兮，俟明月乎林端。紛既醉而相命兮，霜凝磴而跰戟。馬躑躅而號鳴兮，左右翼而不能鞍。各雲散於城邑兮，徂清夜之既闌。惟所往而樂易兮，此其所以爲超然者邪。②

這裏很明確地指出了兄長“嗟人生之漂搖兮，寄流枿於海壖”“顧遊宦之迫隘兮，常勤苦以終年”的狀況，而以“苟所遇而皆得兮，遑既擇而後安”“誠達觀之無不可兮，又何有於憂患”作爲解決方案。我們看到，在蘇轍這裏，“超然”——“惟所往而樂易兮”是一個趨向的狀態，是人生問題的一個解決方案，而非不言自明的狀態。

---

① 蘇轍《超然臺賦並序》，載陳宏天等點校《蘇轍集》，北京：中華書局，1990 年，第 331～332頁。

② 蘇轍《超然臺賦並序》，《蘇轍集》，第 332 頁。

蘇轍對樓臺的命名及所作文字深得蘇軾之心。他說，平時弟弟體氣高妙勝過自己，而自己詞理精確勝過弟弟。這次弟弟的創作，既體氣高妙，又詞理精確，實在難得。[①] 體氣高妙在提出超然之理，詞理精確在對臺之超然的解讀。兄弟之間心靈相通，能懂得對方的處境，也能對當前的處境共有一種超越性的態度。

三、理性之思：蘇軾記

收到弟弟給樓臺的命名及所作《超然臺賦》，蘇軾欣然命筆，爲此臺作記。

記一般要敘述修建的緣起，也要略述一下樓臺及周遭的景色。不過入宋以來，尤其自歐陽修開始，記體文中雜以議論甚至以議論爲主就成爲常態。蘇軾滿懷的感觸正好借“超然”二字噴湧而出：

> 凡物皆有可觀。苟有可觀，皆有可樂，非必怪奇瑋麗者也。哺糟啜漓皆可以醉，果蔬草木皆可以飽。推此類也，吾安往而不樂。夫所爲求福而辭禍者，以福可喜而禍可悲也。人之所欲無窮，而物之可以足吾欲者有盡。美惡之辨戰乎中，而去取之擇交乎前，則可樂者常少，而可悲者常多。是謂求禍而辭福。夫求禍而辭福，豈人之情也哉。物有以蓋之矣。彼遊於物之內，而不遊於物之外。物非有大小也，自其內而觀之，未有不高且大者也。彼挾其高大以臨我，則我常眩亂反覆，如隙中之觀鬭，又焉知勝負之所在。是以美惡横生，而憂樂出焉，可不大哀乎。
>
> …………
>
> 方是時，余弟子由適在濟南，聞而賦之，且名其臺曰超然。以見余之無所往而不樂者，蓋遊於物之外也。[②]

整篇闡述了“無往而不樂”的道理。超然臺的修葺，即充分發掘物之可觀，以內觀心之可樂。在這段議論中，蘇軾分析了禍福之不必去取，人欲之不可憑依，並從“遊於物之內”和“遊於物之外”兩個角度，說明要

---

① 見蘇軾《書子由超然臺賦後》，《蘇軾文集》，第 2059 頁。

② 《蘇軾文集》，第 351～352 頁。

自我作主的道理。這段議論具有哲理高度。不過，與蘇軾本人標榜的“以見余之無所往而不樂”不同，我們看到的是，他是在不如意的處境前先有美惡之辯、去取之擇，然後用理性的思辨戰勝這種自尋煩惱的分別心，從而達到“遊於物之外”的境地。“無所往而不樂”不是本已有之的狀態，而是理性選擇的結果。

四、和而不同：李清臣賦並蘇軾書後

有了精彩的名字，有了蘇轍的賦，有了蘇軾的記，超然臺已然具有了深邃的意義、豐富的內涵、鮮明的個性，隱然會和二蘇的大作一起名垂千古。不過，事情並沒有到此結束。超然臺的修葺者蘇軾，按照當時的習慣，將自己的《超然臺記》，或者也包括蘇轍的《超然臺賦》，寄送給二三知己，請他們作詩賦，爲超然臺增色。而這些賦詠必將把本來氣味相投的他們聯繫得更緊，爲宋代文學增添新的篇章，也爲士人的公共文化空間增加新的元素。

第一個賦詠的是李清臣，這位新黨的後起之秀同時也是極富文學才華、被歐陽修稱爲“蘇軾之流”的人物，當時的他正提點京西路刑獄。蘇軾作《超然臺記》不久後就抄送一份寄給李清臣。熙寧九年（1076）初，李清臣自徐州行部至密州，在蘇軾陪同下遊覽了超然臺，爲此臺提筆作賦。此賦先簡略介紹超然臺修葺的緣起及蘇轍命名之情事，提到自己來此的緣由，發出“信乎美哉，臺也，抑可以緣名而見意，即事而知賢”的感慨。接下來，李清臣鋪陳登臺覽觀之所見。登高望遠，讓他獲得與平時不同的視野，進而有了“惡百里之氛垢，喜太虛之澄鮮”的心理感受。他厭棄患得患失、奔走於名利之場的煩惱人生，體味莊子《逍遙遊》的境界。不再沉迷於巫神洛妃之美色、急管繁弦之音樂、層壇龍涎之奇香、芳醪之美酒，而進入幽默靜思之境，體味大自然的芬芳，品嘗清泉泡的芳茶。總之，摒棄世俗追求與世俗快樂，遠離名利爭奪，遊心於物之外，即使自己身爲高官，也能獲得考槃在澗的審美體驗。[①]

---

① 李清臣賦見《新刊國朝二百家名賢文粹》卷一百七十九淇水先生《超然臺賦》，北京：北京圖書館出版社，2006 年。

李清臣此賦對超然二字加以發揮，寫出他自己登臺的感受和對“超然”一詞的理解。他與二蘇的共同點在於反思世俗的生活，祈求超然的境界。不同點在於，蘇軾的超然是遊心於物之內、爲物所迷炫及遊心於物之外、作自己的主人這兩種狀況中所作的理性選擇。當選擇了遊心於物之外，萬物皆不能迷惑自己，可以即色而遊玄，無往而不樂，在任何處境中皆能超然。李清臣則不然，在他看來，世俗的享受和超然的境界是不相容的，只有摒棄世俗的生活狀態和情感狀態，才能進入超然之境。在他的視野中，上界之超越和下界之塵俗截然二分，這就是他登臺的情感體驗和哲學體驗。

對李清臣的觀點，蘇軾部分表示認同，他說：

> 世之所樂，吾亦樂之，子由其獨能免乎？以爲徹弦而聽鳴琴，卻酒而禦芳茶，猶未離乎聲、味也。是故即世之所樂，而得超然，此古之達者所難，吾與子由其敢謂能爾矣乎？邦直之言，可謂善自持者矣，故刻於石以自儆云。[①]

從哲學的根本義理上，蘇軾對自己的理解有充分的自信，因爲“以爲徹弦而聽鳴琴，卻酒而禦芳茶，猶未離乎聲、味也”。既然不能離開聲、味，則琵琶和古琴、烈酒和芳茶，並無根本意義上的區別。秉持遊於物之外的態度，對它們一視同仁，“即世之所樂，而得超然”，乃邏輯推理之結果。李清臣言論的意義在於令蘇軾意識到，“即世之所樂，而得超然”陳義太高，古之達者都未必能做到。現實情況往往是世俗的快樂令人沉迷，所以蘇軾讚賞李清臣的言論爲“善自持”，要將這些言論刻石以提醒自己。[②] 他並未真的放棄自己的觀點，而是以李清臣的觀點作爲自己的補充，用開放的心態接納與自己不同的意見。以上這段文字不卑不亢，溫柔敦厚，既堅持了自己的意見，又肯定了對方的價值。二人分屬新舊兩黨，以後的政治生涯中，雖然二人未見直接交鋒，但都曾對對方黨派人士做過言辭激烈的攻訐，很多時候上升到人身攻擊，與此處所見的開放交流態度極不相同。可見，士大夫間的文學交往與他們之間的政治鬥爭是兩個不同

---

① 蘇軾《書李邦直超然臺賦後》，《蘇軾文集》，第 2059～2060 頁。

② 李清臣的私生活豪奢，喜歡美色，所以他的摒棄物質享受只是說說而已。蘇軾並不真的以爲李清臣說到做到，但是他會用這個標準來反省自己。

的領域，使用着不同的話語。

五、友情的温度：文同、鲜于侁賦

李清臣的《超然臺賦》是登覽超然臺後所作。事實上，當時更多的景觀吟詠並不需要現場登臨。在北宋，尤其在北宋中後期，營建具有審美棲居意味的居所令以文官作爲主體的士大夫們樂此不疲。通過自己的賦詠邀請朋友們共同來賦詠，賦予此居所更豐富的人文意義，是流行的文學活動。幾乎每個官員都有營建活動，也受邀給朋友的建築創作詩文作品——這成了他們經常背負的文字債。朋友間的吹噓、砥礪、切磋，可以超越時空，賦予物質的建築以精神和靈魂。

文同是蘇軾的知心好友。兩人相差二十歲，以從表兄弟相稱，政治態度、審美趣味相投，且都工於詩書畫文。文同時知洋州（今陝西省洋縣），與蘇軾的密州西東相隔。遙遠的距離阻擋不住他們的同氣相求。寄贈詩歌並互相酬答是他們保持聯繫的一種方式。互爲對方的園亭樓閣作詩賦詠也是重要的精神交流。建築關乎一個人的自我定位，能反映出其當下的狀態。知己友人的賦詠能點明這個狀態，指出該建築在主人人生坐標中的意義。文同此期在洋州官所修建園林，蘇軾在密州修葺樓臺，都邀請對方賦詠。雖然東西阻隔，但友誼互相契入對方生命的温度。

熙寧九年（1076）年底，蘇軾寄《超然臺記》給文同，邀請他作賦。文同於次年二月作賦，寄到密州已然是四月。在賦中，文同以抒情的口吻描寫了寂寞的自己在仲春二月幽行野外，登高望遠，恍惚間神遊八極，於中途休息間歇中在天上往下看的景象：

> 有美一人兮在東方，去日久兮不能忘。凜而潔兮岌而長，服忠信兮被文章。中皦皦兮外琅琅，蘭爲襟兮桂爲裳。儼若植兮奉珪璋，戢光耀兮秘芬芳。貫世用兮斯卷藏，遊物外兮肆倡狂。余將從之兮邈相望，回羊角兮指龍䑺。轉嵎夷兮蹴扶桑，倚泰山兮聊徜徉。下超然兮拜其旁，顧有問兮遇非常。勿掉頭兮告以祥，使余脫亂天之罔兮解逆

物之韁。已而釋然兮出有累之場，余復僊僊兮來歸故鄉。[①]

文同筆下的蘇軾宛若被放逐的屈子，服忠信兮披文章，然不像屈子那樣彷徨澤畔無路可走，而是在進退出處之際效法莊生，卷而懷之，逍遙物外。文章中，作者在神遊的遐想中見到思念已久的故人，遂從天上下降到超然臺，向他請教脱落天網、回到本真的方法。得到了這個方法，出神的自我欣然回到了故鄉。

這篇賦不特别解釋超然的意藴，因爲在文同看來，"超然"已無須解釋，它是對當下不如意處境的超越，是自己和友人共同期許的境界。賦中對友人處境的體貼，對友人品格及境界的讚許，對二人見面情狀的描述，展示了深深的心靈默契。蘇軾覽之，必定能深感這種相知。他書其後曰：

余友文與可，非今世之人也，古之人也。其文非今之文也，古之文也。其爲《超然》辭，意思蕭散，不復與外物相關，其《遠遊》《大人》之流乎？熙寧九年四月六日。[②]

就像一面鏡子，蘇軾把文同對自己的讚許回贈給了文同。他對文同的讚揚也同時也是對自己超然境界的描述。

此外，與蘇軾同爲舊黨，舉薦過蘇軾的鮮于侁亦有《超然臺賦》，立意、行文與文同賦相似，只是缺了對蘇軾不如意處境的感知及對超然境界的自信，情感力度略爲薄弱。受篇幅所限，不再詳述。[③]

六、更高的立論：張耒賦

這次賦詠，蘇軾有一個超出常規的舉動，即托友人帶信，邀請一位自己早就欣賞卻尚未有交往的後輩參加，這就是後來名列蘇門四學士的張耒。

在二蘇門人中，張耒被認爲是蘇轍的學生。熙寧三年（1070），蘇轍被任命爲陳州（今河南省淮陽區）教授。其時張耒遊學陳州，得以從蘇轍

---

① 文同《超然臺賦》，載胡問濤等校注《文同全集編年校注》，成都：巴蜀書社，1999 年，第 688～689 頁。

② 蘇軾《書文與可超然臺賦後》，《蘇軾文集》，第 2060 頁。

③ 鮮于侁賦見《新刊國朝二百家名賢文粹》卷一百七十九鮮于諫議論《超然臺賦》。

遊，並受到對方賞識。二蘇的書信來往中當提到過彼此發現的人才。熙寧八年（1075），蘇軾知密州，初到後的感受是治安混亂，民生蕭條，自己也因公使錢克扣太甚而生活艱苦，深感新法擾民，在牢騷的心態下作了《後杞菊賦》。張耒時爲淮海主簿，有事過漣水（今江蘇省漣水縣），在漣水縣令盛僑那裏看見這篇作品，内心産生強烈的共鳴，亦援筆作了同題之作。張耒《杞菊賦》蘇軾看到與否已不可考，可以肯定的是，此時蘇、張二人文字交往的時機已經成熟。蘇軾請老友劉攽帶信到淮海，邀張耒作《超然臺賦》。這一主動要求交往的行爲展現了蘇軾求才若渴、禮賢下士的胸襟和氣魄，對張耒而言是極大的榮耀。

得到這個邀請，張耒並未誠惶誠恐。相反，他以平等的姿態向前輩挑戰，指出蘇軾口中之“超然”非最高境界。

此賦採用主客問答體。在文章的開頭，張耒即以某客的名義，提出對蘇軾“超然”境界的疑問：

> 古之所謂至樂者，安能自名其所以然邪？今夫鳥之能飛，獸之能馳，與夫人之耳目手足，視聽動作，自外而觀之者，豈不爲以大樂乎？然鳥獸與人未嘗以爲樂也。古之有道者，其樂亦然，又安能自名其所以然邪？彼方自以爲超然而樂之，則是其心未免夫有累也。[①]

真正的超然是不知其所以然而然，不自我標榜。蘇軾“以見余之無所往而不樂者，蓋遊於物之外也”的自我表白，在這裏受到了“彼方自以爲超然而樂之，則是其心未免夫有累也”的嚴肅質疑。

下文張耒又虛擬了另一位談話者，爲“超然臺”的命名辯護。就境界而言，忘掉超然才是真超然，然就進入的途徑而言，只有先超越凡俗的境界、追求超然的快樂，再進一步忘掉超然的名目，才能達到真正的超然。也就是説，蘇軾的追求是到達真超然的必經途徑。在下面的賦中，莫須有的談話者提到甚至是這個超然臺本身都將歸於毁滅，這或許意味着追求終極的真理不能停在半途。不過，道不可以直至，需要階梯和途徑。只要向着終極的真理行而不止，你怎麼知道那個葺臺爲超然，或給臺命名爲超然者，不能最終達到至樂之淵呢？

---

① 張耒《超然臺賦》，載李逸安等點校《張耒集》，北京：中華書局，1990年，第15頁。

張耒此賦中的質疑確實有道理。此時的蘇軾並非純然達觀，他是在不如意的處境下自尋出路。“無往而不樂”對目前的他而言尚是一種理性選擇的後果，而非本然的狀態。張耒所陳的高論，那種不知其所以然而然的狀態，在以後蘇軾的黄州之行中，在他整個坎坷的生命歷程中還將得到體認。在黄州他修建了雪堂，在惠州修建了白鶴峰居所，在儋州建無所建，不提超然或其他哲學境界，而是用自己的人生體驗，真實地契入自然樸素之境。醫門多疾，此時提起超然，是因爲有抑鬱在。

宋人好議論，作爲一個敬仰蘇軾的晚輩，張耒對蘇軾有著高山仰止的想象，而未必能體會到他的人生痛楚。當張耒站在哲理思辨的高度來推動議論時，超然臺記之“超然”更加超越個人的身世之感，邁向自由的哲學之境。自然，這也是“超然”的題中應有之義吧。

未見蘇軾對此文的評論。在洋洋自得之際，面對後輩的如此挑剔，他作何感想？當事人的心情已不能揣測。可以看到的是，張耒以此文受知於蘇軾，而非取怨於他。一代文宗，自有其非凡的自省能力和雅量。同題賦詠，就是要以如此不阿諛的姿態發出真實的聲音，才充盈著交流的意義。

七、儒者情懷：司馬光、文彦博詩

“超然”語出老子，本來是一個道家的命題。二蘇及衆客所闡釋的達觀、超越思想，也主要汲取了道家資源。不過，也有人完全不管此詞語的出處，只用儒家話語做解釋，也一樣能自圓其說。舊党的代表人物司馬光、支持舊党的元老大臣文彦博寄來的詩作就不涉道家的藩籬。

先看司馬光的《超然臺寄子瞻學士》：

> 使君仁智心，濟以忠義膽。嬰兒手自撫，猛虎鬚可攬。出牧爲龔黄，廷議乃陵黯。萬鐘何所加，瓶石何所減。用此始優遊，當官免阿諂。鄜時守高密，民安吏手斂。乘間爲小臺，節物得周覽。容膝常有餘，縱目皆不掩。山種遠布張，花卉近綴點。筵賓肴核旅，燕居兵衛儼。比之在陋巷，爲樂亦何歉。可笑誇者愚，中天猶慘慘。①

① ［宋］司馬光《傳家集》卷五，《景印文淵閣四庫全書》本。

司馬光作爲舊党的領袖，此時退居洛陽，營建了獨樂園，專心編撰後來被命名爲《資治通鑒》的歷史巨著。“獨樂”語出《孟子》，意在獨善其身；“超然”語出《老子》，意在忘懷煩惱。政治上的不得志並未摧毁舊党人士的信念。不能進入權力中心的蘇軾，和主動退出權力中心的司馬光、共有不畏權勢、敢於直言的特點。“使君仁智心，濟以忠義膽。嬰兒手自撫，猛虎鬚可攬。出牧爲龔黄，廷議乃陵黯。萬鐘何所加，甔石何所減。用此始優遊，當官免阿諂”，是兩人共有的氣概。司馬光此詩，事實上補足了蘇軾《超然臺記》没有説出但確實存在的情感底蘊。下面司馬光説到，蘇軾在治理地方之餘悠然宴樂，並不比在陋巷的顔回，或者説司馬光自己，更少體會到悠然之樂。

整首詩沒有使用老莊的詞彙，也沒有引用老莊的觀點。因爲司馬光平生不喜歡佛老，説其哲思不出儒書範疇，其荒誕之處很難令人取信。他用儒家的觀點進行詮釋，雖然與蘇軾的出發點不符，但也從另一個角度——我們可以説是從政治立場和處境的角度出發，點出蘇軾的心理狀態，彰顯了超然的背景和意義。在超然的背後有政治異見者不放棄、不苟合的堅持的力量。

文彦博所作《寄題密州超然臺》與之類似：

> 莒侯之燕處，層臺逾十尋。俯鎮千乘國，前瞻九仙岑。勿作西州意，姑爲東武吟。名教有静樂，紛華無動心。憑高肆遠目，懷往散沖襟。琴觴興不淺，風月情更深。民被袴襦惠，境絶枹鼓音。欲識超然意，鴒原賦擲金。①

此詩讚揚蘇軾在地方惠澤百姓、安寧邊境的政績，讚揚他在名教之中體會到的快樂，其境界不出儒家的範畴。至於道家的内涵，只是在“鴒原賦擲金”中一帶而過，這一帶而過並不意味着文彦博本人讚同這種思想。

可見，對“超然”這個道家的命題，純正的儒者有自己的處理方法。儒家自有獨樂考槃之境，可以從自身資源出發闡釋。這也是這個時代儒學面對佛教思想的挑戰開拓出的新局面。其中，司馬光的詩歌有同爲舊黨的同仇敵愾之感。寶劍入鞘，但還是兵器。凛凛的殺氣見於豪端，令政敵膽寒。

---

① ［宋］文彦博《潞公文集》卷三，《景印文淵閣四庫全書》本。

八、結語

超然臺賦詠是北宋中後期諸多亭臺樓閣賦詠的一次，也是頗負盛名的一次。我們可以用它來管窺這種流行的文學現象。

亭臺樓閣作爲建築，其修建目的不爲滿足人的實際生活需要。這種以審美爲目的的建築，將人的視野引向幽深、高遠，獲得或沉入性或超越性的精神體驗。當物質意義上的建築完成，精神意義的建構才剛剛開始。在意義的賦予中，命名是第一步，也是最重要的一步。建築物的命名直接決定了它的氣質。

超然臺由蘇轍命名。他靜心體會兄長的處境、心情，體會到他在黨爭中的不如意，體會到他治理地方的政績，體會到修建樓臺所具有的散懷憂慮及超越日常煩瑣生活、獲得超越性體驗的意義，爲此臺命名爲“超然”。這個命名是當下的，有前提有背景有原因，但也指向道體之永恆。蘇軾對此非常欣賞。他作《超然臺記》，就“超然”二字解題，說明自己的處境和取向，爲此臺打上了鮮明的個人烙印。命名之前的城北舊臺具有遊賞的作用，命名之後，該臺儼然已成爲蘇軾本人主觀情志的外化，著“我”之色彩。

蘇軾寄《超然臺記》請諸友作賦詠，事實上是呈上自己的面貌和見解請諸友鑒賞。在這輪超然臺賦詠中，只有一篇是登臨現場後的創作，其他皆是寄題。這也是北宋亭臺樓閣賦詠常用的方式，因爲在場不是最重要的，文學的發生依靠的是想象。諸友的賦詠圍繞超然臺、圍繞超然這個名字、圍繞蘇軾這個人，以及作者和蘇軾之間的關係等主題，在地理空間、情感空間和精神空間中展開。其中，李清臣和張耒賦著眼於議論“超然”二字命名之意義，文同和鮮于侁賦在展開神遊的歷程中抒情，司馬光和文彥博詩用儒家境界詮釋超然，風格各不相同。

建築作爲一種人爲的建構具有特定的功能，也能寄寓意義。北宋亭臺閣樓賦詠即是在建築的審美遊觀功能上賦予它意義，賦予物質的建築以個性和神氣。這神氣是參與創作的個體運用自己的想象力，深入相互交流的情感領域，進入哲理的追索和探討，賦予吟詠對象的。這種賦予建築物意義的活動也是以文會友的活動，包括精神志趣的交流及情感連結。參與賦詠的人，登臨此臺的人，因爲這種參與，在與人、物之間的精神交換中不斷豐富着自身。參與賦詠的群體也因此獲得新的特質和新的話語。經過這次賦詠，大地留下名勝，文學史留下名作，士大夫公共文化空間被重新建構。雖然密州超然臺在抗日戰爭期間被毀壞，但其在文學史和文化史中的意義永存不滅。

宋代挽詩體制研究

——以黄庭堅的挽詩创作爲解读中心

何京芮

四川大學中國俗文化研究所

摘　要：中國古代有爲故去親舊創作挽詩（一作輓詩、挽詞）以示哀悼的習俗和傳統。挽詩創作在唐代十分繁榮，有宋以降，逐漸形成了特有的固定體式。黄庭堅共留下三十七首挽詩，它們不僅遵循了挽詩的創作規律、體現出山谷獨有的詩風，而且針對不同的哀挽對象，還呈現出不同的言語距離。通過對黄庭堅創作的挽詩的細讀，我們能揭示其文體特質，也能探尋其背後的文化內涵。

關鍵詞：宋代　黄庭堅　挽詩　文體意義　文化內涵

古人云，死生亦大矣。死亡是無法避免的人生大事，因此能格外引起人們强烈的感觸。中國古人不僅十分重視喪事的禮儀、禮制，也往往在親舊逝世之後作詩文以示祭奠。自唐代近體詩成型以來，挽詩的創作便十分繁榮，郎仁寶云：“挽詩盛於唐，非無交而涕也。”[①] 不過，唐代的挽詩內容和形式比較自由，並無固定的文體標準，表現爲“挽詞（詩）”與“挽歌”“挽歌詩”等名稱混用，述生平、狀物景、寄哀思不一而足，古體、近體混雜等特點。可以說，這一時期的挽詩尚未脱離六朝的影響和音樂的藩籬，且處於混沌蕪杂的狀態。但是宋代挽詩已然顯示出許多新的特徵，

① ［清］趙翼撰，欒保群、呂宗力點校《陔餘叢考》卷二十四，石家莊：河北人民出版社，1990 年，第 397 頁。

呈現出一種不同於唐代的固定體式和情調。生活在北宋中期的黄庭堅，其挽詩無疑具有相當的代表性。通過對山谷作品的研究，不僅能總結宋代挽詩所展現的普遍形態，對挽詩這一哀悼詩體有更深刻的認識，也能以此爲基點，探尋挽詩成型背後隱藏的社會文化内涵。

一、文本細讀①——挽詩的内容轉向

雖然“挽詩皆今天下士大夫所爲”②，但作爲一種實用文體，古往今來的學者多注重對其運用和溯源的研究，而缺少對文形體制的關注。因此，我們雖然能輕易知曉挽詩“意出於古”“於執挽之際形諸歌詠，以敘其哀”③的源流，了解“思其人而追傷之不能已”④的創作動因，也可以總結出其“繼之奠祭”⑤“冀以善其親於身後”⑥的用途，卻難以在文體上對它進行詳細的界定，很多時候，挽詩被人們樸素地認爲是哀悼詩的一個分支，與哭詩、悼亡詩混爲一談。黄庭堅留下的 37 首挽詩數量可觀，無疑是進行側面切入和系統研究的極佳樣本。將這些詩按照在山谷詩集⑦中的位置進行排列，可以得到如下表格：

表 1　黄庭堅所作 37 首挽詩

題目	在詩集中的位置	寫作時間（以崩逝歲月爲次）	數量	體裁
《神宗皇帝挽詞》	卷二	元豐八年（1085）	三首	五律
《王文恭公挽詞》	卷二	元豐八年	二首	五律
《司馬文正公挽詞》	卷五	元祐元年（1086）	四首	五律

① 文本細讀（Close Reading）是 20 世紀英美新批評學派提出的概念，它建立在對文本語義的細緻分析上，是一種具體的、實證的文本解讀方法。

② 莊昶《陳重器挽詩序》，載《莊定山集》卷七，文淵閣四庫全書本。

③ 李賢《戶部尚書古公輓詩序》，載《古穰集》卷六，文淵閣四庫全書本。

④ 毛憲《蘇御史母鄭輓詩序》，載《古庵毛先生文集》卷三，嘉靖四十一年訢刻本。

⑤ 黄安中《慰林秘書書》，載魏齊賢輯《五百家播芳大全文粹》卷七十，文淵閣四庫全書本。

⑥ 蔡清《題人求父母輓詩卷後》，載《虛齋集》卷五，文淵閣四庫全書本。

⑦ 任淵、史容、史季温箋注，黄寶華點校《山谷詩集注》，上海：上海古籍出版社，2003 年。

续表1

題目	在詩集中的位置	寫作時間 （以崩逝歲月爲次）	數量	體裁
《韓獻肅公挽詞》	卷九	元祐三年（1088）	三首	五律
《范蜀公挽詞》	卷十一	元祐四年（1089）	二首	五律
《宗室公壽挽詞》	卷十一	元祐四年	二首	五律
《黄潁州挽詞》	卷十一	元祐四年	三首	五律
《樂壽縣君呂氏挽詞》	卷十一	元祐四年	二首	五律
《叔父給事挽詞》	卷十一	元祐四年	十首	七絕
《文安國挽詞》	卷十八	崇寧二年（1103）	二首	五律
《李濠州挽詞》	外集卷十七	元祐四年（1089）	二首	七律
《史天休中散挽詞》	別集卷下	未詳	一首	七律
《宋夫人挽詞》	別集卷下	未詳	一首	七律

由表 1 可知，黄庭堅爲當朝 13 個人所作的 37 首挽詩不僅哀挽對象多樣，而且時間跨度較大①、組詩數量不一，乍看沒有任何共通之處，好像只能把它們籠統地界定爲“一種祭奠逝者的詩歌表現形式”。但是，人們既然在有意識地使用“挽詩”這一文體觀念②，就一定會表現爲某些定式。如果在文本之外難尋，那麼，綫索就可能隱藏在具體的文體文本之中。我們不妨先試讀其中的幾首詩：

光禄九男君獨秀，賦名幾與景仁班。淹留州縣看恬默，出入風波笑險艱。遺愛蜀中三郡有，退身林下十年間。山川英氣消磨盡，昨日華堂作土山。

——《史天休中散挽詞》③

鬱鬱高陽里，生才世不孤。八龍歸月旦，三鳳繼天衢。梁壞吾安

① 此處指挽詩創作的時間不定，可以是崩逝後的幾日內，也可能間隔數月。

② 文體觀念與文體理論相對，特指那些尚未形成比較完整系統的理論形態和明確的理論表述的意識和感覺。見吳承學、李冠蘭《論中國早期文體觀念的發生》，載《文藝理論研究》2016 年第 6 期，第 102 頁。

③ 《山谷詩集注》別集卷下，第 1122 頁。

仰，人亡道固臞。空令湖海士，愁絕奠生芻。

物產元希世，風流更折衝。決疑京兆尹，富國大司農。遠業終三事，仁聲達九宗。方祈酌周斗，何意輟秦舂。

淚盡才難日，斯人遽隕傾。冰枝憂木稼，食昴恨長庚。名與具茨重，心如潁水清。堂堂萬夫表，直作閉佳城。

——《韓獻肅公挽詞三首》①

黃庭堅的這兩組詩分別爲悼念史祥和韓绛所作。《史天休中散挽詞》一詩首聯總寫他在同輩九子中的傑出表現，頸聯、頷聯分寫了他的具體事跡，即在州縣做官時恪守己任，即使遇到風波艱險亦能臨危不懼、泰然處之；在蜀地輾轉爲三郡長官，受到了人民的褒揚與愛戴；退居山林後，安步當車逾十年。《韓獻肅公挽詞三首》中，黃庭堅既有“鬱鬱高陽里，生才世不孤”和“八龍歸月旦，三鳳繼天衢”這樣追溯韓絳家學淵源的詩句，又細數了他平定西夏、決疑皇子、推行改革、扶持宗族的大事，可謂娓娓道來，面面俱到。細讀下來，不難發現這兩組詩都有一個明顯的刻畫重點，那就是力圖在有限的字句中概述出逝者的重大經歷和功績。通過一首詩短短的幾十個字，我們便能一瞥逝者或身心富足，或波瀾壯闊的一生，短小的詩歌載體蘊藏著巨大的信息。對於史祥這一類低官階士人而言，這種書寫也彌補了他們不見於北宋正史、亦無文名的缺憾。

從感情色彩上看，黃庭堅的挽詩都具有“哀榮共顯”的特征。在《史天休中散挽詞》中，黃庭堅首先將史天休比作蜀郡公范鎮，給予了極高的評價，尾聯又回到華堂作土山、零落歸山丘的現實，抒發了人之不存的悲慟之情。同樣，黃庭堅不僅稱讚韓绛名重心清，是人中龍鳳、萬夫表率，也寫出了“愁絕奠生芻”的哀情。比照其他諸詩，亦是如此。

正如黃詩所示，在宋代，挽詩與“形諸歌詠”的源頭和“非無交而泣”的感懷徹底剝離，敘述逝者的生平功績、讚揚逝者的品格、給予相應的評價成爲當仁不讓的重要內容。換句話說，挽詩的功能性已經全面壓制了音樂性和抒情性。這無疑與宋人的實用理性（Pragmatic Reason）精神密切相關。自商周的巫史文化和春秋戰國的諸子百家起，中國的哲學一直

① 《山谷詩集注》卷九，第 229～231 頁。

有實用理性的傳統，表現爲強調實用和實踐的品格。[①] 文學自魏晉南北朝時期成爲一門獨立的學科之後，也一直在尋求“情”與“事”“理”的交融與平衡，唐代的挽詩便是一種典型代表。但是，自宋以降，理性主宰成爲本體性的存在，“物”“事”“理”被置於“情感”之上[②]，受此影響，挽詩也發生了內容上的轉向，並最終定型。宋代的文士更加注重挽詩“蓋棺定論”的實際作用，因此，他們無一例外地在行文中全力刻畫逝者的功績和美名。“王文恭公薨時，舉朝名士挽詩皆以立子之功歸之”[③]，足見此時“表功”的思想已深入人心，也從側面證實了褒揚行實成爲挽詩的重要特征。

不過，宋人並未完全捨棄挽詩的“痛感”抒情。既是哀悼文體，落腳點始終應該在這一個“挽”字上。人死不復在，哀情理所當然，但是，由於敘評佔去大部分篇幅，詩歌餘地有限，並不能通過景物描寫或環境渲染營造出悲情的氛圍，只能在詩尾言簡意賅地直抒悲慟，代入感便大打折扣。加之宋人心靈世界轉向內斂，不追求恣意濃烈的表達效果，這進一步弱化了讀者的閱讀體驗。如《韓獻肅公挽詞三首》中的“空令湖海士，愁絕奠生芻”（其一）、“方祈酌周斗，何意輟秦舂”（其二）、“堂堂萬夫表，直作閉佳城”（其三）之句，看似痛惜無奈，但由於缺乏足夠的鋪墊與烘托，又無強烈的情感衝擊，實在感人不深。這與“理資配主，辭忌失朋”[④] 的中國文論傳統大相徑庭，也是宋挽詩比唐挽詩讀來“情薄”的原因所在。

任何作者都生活在一定的社會土壤之中，因而時代性、傳承性等多種社會因素都會對文學創作產生影響，相應地，文學作品在一定程度上也能折射出當時的社會生態。黃庭堅的挽詩所展現的關注行實大事、哀榮並顯的特徵，不僅是重要的內容轉向，也是當朝“實用理性”思想的縮影。

---

① 李澤厚《關於“實用理性”》，載《實用理性與樂感文化》，北京：生活・讀書・新知三聯書店，2005 年，第 325～326 頁。

② 李澤厚《實用理性與樂感文化》，第 61～67 頁。

③ 金中樞《宋代學術思想研究》，臺北：幼獅文化事業公司，1989 年，第 352 頁。

④ 劉勰《文心雕龍・章句》，上海：上海古籍出版社，2012 年，第 233 頁。

二、推案析理——挽詩的結構體裁

語義的模糊（ambiguity）和結構的跳躍（leap）是詩歌的自然特徵。不過，與普通的抒情言志詩歌不同，宋代挽詩是圍繞着某人或者説爲某人而服務的，實用性和敘事性較强，因此，爲了清楚地闡釋，其内部意群相關性大，跨度和省略少。這直接導致挽詩的跳躍和張力不夠，從而失去了一部分詩的特性。可以説，在“哀祭”的主題下，挽詩與碑、表文具有形式上的趨同性，這具體表現爲挽詩具有嚴密的結構和章法。

在黄庭堅的挽詩中，每一句或每一聯都表述了特定的相關内容，接着通過意義的親疏構成不同的意義群落①，最後排列組合成爲功能齊全的整體。仍以《史天休中散挽詞》爲例：其首聯構成一個意義群落，總體評價或敘述總體印象——“同輩獨秀”“名比景仁”；頸、頷兩聯爲第二個意義群落，對第一個意義群構成事件支撑——“淹留州縣”“出入風波”，“遺愛蜀郡”“退身林下”；尾聯爲第三個意義群落，表達作者對斯人已逝的哀挽，抒發感時傷逝之情——“英氣消磨盡”“華堂作土山”。不難看出，第三個意義群建立在前兩個的敘述之上，表示轉折，這樣全詩的意義就完成了閉環。縱觀整首詩，總—分—總的結構十分嚴密，先給予總體評價，再敘述人物重大經歷，最後抒發哀挽之情，層次鮮明，一目了然。這種結構是最爲常見的，在黄庭堅的挽詩中，《李濠州挽詞二首》②、《司馬文正公挽詞四首》③其二、其四等也採用了這種方式。除此之外，意義群落也有並列結構，如《宗室公壽挽詞二首》④其一：

昔在熙寧日，葭莩接貴遊。題詩奉先寺，横笛寶津樓。天網恢中夏，賓筵禁列侯。但聞劉子政，頭白更清修。

---

① “群落”（community）原是生物學概念，指在相同時間聚集在同一地段上的各物種的種群集合。各個種群有規律地組合在一起，形成群落，是生態系統中有生命的部分。這裏指黄詩中各個部分相互關聯，按照意義是否相關分爲不同的群落。

② 《山谷詩集注》外集卷十七，第1040頁。

③ 《山谷詩集注》卷五，第113～115頁。

④ 《山谷詩集注》卷十一，第280～281頁。

此詩自“昔在熙寧日”至“横笛賓津樓”，言公壽陳跡；自“天網恢中夏”至“頭白更清修”，讚公壽之堅守，意義群落雖有時間上的先後，卻並無事理上的承接，而是形成並列。

組詩亦是如此，單首詩構成一個意義群落，側重表現人物的某個方面。如上文提到的《韓獻肅公挽詞三首》，三首詩均有不同的著眼點，第一首勾勒了韓绛的家族藍圖，第二首描繪了他人生的重大事件，最後一首則肯定了他的地位和影響。三首詩重點不同、各自獨立，又共同塑造了韓绛這一人物，缺一不可。因此范温說，詩人心中若有嚴密的法度，則“意舉而文備，故已有是詩矣”[①]。

表 1 中“體裁”一欄還揭示了宋代挽詩的某種形式特性。在黄庭堅爲當朝 13 個人創作的挽詩之中，挽李濠州、史天休、宋夫人之詩爲七律，挽叔父給事爲七絕，其餘挽詩皆爲五律，五律佔到總數的 69%——顯然，挽詩創作以近體爲主，又以五律爲尊。不僅黄庭堅本人，據筆者粗略統計，《全宋詩》中留存的挽詩（詞）共 6800 餘首，其中，近體約 6400 首，五律約 4600 首，約佔總數的 67%，這與從黄庭堅詩中得到的數字極爲接近。尚近體易解，可挽詩爲何五律盛行？推測其原因，雖然格律詩都擁有字數整齊劃一、對仗典雅工整、聲韻和諧平緩的優點，但律絕相比，律詩增加了兩聯，能更詳細地概括逝者的生平，使内容更加充實；五七言相較，五律脫胎於五古，質樸峻整，含蓄深厚，又特别適用於莊嚴的場合，宋人也說，“挽詩自古皆五言，至嘉祐末方有爲七言者”[②]。因此，挽詩多用五律便自成一種規格。

宋代挽詩在形式上與散漫自由告别，呈現出嚴密莊重的特征。一方面，宋人向來嚴謹，無論是官職、服飾的繁複有序，還是治學、考證的一絲不苟，都是極好的注解，這種態度可能也影響了挽詩的創作。另一方面，這更是由挽詩的内容所決定的。黑格爾說：“藝術在符合藝術概念的實際作品中所達到的高度和優點，取決於理念與形象能互相融合而成爲統一體的程度。”[③] 換句話讲，形式與内容的契合度決定了某種藝術所能達

---

① 范温《潛溪詩眼》，載郭紹虞《宋詩話輯佚》，北京：中華書局，1980 年，第 324 頁。

② 周煇《清波雜志》卷三，文淵閣四庫全書本。

③ 黑格爾《美學》，重慶：重慶出版社，2018 年，第 7 頁。

到的高度。與挽詩側重敘事、表哀悼的特點相匹配，它呈現出獨尊五律、章法嚴密的特征，兩者就像兩個相交的圓，圈定出挽詩這一具有鮮明特點和獨特意義的並集。

三、水乳交融——挽詩的修辭偏好

密集的内容和峻嚴的形式勾勒出挽詩的基本樣貌，同時，它們也像一張漁網，篩選和淘汰着不同的修辭方式，以期收穫最圓滿的表達效果。事典便是其中脱穎而出的一種，它言短意深、典雅莊重，與挽詩搭配，可謂天造地設、相輔相成。

仔細品味黄庭堅的用典，可以感受他的斟酌和偏好。首先，他重視所挽之人與所用之典的契合性。比如，評價不同的哀挽對象，黄庭堅會選取與其身份、地位匹配的事典。《神宗皇帝挽詞三首》[1] 其二云："輝光唐六典，度越漢中興。"任淵注曰："元豐三年初改官制，至五年頒行。上句謂官制一新，有光於唐之《六典》；下句言政事法度，過於漢宣帝中興也。"黄庭堅將宋神宗"元豐改制"的功績比於唐《六典》，認爲改制後的政事法度超越漢宣帝中興，直接商、周。針對宰相韓絳，黄庭堅則用同等級别的韓琦"冰枝憂木稼"、蕭何"食昴恨長庚"之典（《韓獻肅公挽詞三首》其三），痛惜良將故去。而面對官職更低一級的黄潁州，黄庭堅讚其"臨民次公老，論事長輿通"（《黄潁州挽詞二首》其二）。任淵注曰："《漢書》：'黄霸字次公，爲潁川守。'《晉書》：'和嶠字長輿。'潘安仁《閒居賦序》曰：'昔通人和長輿之論予也，固謂拙於用多。'"在選用事典時，黄庭堅以君主比接君主、臣子比接臣子，無形之間强化了挽詩的等級和法度。

其次，黄庭堅喜歡暗用、化用典故。林語堂曾説："用著名的詞語和典故而不明言其出處……這種暗示比明白説更爲有力動人。因爲一語道破，暗示的魅力必渺不可得矣。"[2] 黄庭堅顯然更早明白這個道理，他在行文之中暗藏了許多密碼，如果找不到破解的鑰匙，便會覺得其詩幽暗難

---

① 《山谷詩集注》卷二，第 43～45 頁。

② 林語堂《蘇東坡傳》，西安：陝西師範大學出版社，2006 年，第 26 頁。

明，一旦找到了其背後所指，閱讀的快感便超越言語，詩歌意義亦變得精妙可親了。《司馬文正公挽詞四首》其一有“埋玉慟佳城”一句，初看不知所云，深讀之後，了解到“埋玉”來自《晋書·庾亮傳》：“將葬，何充歎曰：‘埋玉樹於土中，使人情何能已！’”“佳城”來自《西京雜記》：“滕公駕至東都門，馬鳴，局不肯前，以足跑地久之，滕公使士卒掘馬所跑地，入三尺所，得石椁。滕公以燭照之，有銘焉。……以今文寫之，曰：‘佳城鬱鬱，三千年見白日。吁嗟滕公居此室。’滕公曰：‘嗟乎，天也！吾死其即安此乎？’死遂葬焉。”此時再讀便會帶入典故之情景，看到“佳城鬱鬱”，感受到“情何能已”了。黄庭堅用此二典，“不易其意而造其語”①，既增加了挽詩的歷史厚度，又加深了詩歌的文學内涵，也正因爲如此，即使沒有朦朧的意象和多義的語境，挽詩亦能不流於直白。

最後，黄庭堅喜歡在對偶句中用典，頗見功力。以黄庭堅和孔武仲分作的兩首同題同體挽詩對比，高下立現：

龍卧南陽久，天回北斗高。廟堂更政化，岩谷起英髦。正色朝端肅，華巔國務勞。西州忽移翣，風木動悲號。

——孔仲武《司馬温公挽詩五首》其一

鼎鼐華元老，朝廷倚上台。除痾得針砭，作解有風雷。尚冀松椿壽，誰令柱石摧。英靈參列宿，餘惠在春臺。

——孔仲武《司馬温公挽詩五首》其二②

元祐開皇極，功歸用老成。惟深萬物表，不令四時行。日者傾三接，天乎奠兩楹。堂堂寧復有，埋玉慟佳城。

——黄庭堅《司馬文正公挽詞四首》其一

國在多艱日，人如大雅詩。忠清俱沒世，孝友是生知。加璧延諸老，櫜弓撫四夷。公身與宗社，同作太平基。

——黄庭堅《司馬文正公挽詞四首》其二

孔詩的用典不多，又盡量避免在對偶句中出現；但黄詩與之相反，第一首的頷聯運用了《易·晉卦》康侯“晝日三接”和《論語》孔子“夢坐奠兩楹之間”之典，第二首的頷聯出句則用《漢書》“加璧迎申公”事，

① 惠洪《冷齋夜話》卷一引黄庭堅語，北京：中華書局，1985年，第5頁。

② 王遽《清江三孔集》卷十，文淵閣四庫全書本。

對句以《漢書》“王陵撫四夷”返。格律詩本來難工，黄庭堅於聲韻對仗之間尚能用典如此，不得不讓人感歎其才氣充溢、殫精竭慮。

事典雖然是創作挽詩常用的修辭手段，但黄庭堅卻考量甚深，這與他“以才學爲詩”的主張密不可分。無論是他提倡的“以故爲新”[①]“無一字無來處”[②]，還是江西詩派信奉的“點鐵成金”[③]“奪胎換骨”[④]，都重視從文化典籍中借用現成的語言材料。詩中用典雖“不易喚起讀者的視覺聯想”，但“由於典故本身是對一個複雜事件的濃縮概括，因此在同樣的語言形式中就比白描包容著更多的語義單元”，因而能夠“以少勝多，曲折傳達出詩人多層次的情感意念”。[⑤] 黄庭堅和江西詩派在用典、煉字上的講究使挽詩染上了莊重感和學者氣息，這無心之中切合了挽詩的內在要求。嚴羽曾經批評道：“近代諸公，乃作奇特解會，遂以文字爲詩，以才學爲詩，以議論爲詩。夫豈不公？終非古人之詩也。蓋於一唱三歎之音，有所歉焉。”[⑥] 若追求“羚羊掛角，無跡可求”的詩歌意境，嚴羽之論的確切中要害；但如果詩歌的內在要求是彰顯哀榮、章法嚴密，“以文字爲詩”“以才學爲詩”“以議論爲詩”則會是更佳的伴侶。甚至我們可以說，黄庭堅和江西詩派本該是創作挽詩的高手，因爲在這裏，他們能最大限度地發揮自己錘煉語言的才能。

四、詩各有變——挽詩的言語距離

體制的限制並沒有使挽詩喪失活力，相反，黄庭堅採取多樣的言語方式，使挽詩呈現出不同的言語距離。

針對一般的男性官友，黄庭堅往往站在中間位置對其進行敘評。從體量上看，這部分挽詩大多在 4 首以內；從內容上看，它們言大略小，著重提煉和構建總體印象；從敘述角度看，第三人稱的視角十分客觀，所有詩歌都呈現出一種“點到即止”的節制。

---

① 黄庭堅《再次韻楊明叔小序》，載《山谷全集·內集》，四庫備要本。
② 黄庭堅《答洪駒父書》，載《豫章黄先生文集》第十九，四部叢刊本。
③ 同上注。
④ 惠洪《冷齋夜話》卷一引黄庭堅語，北京：中華書局，1985 年，第 5 頁。
⑤ 周裕鍇《中國古典詩歌的三種審美範型》，《學術月刊》1989 年第 9 期，第 40～68 頁。
⑥ 嚴羽《滄浪詩話》，北京：人民文學出版社，1983 年，第 26 頁。

與之形成鮮明對比的是《叔父給事挽詞十首》[①]。叔父給事即黄廉，他是黄庭堅祖父黄湜的第四子，與黄庭堅感情深厚。黄庭堅幼年時便深受叔父的影響，長大後又時常与叔父唱和吟詩，黄廉去世後，黄庭堅撰寫了《叔父給事行狀》，可見對其平生行跡了解之細緻。血緣的羈絆、認知的深刻、心靈的貼近，使黄庭堅不拘泥於挽詩一般的創作體式，而表現出雖然“不合常規”但“恰如其分”的自由。首先，《叔父給事挽詞十首》是黄庭堅留存下來的數量最多的組詩，也是唯一一組絕句。總體來看，挽詩數量的增長擴充了表達內容、延長了時間跨度，從元祐科考到第一任官職宣州司理參軍，再到最後改陕西都轉運使、拜給事中，這十首詩完整地涵蓋了黄廉做官的各個時期，詳細説明了其一生的功績。除此之外，黄庭堅還在詩中融入了私人化的表達。不同於其他挽詩保持一定的距離進行客觀的陳述或評價，這組詩中，黄庭堅絲毫不掩飾“自己”的存在。無論是“我公”（其三）的稱呼，還是“同時御史更誰如”（其四）的溢美，抑或是“他日諸郎有父風”（其十）的希冀，都表明黄庭堅在創作過程中對自我身份和自我情感的確認。面對至親之人的離開，黄庭堅不再抽離，而是主動進入詩歌之中，作爲至親追憶，作爲長輩勸勉。言語體量和切入視角的變化拉近了作者與逝者的距離，表現出他們之間的親密關係。

除了不同的書寫個體，挽詩很難像其他類型的詩歌一樣擁有多重的想象空間、跳脱的結構形式、靈活的修辭方法，因此，其內部的變化顯得乏善可陳。不過，失之東隅，收之桑榆，挽詩的文學性雖然相對較弱，但它的社會歷史意義尚能補闕。詩歌言語的背後隱藏着一項重要信息，那就是作者與書寫對象具有特定的現實聯繫。由於兩者的身份、地位、親疏有别，作者在詩歌體量、體裁、敘述角度等方面的選擇上有所差異，因此造成了不同的言語距離。而通過感知、解構言語距離，作者與逝者的私人感情浮出水面，挽詩就不再僅僅是文學作品，更是人際關係的表達和歷史場域的再現。挽詩之體是“文學是人學”這一命題的有力例證，它不僅描繪出個體生命的曲綫，具有人道主義精神，也“寫出了這個人所生活的時

① 《山谷詩集注》卷十一，第284～287頁。

代、社會和當時的複雜的社會階級關係”[①]。

五、結語

刘勰說："夫才童學文，宜正體制。"[②] 可見辨體具有重要的文學意義。宋代開千年文化之一脈，挽詩自此定型，本文以黄庭堅的挽詩創作爲切口，通過文本細讀的方式進行梳理，從而考察了宋代挽詩的普遍形態：受到"實用理性"思潮的影響，挽詩的內在精神已經由個人體驗轉向爲他人服務，功能性由此大大增強；時代性格和詩歌內容共同作用於形式，挽詩由此表現出嚴密而莊重的特征；用典既符合挽詩體制的內在要求，又順時代詩法之勢；言語距離重塑出當時的社會背景和人際關係。宋代挽詩不僅具有極強的藝術價值和歷史底蘊，也爲後來挽詩的發展奠定了堅實的基礎。

① 錢谷融《論"文學是人學"》，載《文學是人學》，上海：上海人民出版社，2013年，第7頁。

② 《文心雕龍·附會》，第282頁。

宋詩題壁傳播研究的區域視角：福建的具體展開*

林陽華

福建三明學院文化傳播學院

摘　要： 長期以來，宋詩題壁傳播研究集中於朝代宏觀研究，而區域中觀研究受到忽略。若以區域爲切入點，宋詩題壁傳播面貌會更爲豐富多樣。以福建爲例，可以看到：首先，詩歌題壁作爲宋代福建士人的日常化、普遍性行爲，存有題壁詩的不少於230位。如果僅就某一類型的題壁場所而言，主要場所是堂、寺院、遊亭；如果僅就某一個題壁場所而言，主要場所則是嚴子陵釣臺、武夷山和華林書院。其次，宋代福建士人創作的以單篇與多篇形式面世的題壁詩，其傳播途徑包括傳誦、載録、唱和、續題、寄呈等多種，既涉及大眾傳播方式，也不乏人際傳播方式。最後，依靠以上傳播途徑，宋代福建士人題壁詩不僅使詩歌成就得到了認可，爲創作者帶來了仕途上的升遷和經濟效益，而且引起了當事者的採用和有識之士的預測，但有些題壁詩也引起了世人的鄙薄和嘲笑。

關鍵詞： 題壁傳播　宋代福建士人　主體與場所　傳播途徑　傳播效果

題壁詩是指將詩歌題寫在廊柱、石壁、牆壁等建築物上的詩歌形態。其產生時間可以追溯到先秦，經過兩漢魏晉南北朝的努力，到唐代得到了

* 本文爲福建省社科規劃項目“宋代福建士人詩歌傳播諸問題考論研究”（項目編號：FJ2016X014）階段性成果。

迅速發展。到了宋代，題壁詩成爲文人日常化、慣用性的創作形態。王兆鵬先生早年便對宋代題壁詩傳播做了研究，其發表的《宋文學書面傳播方式初探》（《文學評論》1993 年第 2 期）一文，對宋代題壁的概念、流行情況作了探討，之後又發表了《宋代的“互聯網”——從題壁詩詞看宋代題壁傳播的特點》（《文學遺産》2010 年第 1 期）一文，將宋代題壁與“互聯網”的相似性進行研究，總結了四方面的特點，後收録於《宋代文學傳播探原》一書。以上成果爲宏觀層面的宋代題壁詩研究，爲宋詩題壁傳播的代表論著，對總體把握宋詩題壁傳播情況有較大的幫助。本文以中觀層面爲切入點，探析宋代福建士人詩歌題壁的主體與場所、題壁傳播途徑及傳播效果，以期挖掘宋詩題壁傳播更爲豐富多樣的風貌。

一、題壁詩的主體與場所：以某一類型爲視角

陸游《初歸雜詠》說：“酒樓僧壁留詩遍，八十年來自在身。”[①] 雖然大部分宋人未能像陸游一樣活至八十餘歲，並使自己的詩歌遍佈於酒樓僧壁上，但題壁卻是大部分宋人可以爲之的，宋代福建士人概莫能外。

以《全宋詩》爲統計對象，宋代福建士人存有題壁詩的有 230 餘位，如果將筆記小說、詩話等資料算入的話，其數量顯然更多。這些士人中創作的題壁詩較多的有蔡襄、黄裳、廖剛、李綱、李彌遜、胡寅、劉子翚、黄公度、李呂、袁說友、朱熹、陳宓、劉克莊、林希逸等，其中劉克莊有 70 餘首，朱熹有近 60 首。《古代題壁詩詞叢考》一書的“宋、元時期的題壁詩詞”一章，除了對蘇軾、黄庭堅、陳師道等大家收録了題壁詩原文外，其他的資料則從詩話、隨筆、筆記、雜録中來[②]，實際上該章收録的蘇軾、黄庭堅、陳師道各自的題壁詩數量並未達到 60 首，劉克莊、朱熹的題壁詩應當在“宋、元時期的題壁詩詞”中佔據一席之地，卻未被收入。

劉克莊、朱熹等之所以成爲宋代福建士人中題壁詩創作數量較多的士人，其一當與他們文集的存留有關係。在他們的文集中可以找到相對完整

① 錢仲聯《劍南詩稿校注》卷五三，上海：上海古籍出版社，1985 年，第 3164 頁。
② 崔勇、劉玲娣、劉金柱《古代題壁詩詞叢考》，北京：中華書局，2011 年，第 215 頁。

的題壁詩。其二當與他們的書法成就有關。如蔡襄本身就是位列宋代四大書法家行列的士人，題壁亦需要娛目悦人的本事。其三當與他們較爲豐富的遊歷有關。“宋詞的題壁場所主要是亭臺樓閣、驛站郵亭、僧寺道觀及橋樑道路的牆壁及柱石。”① 雖然此观點是針對宋詞題壁場所總體而言，但也符合宋詩乃至宋代福建士人詩歌題壁場所的實際情況。然而如果僅就某一類型的題壁場所而言，我們發現宋代福建士人詩歌題壁的主要場所是堂、寺院、遊亭。

以《全宋詩》爲統計對象，宋代福建士人題詩於堂壁的有 90 餘處，涉及祠堂、草堂等。祠堂有嚴先生祠堂、胡將祠堂、丁給事祠堂等，草堂有夾漈草堂、方民瞻草堂等。“堂”一般環境優美，熱鬧之時可以笑歌暢歡，清淨之時能夠自適自樂。《葛氏草堂記》記載了葛公綽對蔡襄講述了建築葛氏草堂的原因：“宅於山，雖有岩壑靚深之趣，然以人遠，欲從賢豪遊，不可得也。至於都城，雖與人近，然俗塵時溷人意。欲自清邁，不可得也。吾不晦於山，不迫於城。堂中儲書數百千帙。先生當前，子弟群植。考經義之微，咀文章之華。如是者，吾所以學爲業也。若夫花飛而草長，竹陰而泉鳴；蟹魚果蔬，俯仰掇拾；登臨據倚，醉歡笑歌。此吾所以從賓遊也。賓既休矣，蟲鳥幽幽。樹林暝色而煙歸，荷芰泛光而月來。此吾之所以閑燕而自適也。若東園之勝，吾專有之，吾無負於斯矣。”② 自建之堂環境優美，且有數百千帙的藏書，成爲探索經義之微與玩味文章之華的重要來源，同時可以與賓朋遊玩，可以自適自樂，亦如《非非堂記》所說的“以其靜也，閉目澄心，覽古照今，思慮無所不至焉”③。

當然“堂”還有作爲歷史遺跡的“堂”，可資瞻仰。《沙縣陳諫議祠堂記》認爲陳瓘“之德業，足以澤世垂後，雖不用於時，而其流風餘韻，猶足以立懦夫之志。蓋天下非一鄉可得而擅也。然居今之世，流離擯斥，其施不廣，而邑之士大夫，誦其言，遵其道，仗節秉義，繼其風烈，時有人焉，則功施於其鄉爲多矣”④。陳瓘曾論蔡京兄弟之惡劣行徑而遭受貶謫，

① 譚新紅《宋詞傳播方式研究》，武漢：武漢大學出版社，2010 年，第 83 頁。

② 蔡襄撰，陳慶元、歐明俊、陳貽庭校注《蔡襄全集》卷二五，福州：福建人民出版社，1999 年，第 560 頁。

③ 洪本健《歐陽修詩文集校箋》外集卷一三，上海：上海古籍出版社，2009 年，第 1668 頁。

④ 楊時撰，林海權校理《楊時集》卷二四，北京：中華書局，2018 年，第 636 頁。

世人對蔡京兄弟深感憤怒，而對陳瓘甚爲敬仰。陳諫議祠堂便是靖康年間爲褒獎其忠而建。

寺院也是宋代福建士人詩歌題壁的集中場所之一。以《全宋詩》爲統計對象，有70餘處，如金山寺、白馬寺、大慈寺等。寺院一般建在風景怡人之地，可供來往過客遊玩。“楊文公罷處州，過饒州餘幹縣，登幹越亭，前瞰琵琶州，後枕恩禪寺，天下絕景，古今留題百餘篇。”[①] 恩禪寺由於其周圍的“天下絕景”引來了絡繹不絕的遊客，故而“古今留題百餘篇”。寺院也是修行之地，《黄州安國寺記》講述了蘇軾貶謫黄州時期出入安國寺的經歷。“得城南精舍曰安國寺，有茂林修竹，陂池亭榭。間一二日輒往，焚香默坐，深自省察，則物我相忘，身心皆空，求罪垢所從生而不可得。一念清淨，染汙自落，表裏翛然，無所附麗。私竊樂之。旦往而暮還者，五年於此矣。”[②] 蘇軾在安國寺這個“有茂林修竹，陂池亭榭”的場所達到了“物我相忘，身心皆空”的境界。

遊亭是指供遊覽之亭，有别於郵亭。以《全宋詩》爲統計對象，宋代福建士人題壁有70餘處，包括墨妙亭、極覽亭、左顧亭等。遊亭有時人所建，往往給人美的享受。如《留題希深美檜亭》云：“幽深有佳趣，曾不減林泉。”[③] 而作爲歷史古跡的遊亭則多給人追思。如《題弄水亭》云：“高樓吹角增離恨，古驛停驂憶舊遊。亦欲題詩江祖石，謫仙遺跡最風流。”[④] 弄水亭曾爲李白遊覽之處，如今題詩於此，不免讓人想起李白當年的風采。

如果僅就某一個題壁場所而言，我們發現其主要場所則是嚴子陵釣臺、武夷山和華林書院。

嚴子陵釣臺是爲了紀念東漢隱居於桐廬的嚴子陵而建的。嚴子陵乃漢光武帝劉秀故友，因拒絕劉秀之邀而隱居於此，後世歌詠之作不在少數。陳岩肖《庚溪詩話》卷下云：“嚴子陵釣臺，屹立於桐江之濱，往來題詠者極多。前賢所作，人皆膾炙久矣，不可盡載。”[⑤] 宋代福建士人題詠者

① 阮閱《詩話總龜》前集，北京：人民文學出版社，1987年，第174頁。
② 孔凡禮點校《蘇軾文集》卷一二，北京：中華書局，1986年，第391～392頁。
③ 朱東潤《梅堯臣集編年校注》卷二，上海：上海古籍出版社，2006年，第29頁。
④ 李綱著，王瑞明點校《李綱全集》卷一四，長沙：岳麓書社，2004年，第166頁。
⑤ 丁福保《歷代詩話續編》上冊，北京：中華書局，2006年，第177頁。

當不少於六位，即陳鑒之、林亦之、廖剛、章才邵、徐大臣、陳貫道。對於歷來題詠者的評説主題，有學者將其概括爲三點：其一，歌頌嚴子陵不事王侯的高尚品德；其二，諷刺其沽名釣譽；其三，痛罵其隱居無益於國事。[①] 但實際上，其主題不止這三種。如陳鑒之《題嚴子陵釣臺》認爲嚴子陵之所以隱居釣臺是因"周文虚己師賢哲，光武規模欠宏闊"[②]。漢光武帝劉秀由於"欠規模"，没辦法像周文王對待姜子牙一樣，故而導致嚴子陵隱居。徐大臣《題釣臺》則認爲："中宵若起唐虞興，未必先生戀釣臺。"[③] 林亦之《題嚴子陵釣臺》則認爲："乾坤不是劉文叔，那得長竿釣白頭。"[④] 嚴子陵之所以隱居，與劉秀當了皇帝有關，與東漢未能出現堯舜時代的興盛局面有關。廖剛《用當時韻題釣臺呈諸友》則從理學視角加以探討，認爲嚴子陵"亙古才一人，卓哉理深燭"[⑤]。所謂"理"當爲儒家所説的安貧樂道之理。以上皆有新的評説觀點，爲歷代歌詠嚴子陵釣臺增添了新的活力。

武夷山爲我國東南地區知名的旅遊勝地，歷代題詠之作亦不少。李綱、劉子羽、蔡模、蒲壽宬、馮端榮五位宋代福建士人作了題詠。其景色優美，但未必皆能引起遊覽者的喜悦，如蔡模《題武夷》寫道："時人但説青山好，腸斷雲間雙髻仙。"[⑥] 便是明證。詩人也會被武夷山中的"神仙"所吸引，如劉子羽《題武夷山鐘模石》云："仙君欲奏賓雲曲，只感清霜便發聲。"[⑦] 面對神秘的武夷山，遊客也希望藉助超自然之力解決非常之事，如馮端榮《題武夷》云： "小臣無計紓民力，稽首虚皇一炷煙。"[⑧] 但武夷山的神力是否存在，無人能給予肯定的答案，與其糾結於此，還不如好好欣賞景色，蒲壽宬《題武夷》便是如此認爲的。

華林書院爲北宋初胡仲堯初建，位於今江西奉新縣的華林山上。華林書院作爲當時江南四大書院之一，與理學派書院不同，是一所文學派書

---

① 余巨平《歷代詩人詠嚴子陵》，蘭州：甘肅人民出版社，2011 年，前言。

② 陳思編，陳世隆補《兩宋名賢小集》卷三三一陳鑒之《東齋小集》，《綫裝本文淵閣四庫全書》第 1074 册，廈門：鷺江出版社，2004 年，第 76 頁。

③ 傅璇琮等《全宋詩》第 21 册，北京：北京大學出版社，1998 年，第 14250 頁。

④ 林亦之《網山集》卷一，《綫裝本文淵閣四庫全書》第 904 册，第 6 頁。

⑤ 廖剛《高峰文集》卷一〇，《綫裝本文淵閣四庫全書》第 898 册，第 14 頁。

⑥ 蔡元定等《蔡氏九儒書》卷七，臺北：廣文書局，1994 年。

⑦ 《全宋詩》第 33 册，第 20775 頁。

⑧ 《武夷詩集》卷一，清代抄本。

院，爲宋王朝培養了一大批優秀人才，有些成爲當時朝廷和地方重要的官員和學者。蘇軾、黄庭堅、晏殊、楊億等人都曾經到此講學和題詠。阮思道、李巽、李虛己、陳從易四位宋代福建士人也留下了題壁詩。或題詠其環境清静，可以把玩，如阮思道《題義門胡氏華林書院》寫道："客愛清塵慮，僧憐避俗喧。幾時清賞玩，嘯詠與琴樽。"[①] 或羡慕人才輩出，如李虛己《題義門胡氏華林書院》云："見說下帷多俊士，共瞻司馬慕相如"，"記得浮雲深處景，岩深應長棟樑材"。[②] 或借酒消愁，如李巽《題義門胡氏華林書院》云："人來辱示朝賢什，吟詠渾消萬斛愁。"[③]

"從作者的角度而言，題壁給他們提供了公開發表作品、相互觀摩作品的機會。唐宋時代沒有今天這樣專門的、定期出版的各種刊物，要發表新作頗不容易，而無處不在的各類牆壁給他們提供了天然的、方便的創作實踐機會，滿足了他們發表作品的欲望，並提升了他們的社會影響力。"[④] 宋代福建士人通過題壁爲他們發表詩歌提供了機會。他們藉助亭臺樓閣、驛站郵亭、僧寺道觀及橋樑道路的牆壁及柱石等建築物，爲題壁詩的傳播帶來了可能性。但如果就某一類型與某一個題壁場所而言，又具備自身特點。可以說，沒有題壁行爲，宋代福建士人題壁詩是沒辦法進入之後的傳播環節的。

二、題壁詩的傳播途徑：大眾傳播與人際傳播方式的結合

在以劉克莊、朱熹爲代表的宋代福建士人的努力下，題壁詩遍佈堂、遊亭、寺院等重要場所。它們能否進入流傳環節，還有待一定的傳播途徑來完成。目前學界往往將題壁作爲宋代詩詞書面單篇傳播形式加以研究[⑤]，事實上，題壁亦不乏多篇傳播形式。在以下的具體論述中可以看到其身影。

傳誦是一種具有較廣泛傳播範圍且常用的口頭傳播途徑。周密《齊東

① 清代宣統《甘竹胡氏十修族譜》。
② 清代宣統《甘竹胡氏十修族譜》。
③ 清代宣統《甘竹胡氏十修族譜》。
④ 錢錫生《唐宋詞傳播方式研究》，上海：復旦大學出版社，2009年，第176頁。
⑤ 王兆鵬《宋代文學傳播探原》第一章"宋代詩文的單篇傳播"，譚新紅《宋詞傳播方式》第二章"宋詞單篇傳播"等，皆是如此歸類與論述的。

野語》卷十三記載了泉州人林外的一段題壁故事。文中講到林外“詞翰瀟爽，詼譎不羈，飲酒無算。在上庠，暇日獨遊西湖幽寂處，得小旗亭，飲焉。外美風姿，角巾羽氅，飄飄然神仙中人也……將去，索筆題壁間曰：‘藥爐丹灶舊生涯，白雲深處是吾家。江城戀酒不歸去，老卻碧桃無綫花。’明日，都下盛傳‘某家酒肆有神仙至’云”①。林外不僅外貌打扮頗有神仙味道，而且其題壁詩亦然。都下人之所以盛傳“神仙至”，正是先盛傳了其題壁詩，否則難以達到盛傳的效應。

傳誦不僅可以引起同時代人的較大反響，後代亦然。歷代岳飛墓的題壁詩數不勝數，傑作亦不少。明代瞿佑《歸田詩話》卷中載：“岳王墓詩，自董靜傳‘如公更緩須臾死，此虜安能八十年’之後，廷博案：此聯繫宋葉紹翁詩，靜傳詩在《西湖百詠》，可考也。趙子昂‘南渡君臣輕社稷，中原父老望旌旗’，世皆稱誦。”② 事實上，鮑廷博已經意識到“如公更緩須臾死，此虜安能八十年”乃建安葉紹翁所作，詩題爲《題岳王墓》，爲題壁詩。“世皆稱誦”說明葉紹翁《題岳王墓》得到了世人的廣泛傳誦，在明代具有較高的知名度。

與依靠口頭傳播的傳誦不同，載録則是依靠書面傳播。此類例子在文集、筆記小說、詩話等資料中並不少見。這些題壁詩有些通過詩題便可知曉其爲題壁詩，但有些需要通過筆記小說、詩話等佐證資料方可辨認。宋代文瑩《玉壺清話》卷八講述了一段親身經歷，其云：“文瑩頃遊郢中二邑，僧壁尚有公之詩，《郢城新亭》曰：‘每到新亭即厭歸，野香經雨長松圍。四簷山色消繁暑，一局棋聲下翠微。冰片角巾簪潤月，錦紋拳石砌苔磯。近來學得籠中鶴，回避流鶯笑不飛。’《寒食訪僧》云：‘客舍愁經百五春，雨餘溪寺緑無塵。金花開處秋千鼓，粉頰誰家鬥草人。水上碧桃流片段，梁間新燕語逡巡。高僧不飲客攜酒，來勸先朝放逐臣。’”③ 光從《郢城新亭》《寒食訪僧》的詩題與詩句來看，無法判斷其是否爲題壁詩，但“僧壁尚有公之詩”爲我們提供了兩首詩爲題壁詩的信息。

筆記小說、詩話等資料不僅爲判斷題壁詩帶來了方便，而且也成爲題

---

① 上海古籍出版社編《宋元筆記小說大觀》第5冊，上海：上海古籍出版社，2007年，第5592～5593頁。

② 《歷代詩話續編》下冊，第1268頁。

③ 《宋元筆記小說大觀》第2冊，第1513頁。

壁詩的輯佚材料。宋代陳鵠《西塘集耆舊續聞》卷六在記載了建陽人施逵的複雜經歷之後，載録了他的兩首題壁詩："又《題將臺》詩：'梅花摘索未全開，老倦無心上將臺。人在江南望江北，征鴻時送客愁來。'此詩奉使本朝時作。又《題壁》云：'君子雖窮道不窮，人生自古有飄蓬。文章筆下千堆錦，志氣胸中萬丈虹。大抵養龍須是海，算來棲鳳莫非桐。山東宰相山西將，莫把前功論後功。'"[①] 施逵的《題將臺》《題壁》二詩並未被《全宋詩》收録，可作爲輯佚詩歌對待。

"到了宋代，題壁更成爲一種日常性、普遍性的大眾傳播方式。"[②] 題壁作爲一種大眾傳播方式在傳誦、載録上得到了很好的體現。這兩種傳播途徑的接受對象是未知的大眾。但有時題壁是有明確的接受對象（回饋對象）的，所以題壁未必只是大眾傳播方式，它還是傳播學術語中所説的人際傳播方式。唱和便是其中一種具體表現形式。唱和有唱有和，是一種人際交流方式，既有傳播者也有接受者。

沈括《夢溪筆談》云："歐陽文忠嘗言曰：'觀人題壁而可知其文章矣。'"[③] 當面對前賢的題壁詩時，其成就和價值如何值得思考。如若其成就和價值可觀，就可能有之後的唱和。唱和往往是一次唱和，這在宋代福建士人題壁詩傳播中較爲常見。如胡寅《和彥沖雲際院留題》《和彥仲長汀鋪留題》，便是胡寅對劉子翚（字彥沖或彥仲）的兩首留題題壁的和詩，是一種回饋行爲。在回饋的過程中也推動了傳播。如果唱詩不在，但有和詩，讀者便會去探索其原詩，如方翥《次韻鄭夾漈題林時隱霆芹齋詩》、陳宓《和晦庵壁間韻》、林希逸《和王臞軒舊題紫閣詩》，分别是對鄭樵、朱熹、王邁等福建士人題壁詩的次韻詩，是對原作的傳播。

其次，唱和也可以是兩次唱和。如林掄《再題松明寺次前題壁間韻》、朱熹《感事再用回向壁間舊韻二題》，便是在前賢次松明寺壁間韻、次回向壁間韻的再次用韻，屬於二次唱和。又如袁説友《再至左顧亭用前韻二首》，便是對《用左康叔知府韻題龜溪左顧亭》的次韻。《用左康叔知府韻題龜溪左顧亭》爲七言四句題壁詩，用的是"籬""龜"韻，而《再至左

① 《宋元筆記小説大觀》第5冊，第4832頁。
② 《宋代文學傳播探原》，第47頁。
③ 沈括《夢溪筆談》卷一四，上海：上海書店出版社，2003年，第127頁。

顧亭用前韻二首》亦然。通過兩次次韻，不僅有益於左康叔題壁詩的傳播，也有助於袁說友唱和題壁詩的傳播。

“題詩既出現在公共場合，人們讀舊題詩，若有所感慨，有時便不免續題其後。”① 續題亦構成了題壁詩的傳播途徑之一。續題傳播往往在詩題中出現“再題”“又題”“重題”等字樣。張伯玉《再題州宅》、林迪《又題阮希聖東湖十絕》、鄭思肖《重題多景樓》等，皆屬於續題詩。

續題與唱和有所不同，兩者都是建立在前作基礎上的再次題壁，但續題不用前韻，而是自用新韻。如蔡襄於至和元年（1056）作有《題漁溪驛》，此詩爲七言四句，押“梅”“苔”韻。同年，蔡襄又作有《丙申秋八月過漁溪驛驛舊有梅數株嘗題詩記今無有也二首》，第二首結尾有“因題憶花篇，此意難重陳”②，說明此兩首詩亦爲題壁詩。但這兩首詩皆爲五言十二句，押“人”“塵”“辛”“親”“根”“陳”韻，與《題漁溪驛》明顯不同。又如朱熹《再題吳公流風泉亭》便是《題吳公流風泉亭》的續題詩，《題吳公流風泉亭》爲五言二十句，而《再題吳公流風泉亭》爲七言四句，所押之韻亦不同。

除“再題”“又題”“重題”之外，還有“跋舊題”亦歸屬續題行列。如劉子寰《跋舊題》、劉克莊《跋小寺舊題》。劉克莊有《題寺壁二首》，兩首皆爲七言四句，第一首押“蕭”“橋”韻，第二首押“姿”“師”韻。《跋小寺舊題》當爲其續題詩，辛更儒認爲：“此所跋之小寺舊題，殆本卷《題寺壁二首》。”③ 所言極是。《跋小寺舊題》中出現的“柑子”“供佛人”與《題寺壁二首》剛好對應，但句式和韻腳卻不同。

當然續題還可以是對前賢不完整之句的續題。元代韋居安《梅磵詩話》卷上載：“信州弋陽縣西有大石，歧首，名丫頭岩。或題云：‘何不梳妝便嫁休，長教人喚作丫頭。’欠兩句，後施逵續之云：‘只因未有良媒在，直至如今萬萬秋。’”④ 由於建安人施逵的續題，此詩得以完整，便一同流傳。

---

① 吳承學《中國古代文體形態研究》（第三版），北京：北京大學出版社，2013 年，第 152 頁。

② 《蔡襄全集》卷二，第 27 頁。

③ 辛更儒《劉克莊集箋校》卷一，北京：中華書局，2011 年，第 70 頁。

④ 《歷代詩話續編》中冊，第 546 頁。

寄呈是題壁詩的另一種傳播途徑。“從某種意義上來說，題壁傳播是古代最早的大眾傳播之一，它是一種定點的、通過文字形式，向不特定的多數人表達和傳遞資訊的過程。”① 題壁詩確實是“一種定點的、通過文字形式”的信息傳遞過程，但未必都是“向不特定的多數人”傳遞信息，寄呈便是向特定的人傳遞信息的過程。

寄呈是有别於留題的傳播途徑，它可以不出現在現場，可以事先寫好，然後由他人題壁完成，如陳襄《寄題福堂林迥南華洞》、李彌遜《寄題蕪湖韋深道所居二首》、張伯玉《遥題錢公輔眾樂亭》等。這類詩歌往往在詩題中以“寄題”“遥題”示眾，點明自己並未出現在現場。

寄呈還有另一種形式，便是作者出現在現場，題壁完成之後，將其寄呈給他人。李綱《題安國寺翠玉亭呈老潘陽》、廖剛《用當時韻題釣臺呈諸友》、李綱《題止戈堂二首奉呈安撫程待制》分别是將題壁詩寄呈給老潘陽、諸友、程待制之作，這説明了題壁詩有明確的傳播對象。

宋代福建士人題壁詩依賴傳誦、載録、唱和、續題、寄呈等多種途徑得以傳播，這些傳播方式既有大眾傳播方式，如傳誦、載録，亦不乏人際傳播方式，如唱和、續題、寄呈。

三、題壁詩的傳播效果：認可、貶斥與其他

在傳誦、載録、唱和、續題、寄呈等大眾傳播方式、人際傳播方式的聯合作用下，題壁詩得以傳播。其傳播效果如何呢？是得到認可，還是得到貶斥？除此之外，還有沒有其他傳播效果？這些都是值得探討的話題。

優秀的題壁詩其成就往往會得到認可。歷代題詠嚴子陵釣臺的優秀詩歌不可盡載，其中閩人陳貫道所題的絕句“足加帝腹似癡頑，詎肯折腰求好官？明主莫將臣子待，故人只作友朋看”又被認爲“自出新意也”②。而林希逸之子林泳“題岳王一聯云：‘忠無身報主，冤有骨封王。’極爲諸公稱獎”③。歷代題詠岳飛詩歌不可勝數，而林泳《題岳王》此聯“極爲

① 《唐宋詞傳播方式研究》，第141頁。

② 《歷代詩話續編》上册，第178頁。

③ 《歷代詩話續編》中册，第570頁。

諸公稱獎”，説明了其高超的藝術成就。

題壁詩傳播不僅可以使創作者的詩歌成就得到認可，還可以帶來仕途的升遷。宋代龔明之《中吳紀聞》卷三載莆田人方惟深嘗過黯淡灘，題詩於其壁，云：“溪流怪石礙通津，一一操舟若有神。自是世間無妙手，古來何事不由人。’王荊公見之大喜，欲收致門下。蓋荊公欲行新法，沮之者多，子通之詩，適有契於心，故爲其所喜也……凡有所作，荊公讀之必稱善，謂深得唐人句法……子通遊王氏之門，極蒙愛重，初無一毫迎合意，後以特奏名授興化軍助教。”[①] 方惟深因爲一首題壁詩而受到王安石的賞識，不僅肯定其詩作，而且使之成爲興化軍助教，帶來了仕途上的機遇。

題壁詩傳播還可以給創作者帶來經濟效益。元代吳師道《吳禮部詩話》記載：“葉靖逸《題岳王墓》詩云：‘萬古知心只老天，英雄堪恨複堪憐。如公少緩須臾死，此虜安能八十年。漠漠凝塵空偃月，堂堂遺像在淩煙。早知埋骨西湖路，學取鴟夷理釣船。’是詩流傳膾炙人口，其家月致饋於葉。”[②] 葉紹翁《題岳王墓》作爲膾炙人口的題詠岳飛墓的詩作得到了岳家的賞識，每月還能收到岳珂的禮物，聲名和財物兼得。

有些題壁詩之所以能引起較好的傳播效果，並非詩歌成就之高，而是有益於當事者。明代謝肇淛《小草齋詩話》卷四載：“荊公行新法，鬻祠廟，豫章人於孺子亭賣酒，劉潛夫題詩云：‘孺子亭前插酒旗，遊人那解薦江蘺。白鷗欲下還飛起，曾見當年解榻時。’當事者聞之，亟令住賣。”[③] 劉克莊題孺子亭詩傳播到當事者那裏，詩中所反映的於孺子亭賣酒的不雅行爲得到了禁止。

而有些題壁詩的有效傳播與接受者的才識有關。宋代吳處厚《青箱雜記》卷七載：“本朝翰林蘇公紳嘗題潤州金山寺一聯云：‘僧依玉鑒光中住，人踏金鼇背上行。’時公方舉大科，識者以‘人踏金鼇背上行’乃榮入玉堂之兆，已而果然。公位止於內相，豈亦詩之讖耶?”[④] 蘇紳位止翰

① 《宋元筆記小説大觀》第 3 册，第 2869 頁。

② 《歷代詩話續編》中册，第 600 頁。

③ 陳廣宏、侯榮川編校《明人詩話要籍匯編》第 3 册，上海：復旦大學出版社，2017 年，第 1234 頁。

④ 《宋元筆記小説大觀》第 2 册，第 1672 頁。

林學士當然不是詩讖，而是來自有識者根據蘇紳的能力所作的預測，故而“人踏金鼇背上行”一聯能得到特别關注。

當然，題壁詩的傳播未必都能給作者帶來好運，有時厄運也會伴隨。宋代葉紹翁《四朝聞見録》卷三《丙集》載：“慶元初，韓侂胄既逐趙忠定，太學諸生敖陶孫賦詩於三元樓云：‘左手旋幹右轉坤，如何群小恣流言（又曰群小相煽動謠言）。狼胡無地居姬旦，魚腹終天吊屈原。一死固知公所欠，孤忠幸有史長存。九原若遇韓忠獻，休說如今有末孫（又曰休說渠家末世孫）。’陶孫方書於樓之木壁，酒一再行，壁已不復存。陶孫知詩必已爲韓所廉，則捕者必至，急更行酒者衣，持暖酒具下。捕者與交臂，問以‘敖上舍在否?’敖對以‘若問太學秀才耶? 飲方酣’。陶孫亟亡命，歸走閩。捕者入閩，逮之入都。”① 敖陶孫因爲對韓侂胄不滿，於三元樓之木壁上題詩而被告發被捕。

題壁詩在傳播過程中也會使創作者受到嘲笑和鄙薄。周密《癸辛雜識》别集上記載泉州人林喬被“押往信州聽讀，因與時貴遊從賡唱，放浪狎邪，題詩於茶肆云：‘門州無頓閑身處，時向梅花走一遭。’士論薄之。”② 林喬由於人品低下、行爲放蕩，故而被士人鄙薄。同樣的際遇還發生在福州僧釋可遵身上。陸游《老學庵筆記》卷四載：“僧可遵者，詩本凡惡，偶以‘直待衆生總無垢’之句爲東坡所賞，書一絕於壁間。繼之山中道俗隨東坡者甚衆，即日傳至圓通，遵適在焉，大自矜詡，追東坡至前塗。而塗中又傳東坡《三峡橋》詩，遵即對東坡自言：‘有一絕，卻欲題《三峡》之後，旅次不及書。’遂朗吟曰：‘君能識我湯泉句，我卻愛君《三峡》詩。道得可咽不可漱，幾多詩將豎降旗。’東坡既悔賞拔之誤，且惡其無禮，因促駕去。觀者稱快。遵方大言曰：‘子瞻護短，見我詩好甚，故妒而去。’徑至棲賢，欲題所舉絕句。寺僧方礱石刻東坡詩，大詬而逐之。山中傳以爲笑。”③ 能得到蘇軾的印可，無疑提升了可遵詩歌的傳播力度和知名度，但可遵卻驕傲自滿，惡語相向，行爲低劣，使蘇軾有悔恨提拔之舉，最終鬧出“山中傳以爲笑”的不良後果。

① 《宋元筆記小說大觀》第 5 冊，第 4930 頁。
② 《宋元筆記小說大觀》第 6 冊，第 5845 頁。
③ 《宋元筆記小說大觀》第 4 冊，第 3491 頁。

“從讀者的視角而言，題壁給人們提供了觀摩學習、欣賞評論的空間。讀者在對題壁作品吟誦、傳寫的過程中，培養了高雅的藝術情趣和精深的鑒賞能力，自然會對其作品進行取捨，可傳者予以保留，不可傳者加以淘汰。”① 宋代福建士人題壁詩的傳播效果有待讀者來完成。從以上論述來看，題壁詩中的可傳者確實依賴讀者之功而“予以保留”，但不可傳者也未必被全部淘汰，畢竟這些不可傳者亦有其存在的價值。如蘇軾印可釋可遵的詩歌雖然未必是優秀的題壁詩，但卻可作爲趣聞軼事看待，亦可用於説明名人印可的利弊。

題壁詩固然沒有書冊篇幅長且形成體系，但題壁詩也未必全部都是以單篇的形式出現，我們發現宋代福建士人題壁詩亦不乏多篇形式，如林迪《又題阮希聖東湖十絕》有十篇，陳襄《題仙居偉羌山六絕》有六篇。而以兩篇面世的題壁詩成爲宋代福建士人題壁詩的主要類型，如上面所舉的李彌遜《寄題蕪湖韋深道所居二首》、李綱《題止戈堂二首奉呈安撫程待制》、劉克莊有《題寺壁二首》、袁説友《再至左顧亭用前韻二首》諸詩。這些以多篇形式面世的題壁詩，同單篇題壁詩共同成爲本文的研究對象，對我們認識宋代福建士人詩歌題壁的主體與場所、題壁詩的傳播途徑與傳播效果具有積極意義。我們也注意到，詩歌題壁雖然是一種大衆傳播方式，但也是一種人際傳播方式。除了留題壁詩外，遥題、寄題壁詩在題壁詩中亦是重要的角色。這些都是我們在研究宋詩題壁傳播過程中需要特別留意之處，也是與前賢的研究有所不同之處。

① 《唐宋詞傳播方式研究》，第 176 頁。

南宋地志文學化現象與近世社會*

秦 蓁

四川大學錦城學院文學與傳媒學院

摘　要：南宋地志文學化現象從北宋中後期開始破土萌芽，到南宋後期正式生成，大致契合了從“唐宋變革”到“宋元明變革”的時間點，其實質是地志的“近世化”。“近世社會”的兩大特徵——士人的“地方化”和“江湖化”、文化的“通俗化”和“大眾化”是這一現象真正的根源。在社會變革和文化轉型的作用下，南宋地志由王朝地理轉爲地方史，其功能由資治、教化、存史轉爲地方書寫，由體國經野轉爲助文覽勝。

關鍵詞：南宋　地志文學化　王朝地理學　社會變革　近世社會

本文所研究的是發生於南宋時期的“地志文學化”現象，並由此展開一系列的論述。在已有的研究中，有學者將“地志文學化”的時間圈定在六朝時期。這種提法的理論表述是“文學化”或“地志化”，要在相關理論自覺的前提下才會發生。“地理”屬於史學學科，而史學理論的體系化要至唐代劉知幾《史通》方才成型。六朝是文學自覺的時代，則文學理論的自覺要早於史學理論的自覺。所以，在自覺化的文學創作意識和理論觀念的影響下，六朝地志的書寫呈現出明顯的文學化趨向。六朝地志的文學化是地記、郡書中出現了具有文學化的書寫，包括書寫風格的文學化和書

* 本文爲教育部人文社會科學研究青年基金項目“南宋地志與近世社會研究”（項目批准號：19YJC751036）階段性成果。

寫體式的文學化。[1] 這當然是“地志的文學化”。但六朝地志的文學化書寫主要是對自然景色的描寫，甚至帶有獵奇志怪的傾向。而南宋地志的文學化，則是對人文景觀的關注。自然與人文是二者之間的分野。

南宋的“地志文學化”現象是在文學和地志都已成爲獨立的學科，並且都已具備相關理論自覺的前提下，“文學”與“地志”的互動和相互滲透。所謂的“××化”是一種“破體”現象，即在地志的體例、框架、内容、表述方式等都已具備嚴格的地理學科體式規範的情況下，本不屬於地理内容的“文學”進入了地志，使具體條目的語言表述由史學的説明性、記録性轉變爲帶有文學性、描寫性的特徵和方式，内容上則由主要介紹地理方位、得名由來以及相關歷史事件等標準的地理性内容改換爲與此地此景有關的人文活動、軼聞掌故、文學創作等人文性、文學性内容，並在條目後附録相關的歷代詩文作品。這樣的方式極易形成對地理空間的文學書寫以及將地志變爲資文人學士歌詠的類書。

無論是地志成爲“助文詠”的類書，還是對地方空間進行塑造和書寫，都帶有典型的“近世”特徵。這提示我們對南宋“地志文學化”這一文化現象的研究要擺脱用文化現象去解釋文化現象的就事論事，而應將之放置在社會變革的背景下作長時段的觀照，則南宋地志逐漸文學化的嬗變過程大致契合了從“唐宋變革”到“宋元明變革”的時間點，社會變革所引起的社會結構變化、思想文化轉型、士階層分化等元素，才是南宋“地志文學化”現象根本的内驅動力和闡釋依據。南宋這種形態的“地志文學化”在宋代之前大致不存，兩宋以後的元明清則大量出現這種具有“文學化”特徵的地理總志和各類方志。這不僅回應了“宋元近世説”，而且將中國古代地志發展過程連成一條上下貫通的長河，宋代正處在中游階段，不僅承前，而且啓後。

還需要作出説明的是，地志在南宋的“文學化”只是一種現象、一種趨勢、一個發展過程，並非已成爲絶對的或普遍的情況。也就是説，只有一部分地志在南宋“文學化”了，保持着傳統歷史性書寫的地志仍大量存在，並且在數量上佔據優勢。即使“文學化”較爲明顯的南宋後期地志，

---

① 葉曄《拐點在宋：從地志的文學化到文學的地志化》，《文學遺産》2013 年第 4 期，第 98～99 頁。

也只是部分情況，但的確體現了一種趨勢。本文所研究的正是在南宋時期出現的這種新的文化現象和發展趨勢，以及由這種現象所昭示的社會變革和文化轉型。

一、地志文學化的演變過程概述

先秦時期建立起來的王朝地理思想以“體國經野”之道對王朝地域進行空間權力的分割配置，構成有效的社會空間結構。圍繞王朝的建立、鞏固、發展所形成的一套專門的地理學問體系，可稱爲王朝地理學①，其思想依據是儒家理論學説。或者可以説，這是一種被儒家化了的地理學，通過禮樂等級、文德教化，圍繞中央一統、教化天下、等級秩序、和諧無疆等主題詞，構建一個思想政治大一統的王朝地理。這一思想觀念在兩漢時期得以從理念走入實踐，並由班固的《漢書・地理志》進行了全面的表述，從此成爲與王朝社會政治結構相呼應的主流地理學思想觀念。《漢書・地理志》所創立的體例和内容也被歷代地志奉爲圭臬。魏晉南北朝是王朝地理思想觀念的低谷期，大量湧現的地記、郡書以誇耀鄉土風物之美、人物之盛爲目的，並對山水自然進行了生動的描寫。隨着隋唐大一統王朝的確立，王朝地理思想復又取得主幹地位，並因地方定期造送中央政府各種圖經、地圖資料的制度而得到深化。這一制度在五代、北宋初得到延續，直到北宋中後期逐漸停廢。

地理著述的體例和内容的變化體現了時人知識興趣的變遷，其背後是社會的變革和文化的轉型。地理著述内容的變化出現在北宋中後期，由朱長文編撰的方志《吴郡圖經續記》，其具體條目的語言表述由史學的説明性、記録性變爲帶有文學性、描寫性的特徵和方式，内容上也不局限於地理方位、四至八到、地名來由等地理性的知識，而是大量增加了人文活動、軼聞掌故、名人覽勝等文學化的内容。更爲重要的是，朱長文收録吴地古今文章，別爲《吴門總集》，開啓了地志與文學合流的先河。從此之後，一地的詩文作品或作爲“藝文”部分進入地志，或單獨編爲地域詩文

① 唐曉峰《體國經野——試述中國古代的王朝地理學》，《二十一世紀（雙月刊）》2000 年 8 月號，總第六十期，第 83 頁。

總集與方志配套，比如《乾道四明圖經》卷八至卷十二爲“藝文”，地域詩文總集《嚴陵集》與方志《紹興嚴州圖經》對應。地域詩文總集進入地志是“地志文學化”的必要條件。而范成大編成於紹熙三年（1192）的《吳郡志》是一部具有里程碑意義的方志，它首先改變了地理著述的體例，由以州縣爲單位劃分類目的體例變爲以類目統攝州縣的“平列門目體”。前者以“地”攝“類”，是一種地理學的觀念；後者以“類”攝“地”，是一種類書的觀念。其次，將原本單獨成卷的“藝文”內容分散繫於各具體條目之下，形成在歷時性維度下對地景的文學書寫。《吳郡志》是一部已經“文學化”了的地志，但在當時尚爲個別現象。之後的地志雖並未沿襲這一思路，卻基本延續了其“平列門目”的體例，而一地的詩文仍然或單獨成卷，或別爲地域詩文總集，直到南宋後期。

將寧宗嘉定元年（1208）視爲晚宋的起始年，這已成學界共識。① 從嘉定開始，“地志文學化”的現象開始生成：成書於嘉定七年（1214）的《剡録》、嘉定十六年（1223）的《嘉定赤城志》、寶慶元年（1225）的《寶慶會稽續志》、淳祐十二年（1252）的《淳祐臨安志》、景定二年（1261）的《景定建康志》、咸淳四年（1268）的《咸淳臨安志》及《咸淳毗陵志》等方志，加上現存的兩部南宋地理總志——約成書於寶慶年間（1227）的《輿地紀勝》和大概完成於嘉熙三年（1239）的《方輿勝覽》，基本上是“文學化”的地志，其具體條目的基本格式是簡單的地理表述加大量的遺事、掌故、歷史、活動等人文內容，最後附録歷代的相關詩文作品。這樣的編次形式不僅形成了對“地方”的文學書寫，也供登臨題詠者徵引辭藻典故，同時，舉子備考、學者講學論理需要事文例證者亦可參考。雖然並不是所有南宋後期地志都“文學化”了，但也已非《吳郡志》那樣僅爲個別現象。可以說，作爲一種文化現象，南宋“地志文學化”的正式生成時間是南宋後期。

當然，王朝地理學並不是一個時間性概念，它與王朝的社會政治結構呼應，始終存在於統一王朝的地理體系之中，且正史地理志始終沒有“文

① 參見張其凡《試論宋代政治史的分期》，載鄧廣銘等主編《宋史研究論文集》，開封：河南大學出版社，1993 年，第 362 頁；胡昭曦《略論晚宋史的分期》，《四川大學學報（哲學社會科學版）》1995 年第 1 期。

學化”。南宋以後的元明清三朝還有由朝廷和官方組織編纂的“一統志”。但是，具有高度人文旨趣和文學意味的“地志文學化”現象在宋代以前大致不存，兩宋之後才成爲地方社會以及士大夫私撰的主要和流行體式，在數量上遠超王朝地理著述，從而成爲“近世社會”地志書寫的主要形式。

南宋“地志文學化”現象幾個關鍵的時間點值得注意：從北宋中後期開始破土萌芽，到南宋後期正式生成，這正與從“唐宋變革”到“宋元明變革”的時間點相契合。“唐宋變革”從中唐開始，延及北宋，將士階層由“貴族士大夫”轉化爲“科舉士大夫”的同時，又在北宋中後期開始了內部的分化。應該把“唐宋變革”視爲雙重變奏，即“唐宋變革”之後緊接著的“宋元明變革”。這一轉折區分了北宋和南宋。但兩宋又並非斷裂的，這種轉化是一個自然的流變過程，只是轉變從北宋中後期漸次開始，到南宋後期，一些質的變化即“近世社會”的表徵才明顯體現出來。南宋“地志文學化”現象與這一社會變革的過程基本同步，它在北宋中後期至南宋後期的這一時段醞釀、發展，各種轉變的因素逐漸累積，直到嘉定之後變得明顯，並呈現出一種趨勢，在明清社會延續並最終得到普遍的體現。所以，南宋“地志的文學化”實質上是其“近世化”的過程，“近世”社會的兩大特徵——士人的“地方化”和“江湖化”、文化的“通俗化”和“大眾化”是這一現象真正的根源。

二、南宋地志文學化的具體呈現

在“唐宋變革”和“宋元明變革”的雙重變奏下，宋代成爲“近世”的起點。近世社會的特徵之一——精英地方化和地方社會的興起是南宋“地志文學化”現象發生的主觀條件。在“地方”觀念的作用下，地方志書由天下圖經轉變爲“地方史”[①]，並在南宋後期成爲地方書寫的載體。近世社會的第二個特徵即隨着士階層的分化和文化的下移，出現了士人的“江湖化”和文化的通俗化、大眾化，這是南宋“地志文學化”現象發生的客觀背景。地志編纂主體的身份由廟堂到江湖，由傳統的精英士大夫到非士大夫知識階層，其知識興趣和價值取向的轉移使地志由“體國經野”的王朝地理著述“下移”成爲普通士人的助文覽勝之具。

（一）從王朝地理到地方史

既然南宋“地志文學化”現象的開始是北宋中後期，那麼討論就應上溯至北宋社會。作爲中央集權的統一王朝，北宋中央朝廷主持編纂過幾次全國性的《州縣圖經》和《九域志》，其中以真宗祥符年間編纂的《祥符州縣圖經》以及徽宗大觀年間由九域圖志所主持編纂的《大觀州縣圖經》最爲典型。編纂《祥符州縣圖經》時，由中央政府命令各州縣先自行搜集材料，自行編訂，朝廷惟頒凡例。完成之後進送到中央，交館閣學士纂爲全書，再拆分成各州縣圖經由地方官府保管，作爲“三年一造”的官修圖經的範本，其體例也爲南宋初期方志所繼承。《大觀州縣圖經》的編纂模式大體一致，甚至體例更爲規範和整齊劃一。這樣的圖志編纂方式雖然是先由地方州縣進行編纂，但書寫權在中央朝廷。由於要服從朝廷頒佈的統一體例，就須刪去許多各地方搜集到的材料。官修《州縣圖經》表現的是一種典型的王朝地理觀念，體現了中央朝廷的意志，其編纂意圖和目的是備軍事、政治之需求，於王朝管理有直接的實用意義。所以，終北宋一世，官修圖經都沒有“藝文”即一地詩文的內容，也不重“遺事異聞”。雖所設類目已多人文地理內容，但在寫法上仍以客觀記録爲主，這與其王朝地理的撰述旨趣是一致的。南宋方志雖然最初大多是在《祥符州縣圖

---

① 近年來，地方史的研究在美國漢學界興起，並取得了較大的成就。在地方史的研究中，方志被當作中國“地方史”的出場形式，引起了學者的關注。基於宋元時期地方志的大量出現，中國文人爲何熱衷書寫“地方史”作爲一個富有意義的論題被提了出來。有的學者認爲，“地方史”的書寫正是“精英地方化”、文人“地方化”了的標誌。參見 Robert P. Hymes，*Statesmen and Gentlemen：The Elite of fu－chou，chiang－hsi，in Northern and Southern sung*，Cambridge：Cambridge University Press，1986；Peter K. Bol，*The Rise of Local Gazetteer：History，Geography，and Culture in Sourthern Song and Yuan Wuzhou，in Harvard Journal of Asiatic Studies*，Vol. 61，No. 1，2001，pp. 37－76. 譯文見：[美] 包弼德著《地方史的興起：宋元婺州的歷史、地理和文化》，吳松弟譯，中國地理學會歷史地理專業委員會編《歷史地理》第二十一輯，上海：上海人民出版社，2006 年，第 432～452 頁。

經》和《大觀州縣圖經》的基礎上發展起來的，其體例和門類的設置皆受到了舊圖經的影響，但編纂的內在理路、編修理念、價值取向都逐漸向地方傾斜，方志的書寫權開始下移到地方，最終成爲地方史。這一轉變的根源，是在社會變革的作用下，“地方”觀念的興起和地方社會的形成，其前提是“精英地方化”。

“唐宋變革”的內容之一是科舉的制度化和完善化，這使庶民獲得了出仕除官的均等機會，文化主體遂由貴族士大夫轉變爲科舉士大夫。科舉制度造就了北宋讀書、興學的社會風氣，使士大夫文化呈現繁榮局面，並在中後期臻至成熟和繁榮。但是，科舉制度在造就士大夫文化的同時，也造成士大夫人數的激增，逐漸超出了文官體制所能容納和消化的上限。朱剛就曾從這一角度去解讀北宋黨爭，十分精闢。他認爲，北宋中後期的新舊黨爭是一種物理性的消耗，士大夫文化的急速發展和士大夫數量的龐大，超過了現有政治空間的容納度，如果這個時候不去開疆拓土，擴大空間，那麼無論是不是採取黨爭的方式，總會出現一種調節的力量，把多餘的士大夫擠出政界。換句話說，越來越多的人必定要出局，必定要到江湖上去尋求自己的安身立命之道。①

北宋中後期以降的士人飽和現象必然會引起的一個趨勢就是“地方觀念”的萌發和“精英地方化”的開始。把多餘的士大夫擠出政界的第一個表現就是排擠出中央，到地方去擔任職務，科舉制度化以來形成的“重中央輕地方”的觀念被迫改變；第二個表現就是科舉之路變得越來越艱難，士人即使中舉，待闕時間也越來越長，而待闕期間大多滯留鄉里地方；即使擔任職務，也長期沉淪“選海”，或斷續做着在任時間不長的小官，使人才流向基層和地方；更多的落第士人則選擇回到家鄉，在地方進行經營。加上在及第之前，宋代士人的求學應舉生活本就主要在地方進行，這樣，從北宋中後期開始，在地方上就逐漸積累起一定數量的士人，形成“地方精英”，並在南宋成爲一個重要的社會階層。最初，“地方化”是士人被迫無奈的選擇，心態上和觀念上並沒有完全轉變。而北宋中期興起的“性命之學”思潮，關注個體的修養和個人“內向”的體認，反映出士人的心靈訴求，成爲南宋“精英地方化”的心理依據。後來在南宋形成的理

① 朱剛《唐宋“古文運動”與士大夫文學》，上海：復旦大學出版社，2013年，第218頁。

學正是對這一社會變革和文化轉型的回應。

前文論及地理著述内容的變化出現在北宋中後期，朱長文《吳郡圖經續記》是其顯著體現。該志撰成於元豐七年（1084），彼時的士大夫文化已臻至全盛，並且有一種“遊心翰墨的人文旨趣”。周裕鍇概括爲：“人文活動佔據了宋代士人的大部分日常生活，評書題畫，聽琴對弈，焚香煮茗，玩碑弄帖，吟詩作對，談禪論道，幾乎寄托着一代士人的全幅生命。”[①] 北宋士大夫對琴棋書畫、金石古玩、園林亭館等人文產物表現出濃厚的興趣和愛好，將知識興趣由自然世界轉向了人文領域。他們好爲雅集，並在集會時不僅有讀碑弄帖、談書論畫的人文活動，也有分韻賦詩、詩酒唱和的文學活動。朱長文的《吳郡圖經續記》就是在這樣的文化背景下修撰的。

作爲史部分支的地理志書運用歷史考訂的方法進行撰修是必要的，朱長文《吳郡圖經續記》也會對大量地名、古跡、沿革等進行文獻徵引和考述，但該志重點不在於此，而是對“吳中遺事與古今文章”的綴緝。記述“遺事”時又不像傳統地理志偏重歷史故實、歷史活動等方面，而是重人文事件、文學活動等内容，體現了一定的人文、文學意味。從門目的設置來看，除了有“封域”“城邑”“戶口”“物產”“風俗”等具有地理學色彩的内容外，還出現了“南園”“亭館”“園第”等頗具人文旨趣的門目。再看對門目（有些門目下還進一步分條目）的記敘和表述：在簡單敘其地理方位後，往往選取記録與該地點或該建築相關的人文、文學集會或唱和活動。對景觀或地點的說明，朱長文往往以著名人物曾居住或遊覽過並留下了題詠、篇什來表記。比如“南園”條的記載：

> 南園之興，自廣陵王元璙帥中吳，好治林圃。於是，釃流以爲沼，積土以爲山，島嶼峰巒，出於巧思，求致异木，名品甚多，比及積歲，皆爲合抱。亭宇臺榭，值景而造，所謂三閣八亭二臺，“龜首”“旋螺”之類，名載《圖經》，蓋舊物也。錢氏去國，比園不毀，王黄州詩云：“他年我若功成後，乞取南園作醉鄉。”乃玩而愛之之至也。或傳，祥符中作景靈宫，購求珍石，郡中嘗取於此，以貢京師。其間樓榭，歲久摧圮，吕濟叔嘗作熙熙堂，厥後守將亦加修飾。今所存之

① 周裕鍇《宋代詩學通論》，成都：巴蜀書社，1997年，第103頁。

亭，有流杯、四照、百花、樂豐、惹雲、風月之目，每春縱士女遊覽，以爲樂焉。①

這段記載不僅列出亭臺樓閣等人文景觀建築，而且以名人活動及詩句來標記，充滿了“覽勝”之意趣，表明在朱長文的認識中，地點或建築的意義不在於其地理學意義，而是因其附加了人文活動以及名人的遊覽、品題，這些富有人文和文學意味的事件或活動才使地點或景物具有了意義。這已經不是地理學的記載或考述，而是景觀塑造或地方書寫的方式。像這樣表述的條目在《續記》還有許多，表明這是該志的主要記述方式。

《吳郡圖經續記》還記載了蘇州“十老會”及其詩會活動，並收録吳地的古今文章，别編爲《吳門總集》，與《續記》並行，配合互證，這是地志與地域詩文總集合流的第一部。而“藝文”與地志產生聯繫並逐漸進入地志，是南宋“地志文學化”的首要條件。終北宋一世，官修地理志中都没有收入“藝文”。從北宋中後期開始，地域詩文總集的編輯逐漸興盛，但如果地域詩文集不進入地理志，那麼“地志文學化”就無從談起。所以，《吳郡圖經續記》在南宋“地志文學化”的過程中是一部十分特殊的地理志書，其意義不僅在於人文化的表述方式和與地域詩文總集的合流，而在於它處在北宋中後期這樣一個時間節點上，所反映的社會形態和思想觀念的變化才是南宋“地志文學化”要討論的深層問題。

朱長文及其撰修的《吳郡圖經續記》看似只是個案，具有一定的偶然性，實則反映了某些問題的必然性。朱長文在北宋地理志書的作者中是比較特殊的，其生活方式和編修模式已帶有一定的“地方性”。朱長文生活的北宋中期正是黨爭最爲激烈的時候。他長期生活在家鄉蘇州，從表面上看是由於嘉祐四年（1059）進士及第後因墜馬傷足没有出仕，長期隨侍父親於各地任官，後回到家鄉蘇州隱居，讀書著述。實際上這種情況正是朱剛所論述的，朱長文是北宋中後期一部分有出身但被擠出政界的在野的地方士大夫典型。朱長文在家鄉著書授徒，雖不居官位，卻在地方頗有影響力，受到廣泛的尊重。他積極介入地方事務，與地方不同派系的頭面人物都保持着良好的關係。朱長文在地方享有盛名，得益於他多年在家鄉的治

① ［宋］朱長文撰，金菊林校點《吳郡圖經續記》卷上“南園”，南京：江蘇古籍出版社，1998年，第15～16頁。

學、講學，對地方事務的關心以及他以蘇州爲中心的交遊活動。鄧小南以朱長文爲案例，考證了他在蘇州的交遊圈，表明他不僅與蘇州當地大族諸如吳郡范氏家族、林氏家族保持世代交往，與同爲地方名士的方惟深、楊懿儒等深度交遊，與致仕後退居蘇州的元老名臣元絳、程師孟、盧革等常有往還，更與地方官員聯絡頻繁、關係密切。[①] 朱長文在蘇州建立起地方交遊網絡，這正是後來在南宋"地方化"了的士人最爲典型的交遊模式和生活方式。

宋代地方士人常通過地方事務和公益事業的建設來提高其社會聲望，獲取地方話語權；而地方官員也通常借重當地士人的力量來聯絡地方，實施教化。對於朱長文這樣的名士，地方官員是尊重有加的。太守晏知止多次拜訪他並與之詩歌唱酬，《吳郡圖經續記》就是應晏知止之請而修的。晏知止當時要求編撰的重點是綴緝"吳中遺事與古今文章"，這並不是體現王朝地理思想的諸如《祥符州縣圖經》之類的官修圖經總志所關注的內容，卻日益成爲地方志書的重心，這已經顯現出圖經、方志編纂在觀念和價值取向上的一種變化。這一趨勢的出現與宋代地方官員及地方士人對地方社會教化和文化建設的共同關注與推動密切相關，表現出方志編撰目的由以國家朝廷爲導向轉爲以地方社會爲指歸。所以，在官修州縣圖經體例基礎上修纂的方志圖經也就從王朝地理著述轉爲地方史。

地方史的興起與地方社會的形成和精英的地方化是同步的。士人退居家鄉，在本地經營自己的家族產業和社會關係網絡，積極主動地參與地方事務和文化事業建設，熱心地方公益，介入地方政治，並通過認同地方社會信仰建立地方社會生活共同體。其中，對鄉邦文獻的搜集、整理與編纂是其重要構成部分。包弼德就認爲，南宋地方士人越來越表現出對地方典籍和文獻的興趣[②]，其顯著的體現有：從熙寧、元豐前後開始，地域性詩文總集或選本明顯增多，到南宋逐漸形成與地志配套編纂的模式；熱衷於對方志的編纂，南宋方志的數量因之較北宋成倍增加，並從北宋中後期開始逐漸改變編修模式，即由王朝的官員編纂轉變爲在地方官府的主持下，

① 鄧小南《北宋蘇州的士人家族交遊圈：以朱長文之交遊爲核心的考察》，載《朗潤學史叢稿》，北京：中華書局，2010 年，第 372～413 頁。

② ［美］包弼德著《地方史的興起：宋元婺州的歷史、地理和文化》，吳松弟譯，中國地理學會歷史地理專業委員會編《歷史地理》第二十一輯，第 432～452 頁。

由學官、幕僚和地方士人共同編修。南宋中後期，隨着地方社會的發展成熟，郡士參與編纂方志的情況越來越普遍，遂使方志成爲地方書寫的載體。由於修志不是出於中央的命令，而是來自地方的主動性，書寫權力下移，修志的主導力量從中央朝廷轉變爲地方官員和地方士人，形成“地方”書寫立場，從而突破了王朝地理對資料搜集的限制，將纂修活動的意義從備職方之用轉向對地方吏治、敦親睦友、縉紳名節等地方政治和社會生活的作用，人物、詩文的部分才能得到發展。所以，收録地方詩文在北宋中後期的地志中尚不普遍，卻在南宋方志修撰活動中逐漸成爲一項重要内容。《乾道四明圖經》“以篇什碑記等爲五卷，附於其末”①。《雲間志》“至若前輩詩文，散落於境内者非一，故摭南渡以前者附於卷末”②。《吳郡志》不僅專設“雜詠”門，而且在具體條目下附録大量相關的詩文。《琴川志》卷十一至卷十三是“敍文”，卷十四爲“題詠”。也有與《吳郡圖經續記》一樣，將一地詩文另外編集，與方志相輔而行的。比如董棻紹興九年（1139）與僚屬編修《嚴州圖經》，在搜訪材料的過程中得到不少逸文，於是廣泛搜求郡内詩文，編成地域詩文總集《嚴陵集》九卷，輔《嚴州圖經》而行。李庚、林表民等編輯地域詩文集《天台集》系列和《赤城集》，配合方志《嘉定赤城志》及其續志而行。也有不少方志還沒有録入“藝文”，諸如《新安志》《雍録》《淳熙三山志》等。之所以這樣，是因爲從北宋中後期至南宋後期，正是方志的漸變期，是逐漸累積各種變數的過渡期、轉變期。所以，處在這一時期内的方志，就因各種因素都還處於變化中而表現出内容、旨趣的不確定性和多樣性，體例也沒有定型，呈現出面貌各異的“地方史”。不過從總體來看，《吳郡志》之後的方志逐漸在體例上脫離以《祥符州縣圖經》爲代表的官修圖經模式，向綱目體或平列門目體過渡，“藝文”作爲方志的内容也漸趨穩定。直至南宋後期，又出現了不僅單設“藝文”卷帙，而且在具體條目下附録詩文的編排方式，雖然並不普遍，但有了這種趨勢。

（二）從資治、教化、存史到地方書寫

由中央朝廷組織編纂的天下圖經和官修地理書不僅宣示了中央對某一

---

① ［宋］張津等纂修《乾道四明圖經》黄鼎序，宋元方志叢刊本，北京：中華書局，1990年，第4874頁。

② ［宋］楊潛修，朱端常、林至、胡林卿纂《雲間志》楊潛序，宋元方志叢刊本，第5頁。

地的主權和統治權，而且是中央對地方進行有效控制和治理的依據，承載着重要的政治、軍事意義和“資治”的實用目的。因此它無意去展現區域的特殊性以及弘揚地方文化，而是旨在周知地方山川、地勢，以防止叛亂；掌握地方風俗、物產，以制定有關國計民生的政策，其經世致用的意旨十分明確。在官修《州縣圖經》基礎上修撰的地方志也具有資治、教化、存史三大功能。但隨着南宋社會“地方”觀念的強化，方志從國家視野和立場逐漸轉向了地方視野和立場，致力於“資治”地方、“教化”地方、存“地方之史”，建立地方社會秩序，塑造地方文化空間。

南宋時期的“地方社會”不是由地方士紳領導的完全的地方自治，而是在地方政府的引領下，以地方官長爲主導，與地方士人在地方事務、文化建設等方面進行深度合作而又相互制衡的地方利益共同體以及社會生活共同體。

從社會史角度看，中國封建社會雖然是所謂的“中央集權制”，但實際情況是，國家權力到縣一級就差不多停住了。中央政府若要直接管理縣以下的廣大鄉村和龐大人口，就必須把部門齊全的行政機構一直設立到村，這會導致過於龐大的官僚機構和巨大的財政負擔，管理成本太高。郝若貝在他著名的長文《中國的人口、政治和社會變革：750—1550》中論述道：晚唐至北宋，經濟的發展、社會整體財富的增加以及人口的增長，對社會結構產生了綜合性的影響。其中，在政治控制方面的一個表現就是高密度人口地區的擴散引發了行政管理上的困難，迫使中央政府下放部分權力，具體表現爲“路”級政區的出現以及“縣”的獨立性增強。[①] 與之相伴的是“士的地方化”。這一變化從北宋中後期開始，在北宋、南宋之際，由於朝廷內憂外患，行政力量削弱，對地方的控制力和約束力也隨之減弱。地方家族和士人填補了這些權力空間，在地方事務、基礎設施、公益事業、文化建設、風氣教化等領域採取更爲主動的態度，發揮了更大的作用。

當然，南宋地方社會秩序建設主要還是以地方政府爲主導（這從南宋方志大部分是由地方官組織和召集編纂人員，地方政府出資付梓刊印，以

---

① ［美］郝若貝《中國的人口、政治和社會變革：750—1550》，載伊沛霞、姚平主編《當代西方漢學研究集萃·中古史卷》，上海：上海古籍出版社，2006 年，第 175～246 頁。

及方志中記載了許多地方官長的政績就可以體現出來）、政府與地方士人合作的模式。在這樣的情況下，舊有的圖經、方志就不能滿足地方官員和士人的需求了。一方面是因爲官修圖經有統一的體例要求，所以會删去各州縣很多的數據和內容，尤其是表現各州縣特性的部分。《吳郡圖經續記》在序言中就敘述了因“舉天下之經而修定之，其文不得不簡，故陳迹異聞難於具載”①。另一方面，自祥符年間大修圖經之後，“三年一造”的規定流於形式，且多依舊本録進，體制因循，這就使得官修圖經在地方觀念漸興的北宋中後期日益式微，轉而發展爲由地方官主持，網羅其僚屬佐吏、州縣學官、地方士人參酌地方文獻加以編修的模式。地方士人熟悉地方掌故，在文獻搜訪方面又有所便利，所以在南宋方志編修中發揮着越來越重要的作用。

由地方社會主導的方志修撰不再是機械的案牘文書，而是地方官和地方士人展現地方政治、文化的重要著述，在內容上自然就轉向了地方社會關心的方面，並根據本地的實際情況和訴求設置門目，展現地區特性。所以，方志中詳細記載了版籍、稅賦、物產、倉庫等與地方治理有關的情況；道路、橋梁、廨舍等公共設施建設的情況；學校、書院、祠廟、進士題名、人物等與地方教化有關的方面；社倉、義田、漏澤園等地方公益事業的內容；山川、古跡、詩文等地方文化方面的內容。林慮爲《吳郡圖經續記》作後序稱是書“舉昔時牧守之賢，冀來者之相承也；道前世人物之盛，冀後生之自力也；溝瀆條浚水之方，倉庾記裕民之術；論風俗之習尚，夸戶口之蕃息，遂及於教化禮樂之大務”②。明確表明該圖經的作用有“及於教化禮樂之大務”。撰者朱長文還在“戶口”“倉務”“治水”等許多門目中發表自己的議論和見解，其於地方社會“資治”“教化”“存史”的功能和目的是較爲明顯的，不可“徒以方域輿地之書視之”③。羅願也在《新安志序》中表示：

夫所爲記山川道里者，非以示廣遠也，務知險易不忘戒也；其録丁口頃畝，非以覽富厚也，務察息耗毋繇奪也；其書賦貢物產，非以

① ［宋］朱長文撰，金菊林校點《吳郡圖經續記》朱長文序，第1頁。
② ［宋］朱長文撰，金菊林校點《吳郡圖經續記》林慮後序，第87頁。
③ ［宋］朱長文撰，金菊林校點《吳郡圖經續記》林慮後序，第87頁。

給嗜欲也，務裁闊陋同民利也。至於州土沿革，吏治得失，風俗之媺惡，與其人材之衆寡，是皆有微旨，必使涉於學者纂之。①

該志編纂的目的是反映新安物產資源的豐富性和適應性，記録新安歷史上的士民、官長、先達、名人、楷模，展現當地人文盛況，敘述新安歷史上的文化現象、社會習俗，體現地域人文風情，其“美鄉邦，重地方”的意圖十分明顯。吳中地區多江河湖泊，所以歷代積累了豐富的治水經驗。《吳郡志》專設門目，詳細記載了丘與權、單子發、郟亶等水利專家的多篇治水文獻。台州佛道文化發達，多寺院宮觀，《嘉定赤城志》有四卷內容都是記述台州從古至今的寺觀、宮觀，並記載了天台宗的產生和發展狀況。明州在南宋逐漸成爲重要的海洋貿易區，《寶慶四明續志》設置了“市舶”“牙契”“湖田”“常平倉”“鹽課”等細目並附録了大量的省劄、牓文等政府公文，明州的地方文化發達，“地方化”程度較高，該志又專設“衣冠盛事”門目記載地方家族，設置“義倉”“鄉人義田”等細目記敘地方家族和士人參與地方公益事業建設的情況。嚴州在南宋成爲理學重鎮，《景定嚴州續志》處處流露出嚴州理學之風濃厚，特別重視教化、孝義、厚德和興學的形象，比如卷二“賢牧”“名宦”兩目表現了在南宋時嚴州多爲理學家治郡；“荒政”目下記載了嚴州幾次災荒和水患，牧守積極賑災救難、安撫百姓的事跡；卷三“州學教授題名”下有呂祖謙這樣的理學大家教化本州，且設置“鄉飲”“鄉會”兩條目深化主題；“人物”門中記載的南渡人物亦多爲理學家；卷四“書籍”又臚列多部理學書籍。通過這些緊扣各地方特點設置的門目和記載的內容，南宋方志既創造了地方內部的同一性，又凸顯了地方之間的差異性和獨特性。

綜上，正是因爲南宋方志涉及地方事務的諸多方面，所以成了地方官了解地方觀念的重要文本和處理地方事務、實施風氣教化的重要依據。地方官員通過修志，不僅可以彰顯自己的政績，又能贏得地方士人的支持，加強對地方社會的控制；而地方家族與士人則利用參與編纂方志的機會，將地方觀念輸入地方志，從而影響地方官的施政，促使地方官的觀念“地方化”。地方家族與士人還可以藉助地方志樹立威望，取得在地方事務上越來越多的話語權。因此，地方志不僅具有資治、教化、存史的功能，而

① ［宋］趙不悔修，羅願纂《新安志》羅願序，宋元方志叢刊本，第7599～7600頁。

且逐漸成爲地方書寫的載體。

在鄉土觀念的影響下，地方士人樂於記録地方的山川風貌、名勝古跡、詩賦文章。到了南宋後期，産生了一種新的地方觀念，與“人因地秀”的地靈人傑思想不同，“地因人勝”的人地觀在州郡地志中出現。高似孫在《剡録》序言中道：“山川顯晦，人也；人隱顯，天也。天下多奇山川，而一禊一雪，致有爽氣，可謂人矣。”① 將山川對人的陶養轉化爲山川因人而名的人文主義觀念。這一觀念不是孤立的，而是南宋後期方志中一種較爲普遍的思想。《咸淳毗陵志》曰：“泝桐江而想子陵，泛赤壁而懷公瑾。地以人勝，自昔固然。郡介吳門，朱方人物，風流遺蹟如昨，六朝蓋多焉。備載不遺，亦歷覽周遊之一助。”② 《寶祐仙溪志》更是直言：“地以人重。瞻言耆舊，有列於慶曆諫官者，有危言讜論相望於元祐黨籍者，有與鄒道卿同貶者，有爲乾道名宰相者。其他魁彥勝流，不可勝書，故其志人物尤詳焉。”③ 因此，在記載山川古跡時，將重點記載山川的自然風貌和地理形勢轉變爲山川因名人的活動而擁有了獨立的價值與符號意義。標記景物或建築的内容是前代名人的遊覽、觀賞、留題以及人文活動、文學行爲等，是歷代文人層累疊加的歷時性地景書寫。那麼，方志具體條目的書寫方式也就隨之改變，逐漸形成簡單的地理位置描述加人物事跡、軼聞掌故、人文活動以及相關詩文作品的模式。這種方式易於形成人文景觀或“詩跡”，成爲地域文化之坐標，對“地方”進行了文學書寫和空間塑造。關於這一點，筆者將另行撰文論述。

（三）從體國經野到助文覽勝

在先秦兩漢的地理學思想初創時期，大地域的統一王朝通過對社會空間的政治安排建立起穩固的王朝地理秩序，對普天之下進行有效的政治管理，這一套經緯大地的體系方法就是“體國經野”的王朝地理學。《漢書·地理志》在全國的土地上創立了以郡縣爲綱，以每郡及其屬縣爲一個段落單位，將本郡縣所有的建置沿革、户數、人口，屬縣下的山川、物産、祠廟、衙署設置等分繫於各縣的體例。這一以疆域政區沿革爲綱的

① ［宋］史安之修，高似孫纂《剡録》高似孫序，宋元方志叢刊本，第7195頁。

② ［宋］史能之纂修《咸淳毗陵志》卷二十七，宋元方志叢刊本，第3192頁。

③ ［宋］黄岩孫纂《寶祐仙溪志》劉克莊序，宋元方志叢刊本，第8270頁。

“正史地理志”體例傳統對後世地理志書的資料編排和類目編次影響至深。由於文獻資料的亡佚，無法獲知兩漢魏晉南北朝時期地理志書的完整體例，但至遲到唐代，官修圖經和地理總志主要還是沿襲正史地理志所開創的傳統，以疆域範圍内的行政區劃爲綱目、以州縣爲繫事要目的編纂體例。只是由於受到當時朝廷修撰大型類書的影響，在編排上出現了州郡部分初分類目的方式，但各屬縣下還沒有分類，仍保持“一事一目”的原始狀態。《元和郡縣圖志》、官修《州縣圖經》以及《太平寰宇記》大致都是這種體例。從北宋祥符年間編撰天下圖經開始，地志不僅於州郡部分分類目，屬縣下也開始“綱目粗設”，這從因襲《祥符州縣圖經》體例的《嚴州圖經》中可以得到證實。北宋中後期的《吳郡圖經續記》看似已是“平列門目體”，實則是由於其“續記”的性質，因爲分類目的編次方式更適合查缺補漏的編修目的，但同時也從側面印證了《祥符州縣圖經》已在屬縣下劃分類目的體例。南宋方志以《吳郡志》爲界，除兩三部方志外，基本已轉變爲“綱目體”或“平列門目體”（包括細目體）。以州縣爲單位劃分類目的體例是以“地”攝“類”，“地”是中心；“綱目體”或“平列門目體”是以“類”攝“地”，“類”是中心。前者是一種地理學的觀念，後者是一種類書的觀念，體現了不同的編纂意圖和功用。

唐代、北宋的官修圖經和地理總志因受到朝廷修纂大型類書的影響而初分類目，這是可以成立的。因爲官修地理志書大多由館閣文人完成，則修撰類書和圖經地志的朝廷官員是有重合或交集的。比如奉命總領《祥符州縣圖經》删定任務的李宗諤，其父李昉曾領銜編纂了宋初四大類書中的三部——《太平廣記》《太平御覽》《文苑英華》，官修類書與官修圖經、總志在體例和方法上互相藉鑒或影響是很正常的。但是，南宋地志則多由地方社會或中下層文人編成，作爲朝廷文化事業建設而編纂的大型類書與之距離遥遠，似乎很難談得上影響。要對一般士人或中下層文人形成實質性的影響，必須具備能夠滲透士人日常學習和閱讀成爲他們最常用的知識獲取途徑的條件，那麽場屋用書和科舉類書應該是最符合實際情況的讀物。兩宋是科舉社會①，隨着科舉制度的深入發展，習舉子業者越來越

① “科舉社會”的概念由日本學者近藤一成提出。詳見《宋代科舉社會的形成——以明州慶元府爲例》，《廈門大學學報（哲學社會科學版）》2005年第6期，第15頁。

多，其對讀書人的影響深遠。而科舉時文也在科舉制度的長期實行下變得越來越程式化，於是大量分析時文寫作方法、步驟，示範時文寫作以及積累時文所需知識的場屋用書被大量編印，包括各種類書、評點本、範文集等。不僅官學、書院會編寫各種科舉用書、參考書、教材，書肆爲謀利更是大量編印。隨着習舉子業者愈衆，科舉用書對知識分子就形成了實質性的影響，是他們獲取知識的主要途徑，也影響着他們的思維方式、知識結構及學術興趣。

在南宋，朝廷沒有組織編纂過大型類書，反而在民間，各種私修類書層出不窮。包弼德揭示王象之《輿地紀勝》的編纂意圖和作用時指出，該志不是爲政治軍事的“致用”，還是爲士人寫詩作文提供參考的“致用”：

> 他（王象之）的書可以使別人想象到某地的狀況，至少知道它的諸多景觀的名字以及爲此景觀寫過點東西的人的名字，再把獲得的知識用到他的寫作中。
>
> 對士人而言，當他們作爲士而不是作爲官僚活動時，它是有用的，旅行時知道要去哪裏看風景，用此爲景點賦詩，爲到外地赴任的朋友寫送别辭，或爲遠方來的朋友寫歡迎辭。
>
> 對於官僚中流動性相對較大的士人群體、他們的家人和隨員，以及將來要參加科舉考試的人來説，王象之的書是將他們粘在一起的文學粘合劑，因此是有用的參考書。①

包弼德明確了《輿地紀勝》文學類書的性質和功用。同時，他進一步將《輿地紀勝》的編纂與同時代的另外三個婺州人在文學和資料考證方面的行爲聯繫起來，認爲他們的努力是一致的，其中就有章如愚編修的類書《群書考索》和潘自牧編修的類書《記纂淵海》，包弼德稱之爲“百科全書”。這些百科全書式的類書不僅對文學訓練有用，而且對科舉考試可能出的題目作了詳盡的解答，對舉子備考有用處，這就將文化地理與科舉類書的編寫聯繫起來。無論是王象之還是章如愚、潘自牧，都只做過下層官吏或學官，比如章如愚曾供職國子監，後退居東陽縣教書。當時的學校和書院會編印一些科舉用書供學生備考之用，南宋方志雖然大多是由州縣官

---

① ［美］包弼德著，吴松弟譯《地方史的興起：宋元婺州的歷史、地理和文化》，中國地理學會歷史地理專業委員會編《歷史地理》第二十一輯，第 443～444 頁。

主持，但實際編修者是州縣學教授之類的學官。因此，很難保證學官不將編寫科舉用書的方法和思路運用到方志的編纂中。況且，這在南宋後期越來越成爲一種社會風氣。

不過，南宋方志一開始就多由州縣學教授參與主編，卻並非一開始就具有助文覽勝的功用，其原因與士人的江湖化以及南宋後期社會“近世化”有關。宋代的科舉取士不斷積累了數量眾多的讀書人，逐漸導致了仕途的逼仄。大量舉子落第後，一部分流向地方，更多的卻流向民間市井，成爲江湖文人。雖然落第，但長期的應舉學習讓這一群體擁有與及第士人相當的文學素養和知識能力，由此造成了文化下移的趨勢，其意趣也由雅而俗，文學大眾化、世俗化的“近世社會”必然到來。但這種士階層的分化猶如靜水深流，是在潛移默化中一點點緩慢進行的。所以，雖然從北宋中後期開始，士人已經有了一些向下的趨勢，但尚不失傳統士大夫的文化品位和價值取向，表現在地志的編纂上，就是仍保留了精英士大夫的視野、方式和旨趣。比如朱長文《吳郡圖經續記》雖然已體現出一定的地方觀念，但林慮後序認爲：“於是見先生之志素在於天下也，豈可徒以方域輿地之書視之哉?”[①] 傳統精英士大夫懷揣經世濟時的抱負，於國計民生有所增益，這在朱長文《續記》中仍有諸多體現。南宋初期和中期的許多士人也重視方志資治、教化的功能，內容上多表現地方事務，寫法上也保持了一種地理書寫和歷史書寫的風格與方式，雖然“藝文”已較爲普遍地進入地志，但多數是獨立成卷的，其他門目下並沒有多少詩文的徵引和附録。也有將方志編修作爲一門學術而不僅是政府行政管理手冊和工具的。洪遵在紹興年間編撰《婺州方志》，並視編志爲知識分子的責任。他在志書中表現出對地名學、瑣聞筆記的關注，體現了士大夫的一種知識興趣和學術取向。所以，從北宋中後期到南宋後期，除了范成大的《吳郡志》，地方志書雖有“藝文”門目，但內容和寫法上並未表現出明顯的“文學化”趨勢。

實質性的變化出現在嘉定年間以後。一直在暗中進行的士階層的分化開始在南宋後期形成一種現象並且表象化，這就是江湖文人群體的出現。江湖文人是一個鬆散卻數量龐大的群體，其流品頗雜，但基本上由布衣和

---

① ［宋］朱長文撰，金菊林校點《吳郡圖經續記》林慮後序，第 87 頁。

下層士大夫組成，包括終身布衣或遊謁江湖者，下層官吏或長期待闕者，有過一小段仕宦經歷者，皆爲處在士大夫文化圈外圍和周邊的下層士大夫及非士大夫知識階層。他們顯然溢出了傳統士大夫的價值取向和文化意識，轉向了世俗化、大眾化甚至市場化的道路。由於社會地位下降和遠離政治權力，他們的精英意識淡化，傳統士大夫心懷天下的志向和擔當在這裏已缺乏現實可行性。王象之編成《輿地紀勝》後請李埴爲其書作序，李埴卻對此書的編修目的表示懷疑，他在序言中說，一個人編書如果只是爲別人寫詩作文提供材料，是多麼荒謬，王象之一定有更大寓意。但王象之在自序中披露自己的修撰動機就是“收拾山川之精華，以藉助於筆端，取之無禁，用之不竭，使騷人才士於一寓目之頃，而山川俱若効奇於左右……此《紀勝》之編所以不得不作也”[①]。這也是致用，但不是李埴所期望的致用，而是爲普通士人覽勝吟詠時提供風土名勝知識以及典故範文的“致用”。祝穆在編撰《方輿勝覽》的過程中幾易其稿。他最先只是“方輿風物收拾略盡，出以諗予友”，友人覺得不夠，他才恍然大悟，“益蒐獵古今記序詩文，與夫稗官小說之類，摘其要語以附入之”。但友人認爲“摘其要語”的方式“破碎斷續”“首末之不貫”，於是祝穆“又益取夫鉅篇短章所不可闕者，悉載全文，大書以提其綱，附注以詳其目，至三易藁而體統粗備，予友亦印可焉”[②]。祝穆乃下層文人，交遊對象大致不出“騷人才士”之類，其友人代表了當時普通文人的訴求，可見《方輿勝覽》趨應時景，投合士人好尚的動機和目的。而該書印行後十分暢銷，“學士大夫家有其書”，以至於其子祝洙不得不增訂再版，以應時需。南宋私修的地理總志不在少數，但至今僅存《輿地紀勝》和《方輿勝覽》兩志，可見南宋後期這種供普通文人操翰弄墨、遊玩覽勝的地理書大受歡迎，也反映了時人的知識興趣和文化訴求。

這樣的訴求也影響了南宋後期的方志編纂。《剡録》《嘉定赤城志》《寶慶會稽續志》《景定建康志》《咸淳臨安志》《咸淳毗陵志》幾部方志在體例上以“綱目體”和“平列門目體”爲主，具體條目下記載掌故、軼

---

① ［宋］王象之撰《輿地紀勝》自序，北京：中華書局，2003 年，第 19 頁。

② ［宋］祝穆撰，祝洙增訂，施和金點校《方輿勝覽》自序，北京：中華書局，2003 年，第 1 頁。

聞、人文活動，附録相關詩文作品，尤其是《景定建康志》的每一條目皆用很大篇幅將歷代相關的人物、事跡、活動等資料一條一條地按照朝代順序進行排列，冠以“考證”或“事跡”之名目，這些事跡或者考證材料本身就是很好的詩材、典故，可供寫詩作文之用，再附録相關的詩歌、文章，皆録全文。《咸淳臨安志》就更明顯了，每目在列完“事類”之後，直接以“題詠”或“文章”領起所列詩文作品。雖然南宋方志作爲“地方史”仍具有資治、教化、存史的功能，但其供作文和覽勝之用的目的也是十分明顯的。

綜上，“地志的文學化”現象發生於南宋時期，這是在社會變革的背景下，地志與文學的互動和相互滲透，主要表現爲地志成爲供舉子備考、士人登臨題詠徵引辭藻典故的用書和地方書寫的載體。南宋“地志文學化”現象是“近世”文化的具體體現，它在南宋後期雖遠未達到普及狀態，但顯示了一種趨勢，成爲明清地志普遍“文學化”的起點。

《鐔津文集》國内外版本考論*

謝天鵬

四川大學中國俗文化研究所

摘　要：北宋高僧契嵩之《鐔津文集》，其傳於今者版本頗多，但如至元本、至大本，原書皆在日本，故國内親見者甚少，難以有效利用。國内則又有國家圖書館藏殘本一部，學者多徑稱至大本，而祝尚書則認爲是翻刻於至大本。另又有學者覓得日本國會圖書館藏日本南北朝時代刊本一部，而學界則稱之爲“覆元刊本”，或稱之爲“覆宋刊本”。今考日本南北朝時代刊本，其末有釋曇噩跋文，可知此日本版本之原刻本乃釋祖奎主持而編成於元“至正甲辰”者，故知此日本南北朝刊本實爲“覆元刊本”。又考國家圖書館藏殘本，其集前序跋與至大本並不一致，可知其實非至大本。再以之比祖奎本，可知此殘本當成於至大本與祖奎本之間。

關鍵词：《鐔津文集》　契嵩　至大本　日本南北朝時代刊本

一、國内外《鐔津文集》版本之年限爭議

契嵩（1007—1072）是北宋雲門宗高僧，善詩文，他曾著《輔教編》反抗當時以歐陽修、李覯等爲代表的排佛運動，歐陽修曾見其文而歎賞

* 本文爲教育部人文社會科學重點研究基地重大项目“宋元佛教文學史（詩歌卷）”（項目編號：13JJD750014）階段性成果。

曰："不意僧中有此郎耶?"[①] 契嵩有文集傳世，南宋紹興四年（1134），釋懷悟搜羅其文而編成《鐔津文集》，此集後爲《四庫全書》收録，這一定程度反映了他文學創作的影響力。

《鐔津文集》成集已久，故流傳過程中形成衆多版本。對這些版本作系統梳理最早者是祝尚書《宋人别集敘録》，其中談到《鐔津文集》之版本，有日本米澤文庫所藏元至元十九年（1282）宋刻重修本、日本内閣文庫所藏元至大二年（1309）本、中國國家圖書館所藏翻刻至大本之元殘本、湖南省圖書館所藏明永樂本，另有相對易見的明弘治本、清四庫全書本。

關於諸版本形貌，祝尚書考論頗詳，對它們之間的差異也有所論述，但其中也有引起爭議者。中國國家圖書館所藏殘本，祝尚書稱"當即翻刻至大本"[②]，而《宋集珍本叢刊》在收録此版本時，吳洪澤作提要則稱"或即至大刻本，惜闕卷十八至卷尾，難以斷定"[③]。其後邱小毛《夾注輔教編校譯》稱"是本當即《經眼録》所記至大本無疑"[④]，林仲湘、邱小毛《鐔津文集校注》稱"據此可推知日本内閣文庫所藏元至大二年刻本與我國家圖書館所藏二十卷本實爲同一本"[⑤]，二人稍後所出《〈鐔津文集〉的成書與國家圖書館藏元刊殘本考》一文仍持此説。另外，紀雪娟點校《鐔津文集》亦云"日本内閣文庫今猶藏有至大二年刻本……今國家圖書館亦藏有此元刊本"[⑥]，可見也是以此殘本爲至大本。從學界研究來看，此殘本爲至大本幾成定論，這是否正確呢?

在祝尚書《宋人别集敘録》所敘《鐔津文集》諸版本外，《域外漢籍珍本文庫》（第3輯，集部）又收有"日本國會圖書館藏日本南北朝時代覆元刊本（五山版）"[⑦]，但是同爲《域外漢籍珍本文庫》編纂出版委員會稍後出版的《日本五山版漢籍善本集刊》收録此一版本時又稱爲"日本國

---

① ［宋］釋惠洪《石門文字禪》，《景印文淵閣四庫全書》，第1116冊，第455頁。

② 祝尚書《宋人别集敘録》，北京：中華書局，1999年，第183頁。

③ 四川大學古籍所編《宋集珍本叢刊·鐔津文集》（第4冊），北京：綫裝書局，2004年，卷首。

④ 邱小毛《夾注輔教編校譯》，成都：西南交通大學出版社，2011年，第5頁。

⑤ 林仲湘、邱小毛《鐔津文集校注》，成都：巴蜀書社，2014年，第443頁。

⑥ ［宋］契嵩撰，紀雪娟點校《鐔津文集》，重慶：西南師範大學出版社，2016年，第4頁。

⑦ 《域外漢籍珍本文庫》編纂出版委員會編《域外漢籍珍本文庫·鐔津文集》（第3輯，集部），重慶：西南師範大學出版社；北京：人民出版社，2012年，卷首。

會圖書館藏日本南北朝時期覆宋刊本”[①]，其後紀雪娟以此爲底本點校《鐔津文集》亦稱之爲“覆宋刊本”[②]。如此一來，判其原刻本爲宋本可謂主流，這又是否正確呢？

版本之準確對於相關學術的展開是非常重要的。《鐔津文集》今有三種整理本：林仲湘、邱小毛《鐔津文集校注》，以四部叢刊三編本（影印於弘治本）爲底本，以中國國家圖書館藏殘本爲對校本；紀雪娟點校《鐔津文集》以日本南北朝時代刊本爲底本，以中國國家圖書館藏殘本爲重要參校本；只有鍾東、江暉點校本《鐔津文集》未利用這兩種版本。由此看來，弄清這兩個版本的年限是非常有必要的。本文之研究即欲澄清這一問題。

二、日本南北朝時代刊本《鐔津文集》之原刻本辨年

日本南北朝時代刊本《鐔津文集》是覆宋刊本還是覆元刊本，其實是很容易判斷的，蓋此本末尾之跋已有明確時間。今據《域外漢籍珍本文庫》（第3輯，集部）觀此跋文，如圖1、圖2：

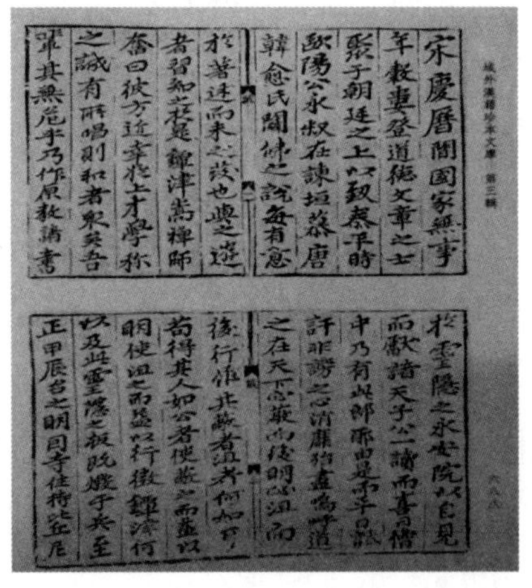

宋慶曆閒國家無事
年數輩登道德文章之士
聚于朝廷之上以致泰平時
歐陽公永叔在諫垣蔡唐
韓愈氏闢佛之說每有意
於著述而未之致也嘗之遊
者皆知其是鐔津嵩禪師
嵩曰彼方這家於上才學於
之識有所唱則和者衆矣吾
衆其無危乎乃作原教諸書
於靈隱之永安院以自見
而獻諸天子公一讀而喜之禮
中乃有此郎兩留是亦平名
許非誇之心消靡殆盡嗚呼道
之在天下不敢而後明必泯而
後行惟其藏者深者何如耶
苟得其人如公者使藏之而蓋以
明使泯之而益以行徵鐔津何
以及此靈隱之板既燬于兵至
正甲辰台之明因寺住持比丘

圖1

① 《域外漢籍珍本文庫》編纂出版委員會編《日本五山版漢籍善本集刊·鐔津文集》，重慶：西南師範大學出版社；北京：人民出版社，2012年，卷首。

② ［宋］契嵩撰，紀雪娟點校《鐔津文集》，第5頁。

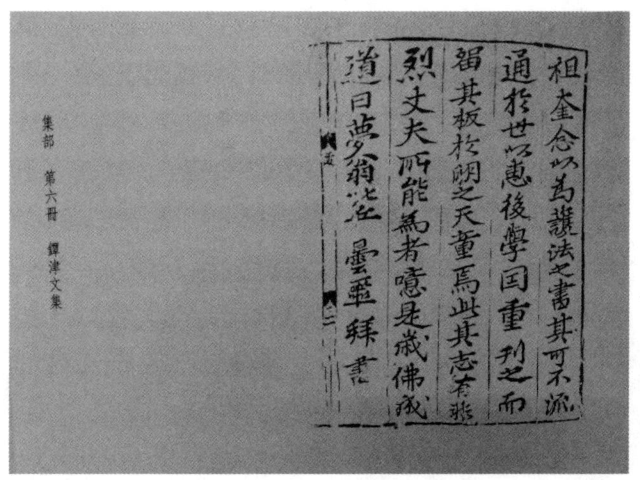

祖奎念以爲護法之書其可不流通於世以惠後學因重刊之而留其板於明之天童焉此其志有非烈丈夫所能爲者噫是歳佛成道日夢翁比丘曇噩拜書

集部 第六冊 鐔津文集

圖 2

可以看到，此跋文爲“夢翁比丘曇噩”所書，而此集重刊則是“至正甲辰台之明因寺住持比丘尼祖奎”所爲。曇噩，據《補續高僧傳·夢堂噩公傳》，字無夢，自號酉庵，慈溪王氏子。祖申，舉進士於宋。父禄，任於元。曇噩於洪武六年（1373）示寂，年八十九①。比丘尼祖奎不詳，住持台州明因寺，其念《鐔津文集》爲護法之書，欲其流傳，是以重刊。而“至正”爲元順帝年號，“至正甲辰”即 1364 年，四年之後即元亡入明。所以，日本南北朝時代刊本《鐔津文集》既以祖奎重刊者爲底本，則自然應屬“覆元刊本”。

但是，日本南北朝時代刊本《鐔津文集》爲何又會被誤爲覆宋刊本呢？蓋其原刻本祖奎本（按：日本南北朝時代刊本《鐔津文集》乃按祖奎本覆刻，故下文所稱祖奎本，其形貌皆照此日本覆刻本爲説）乃以至元本爲底本，而至元本又爲宋刻重修本。②

至元本《鐔津文集》，國内尚無公開出版者，學界見之者甚少。筆者搜得影印本一部，觀其形貌，與祝尚書《宋人别集敘録》所述一致。祝尚書述其形貌特徵有四：其一，每半頁十行，每行十八字，白口，單邊，有界，版心署“嵩幾”及頁數。見圖 3（字跡雖不甚明，仍可辨“嵩”字。

① ［明］釋明河撰《補續高僧傳》，《續藏經》第 134 册，卷十四。

② 至元本之形貌特徵及其爲宋刻重修本之理由，祝尚書有詳細論述，見《宋人别集敘録》第 182 頁。

“幾”指卷數，字亦可見）。其二，卷首有總目録。見圖 4。其三，卷一首“鐔津文集卷第一”，第二行“藤州鐔津沙門契嵩撰”，卷一並有陳舜俞撰《明教大師行業記》。見圖 5（祝尚書“藤州鐔津沙門契嵩撰”少“東山”二字，當是漏寫）。其四，卷末有至元十九年壬午仲夏住東禪大藏等覺禪寺住持比丘子成撰跋文一篇。見圖 6。由這些特徵來看，此影印本當即至元本。

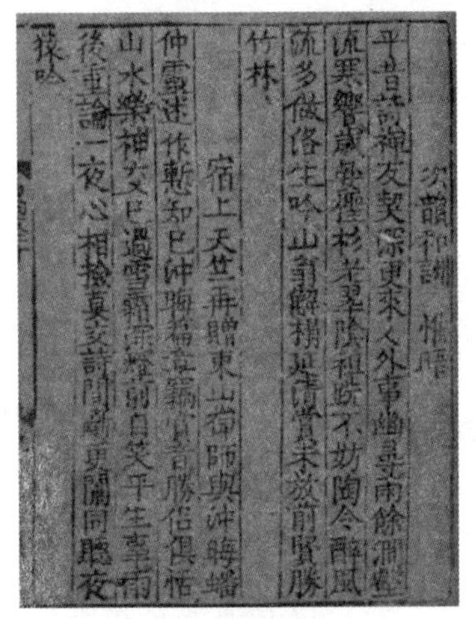

圖 3

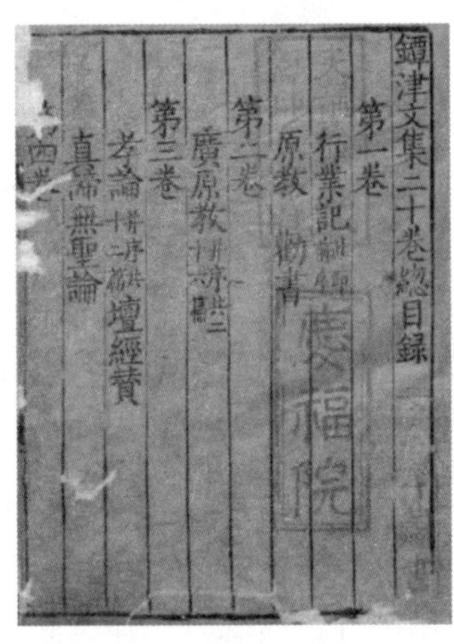

鐔津文集二十卷總目録
第一卷
行業記
原教　勸書
第二卷
廣原教
第三卷
孝論　壇經贊
真諦無聖論

圖 4

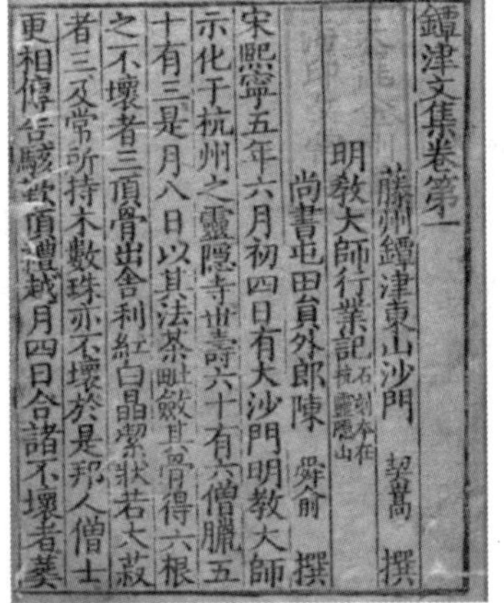

鐔津文集卷第一
藤州鐔津東山沙門　契嵩　撰
明教大師行業記
尚書屯田員外郎陳　舜俞　撰
宋熙寧五年六月初四日有大沙門明教大師
示化于杭州之靈隱寺世壽六十有六僧臘五
十有三是月八日以其法荼毗斂其骨得六根
之不壞者三頂骨出舍利紅白晶潔狀若大菽
者三又常所持木數珠亦不壞於是邦人僧士
更相傳告駭歎瞻禮越月四日合諸不壞者葬

圖 5

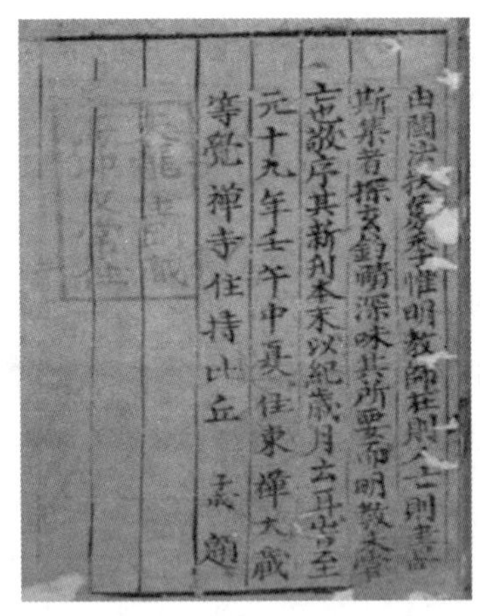

元十九年壬午中夏住東禪大藏
等覺禪寺住持比丘

圖 6

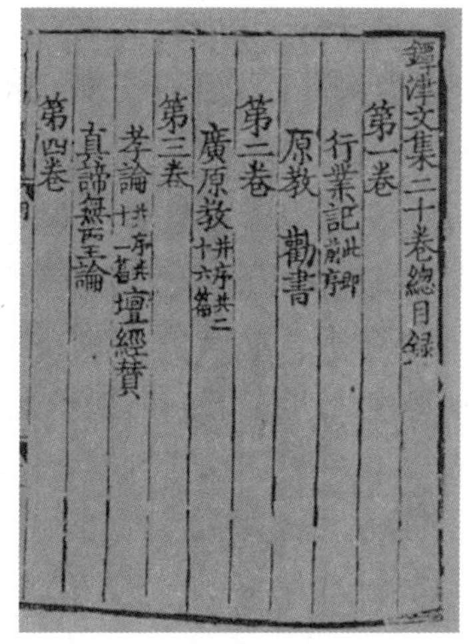
鐔津文集二十卷總目録
第一卷
行業記 此即前序
原教 勸書
第二卷
廣原教 并序共二十六篇
第三卷
孝論 并序共十二篇 壇經贊
真諦無聖論
第四卷

圖 7　祖奎本

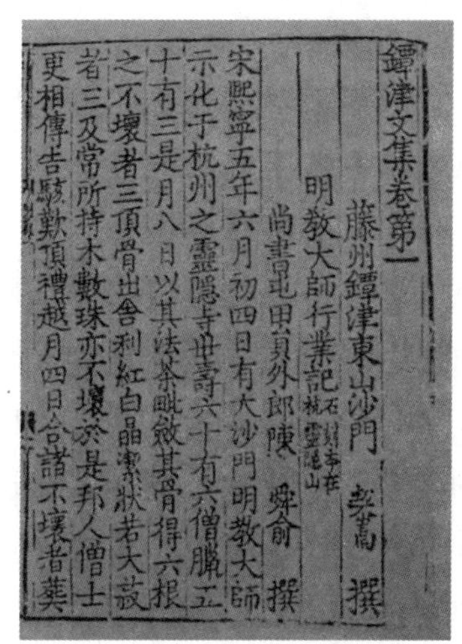
鐔津文集卷第一
藤州鐔津東山沙門 契嵩 撰
明教大師行業記 石刻本在杭州靈隱山
尚書屯田員外郎陳 舜俞 撰
宋熙寧五年六月初四日有大沙門明教大師
示化于杭州之靈隱寺世壽六十有六僧臘五
十有三是月八日以其法茶毗斂其骨得六根
之不壞者三頂骨出舍利紅白晶潔狀若大菽
者三及常所持木數珠亦不壞於是邦人僧士
更相傳告駭歎頂禮越月四日合諸不壞者葬

圖 8　祖奎本

比較祖奎本與至元本，則有三大方面相同。第一，兩個版本目録文字相同（見圖 7、圖 4），而與另外兩個具有代表性的版本至大本（關於至大本情況詳見第三部分）、永樂北藏本不同。可以看到，祖奎本、至元本皆稱“鐔津文集二十卷總目録”，而永樂北藏本稱“鐔津文集總目録”；祖奎本、至元本皆以“第一卷”包囊“行業記”，並注曰“此即前序”，而至大本、永樂北藏本則以“行業記”標在“第一卷”之前，前者注曰“即前敘”，後者注爲“此即陳舜俞撰序”。當然，小字注釋差異並不止於此。

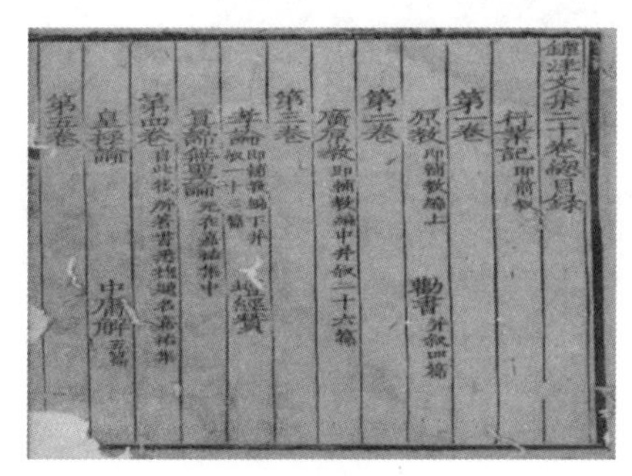
鐔津文集二十卷總目録
行業記 即前敘
第一卷
原教 即輔教編上 勸書 并敘四篇
第二卷
廣原教 即輔教編中并敘二十六篇
第三卷
孝論 即輔教編下并敘十二篇 壇經贊
真諦無聖論
第四卷
皇極論 中庸解 五篇
第五卷

圖 9　至大本

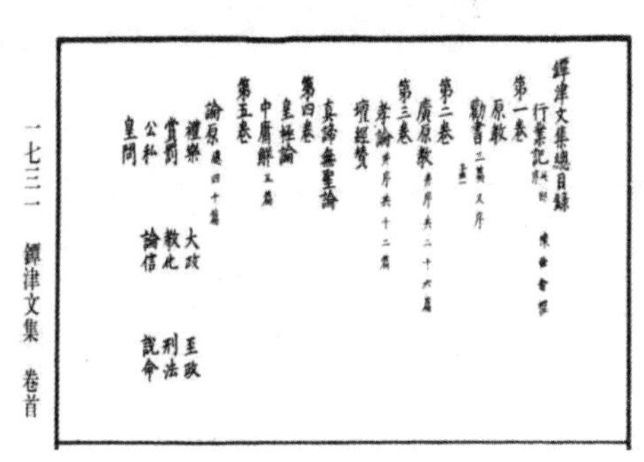
鐔津文集總目録
行業記 此即陳舜俞撰序
第一卷
原教
勸書
第二卷
廣原教 并序共二十六篇
第三卷
孝論 并序共十二篇
壇經贊
真諦無聖論
第四卷
皇極論
中庸解 五篇
第五卷
論原 凡四十篇
禮樂 大政 至政
賞罰 教化 刑法
公私 論信 說命
皇問
一七三一　鐔津文集　卷首

圖 10　永樂北藏本

第二，兩個版本版式方面相同，皆爲每半頁十行，每行十八字，而頁內文字於每行內位置皆同。這與元代另一版本至大本的每半頁十二行、二十四字不同，與永樂北藏本也不同。

第三，兩個版本分卷相同，文集正文之篇目相同，而與至大本、永樂北藏本不同。祖奎本、至元本皆分二十卷，除陳舜俞所撰《行業記》都在卷首，而與至大本、永樂北藏本不同外，内部分卷也有差異。祖奎本、至元本在卷十五“非韓上”、卷十六“非韓中”、卷十七“非韓下”之後爲卷十八“碑記銘表辭”，其後爲契嵩的“古律詩”“山遊唱和詩”，此與至大本相同，而與永樂北藏本不同。永樂北藏本在三卷“非韓”後即爲“古律詩”“山遊唱和詩”，而將前三種版本中“碑記銘表辭”部分歸在卷十二、十三中。又，由“今既以”一段可知，最早所收惠洪《嘉祐序》被說此話者進行了修改，而最遲到至元本第二十卷（祖奎本承之）中收録此文時便被釋宗慧置換爲惠洪原文（見圖 11、圖 12、圖 13）①，而至大本則删去了此文（見圖 14），永樂北藏本又將之换爲經人修葺之文。

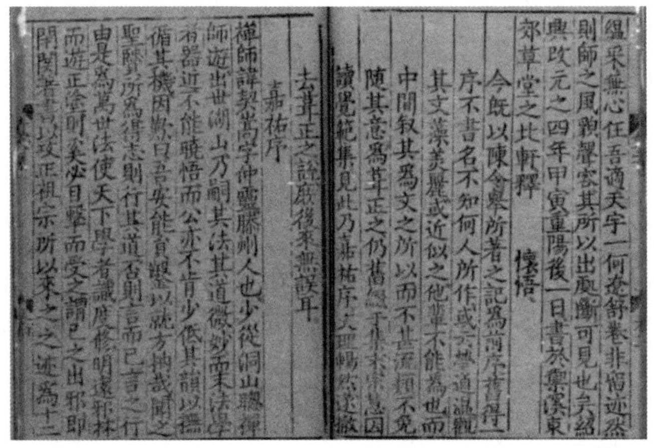
縕采無心任吾適天宇一何[illegible]舒卷非宿迹[illegible]
則師之風韻聲[illegible]其所以出處斷可見也矣紹
興改元之四年甲寅重陽後一日書於[illegible]溪東
郊草堂之北軒釋　懷悟
今既以陳令舉所著之記爲前序[illegible]得
序不書名不知何人所作或云[illegible]道[illegible]觀
其文藻美麗或近似之他輩不能爲也而
中間叙其爲文之所以而不甚[illegible]不免
隨其意爲芟正之仍舊綴于集末[illegible]因
讀覺範集見此乃嘉祐序[illegible]
去非正之誤厥後來無誤耳
嘉祐序
禪師諱契嵩字仲靈藤州人也少從洞山聰禪
師遊出世湖山乃嗣其法其道微妙而未[illegible]
者器近不能曉悟而公亦不肯少低其韻以[illegible]
循其機因歎曰吾安能貶以就方枘哉聞之
聖賢所爲得志則行其道否則言而已言之行
由是爲萬世法使天下學者識度修明[illegible]
而遊正途明矣必自[illegible]而受之謂己之出邪即
[illegible]以攻正祖宗所以來之之迹爲十二

圖 11　至元本

① “今既以……仍舊綴於集末”這段話實是懷悟所注，其即爲修葺《嘉祐序》者，筆者另有文論述。至於“宗慧……無誤耳”則應是宗慧所加，然其人不詳於時地，但最遲不會晚於至元本成書時。

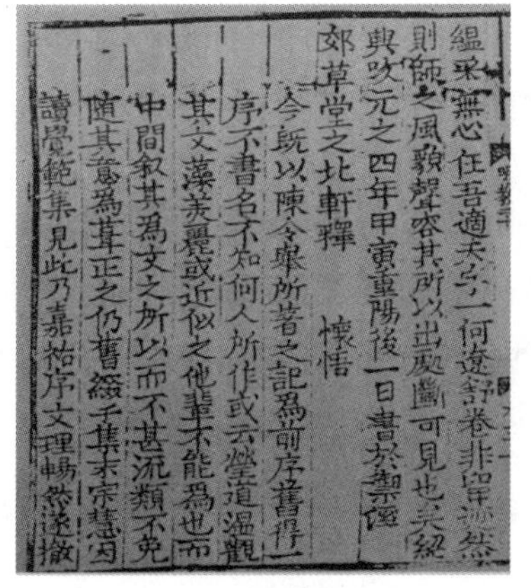

縕釆無心任吾適天兮一何遼舒卷非留亦然
則師之風類聲容其所以出處斷可見也矣紹
興改元之四年甲寅重陽後一日書於禦霞
郊草堂之北軒釋　懷悟
今既以陳令舉所著之記爲前序舊序一
序不書名不知何人所作或云瑩道溫觀
其文藻美麗或近似之他輩不能爲也而
中間叙其爲文之所以而不甚流類不免
隨其意爲葺正之仍舊繇子集末宗慧因
讀覺範集見此乃嘉祐序文理暢然遂撤

圖 12　**祖奎本**

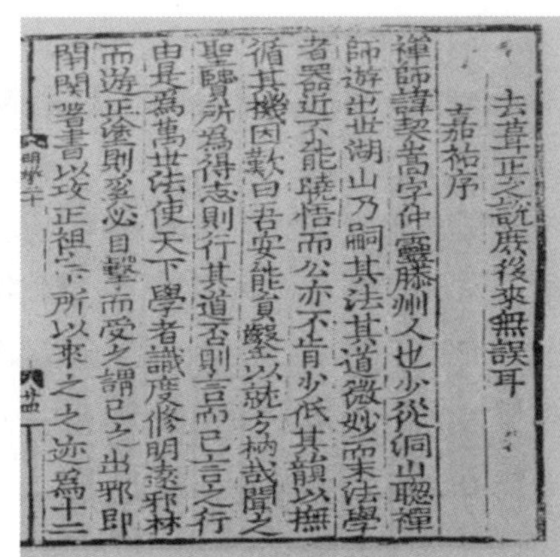

去葺正之說庶後來無誤耳
嘉祐序
禪師諱契嵩字仲靈藤州人也少從洞山聰禪
師遊出世湖山乃嗣其法其道微妙而末法學
者器近不能曉悟而公亦不肯少低其韻以撫
循其機因歎曰吾安能貶鑿以就方枘哉聞之
聖賢所爲得志則行其道否則言而已言之行
由是爲萬世法使天下學者識度脩明遠邪林
而遊正塗則奚必目擊而受之謂已之出耶即
閑開著書以攷正祖宗所以來之迹爲十二

圖 13　**祖奎本**

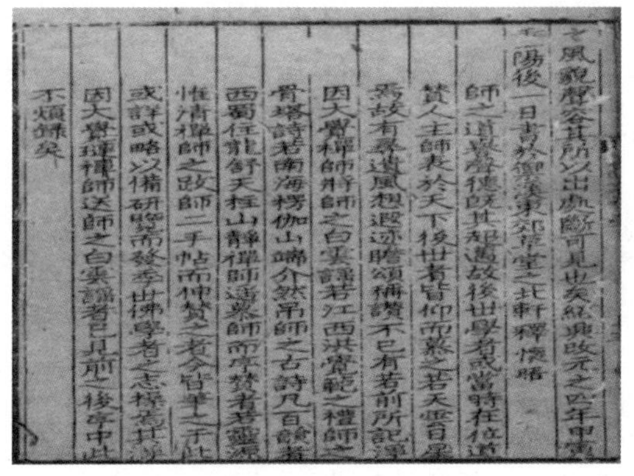

之風類聲容其所以出處斷可見也矣紹興改元之四年甲寅
陽後一日書於禦霞郊草堂之北軒釋懷悟
師之道業學徒既其超邁故後世學者當時在位道
賛人主師表於天下後世者皆仰而慕之若天雲日星
焉故有懷遺風想遐迹瞻頌稱讚不已有若前所記渾
因大覺禪師将師之白雲謠若江西洪覺範之禮師之
骨塔詩若南海楞伽山端介然吊師之古詩凡百餘首
西蜀任龍舒天柱山靜禪師遇泉師而序贊者若靈源
惟清禪師之跋師二手帖而伸贊之者今皆輯之于此
或詳或略以備研覧而發今世佛學者之志揆乎其源
因大覺璉禪師送師之白雲謠者已見前之後序中此
不煩錄矣

圖 14　**至大本**

以上三大方面包含了古籍的主要內容及形式，它們的相同之處足以說明兩者的緊密聯繫。但是它們之間畢竟有異。在文集內容上，至元本集前無序跋，唯集末有釋子成題識一篇，而祖奎本則集前有釋明本、李之仝、釋德洪（即惠洪）等人序跋，集後則有曇噩跋文。祖奎本末卷還收録了居簡《贊明教禪師五種不壞並引》、永中所拾契嵩佚文《豫章西山奉聖院感應觀音事實記》，此爲至元本所無。在版式方面，至元本爲白口，版心署“嵩幾”及頁數，而祖奎本則爲細黑口，版心則署有“鐔津序”“輔教序”以及“明教一”至於“明教二十”等。這種差異說明祖奎本雖以至元本爲底本，但它確也是經過了整理的新版本，故而不是宋本，而日本南北朝時代刊本《鐔津文集》便不能徑稱爲“覆宋刊本”。

三、中國國家圖書館藏殘本《鐔津文集》版本辨年

中國國家圖書館所藏殘本《鐔津文集》，除祝尚書外，學者多認爲是至大本。關於至大本，國内論及《鐔津文集》之學者如祝尚書、吳洪澤、林仲湘、邱小毛、紀雪娟，實際上都沒見到其書，而最早進行描述的是傅增湘，祝尚書正是據之而考證此殘本的。祝尚書其文曰：

> 日本內閣文庫今猶藏有元至大二年（1309）刻本，傅增湘《經眼録》卷一三記之曰：
>
> 《鐔津文集》二十卷，宋釋契嵩撰。元刊本，中版式，十二行二十四字，細黑口，左右雙闌。每卷後列捐貲助刊人姓名一行或數行。前屏山居士李之全（按："全"，元釋正傳刊本作"仝"）序，次高安沙門釋德洪序，卷尾有至大己酉（二年）比丘永中重刊此集疏，又法珊跋，又林之奇跋，又至大仰山比丘希陵跋。永中跋録後：
>
> 《鐔津集》諸方板行已久，惟傳之未廣，因細其字畫，重新鋟梓。工食之費，荷好事者助以成之，其名銜具題各卷之末。惟冀義天開朗，性海宏深，庶有補於見聞，抑普資於教化者矣。至大己酉孟春，吳城西幻住庵比丘永中謹志。
>
> 按：此書寫刻工麗方整，極似宋刊。然考《經籍訪古志》，求古樓宋刊本爲十行十八字，與此版式固不同也。
>
> 《日本漢籍録》謂"此本卷十五至卷十七，爲日本室町時期人所補寫"。又永中跋稱"諸方板行已久"，則是集宋刊似非止一種。①

可以看到，傅增湘詳細描述了至大本的版式、前後序跋，並録有永中跋文，而從《日本漢籍録》可以看到此至大本卷十五至卷十七爲後人補寫。中國國家圖書館所藏殘本自然不涉及補寫文字面貌，但傅增湘所列信息卻仍可作爲判斷此本之依據。

中國國家圖書館所藏殘本今所存者爲前十七卷，缺後三卷，故考證時只能利用集前序跋和文集版式兩個方面。祝尚書云："觀其版式與至大本

---

① 祝尚書《宋人別集敘録》，第182～183頁。

同，又有李之仝（或作‘全’），當即翻刻至大本。”① 他認爲版式相同，卻説是翻刻本，而不直接判爲至大本，大抵是因爲集前序跋與傅增湘所説有異，而其又未曾親見至大本之故。他描述中國國家圖書館藏殘本時説“前有李之仝序，釋德洪題識及序”②，拿不准是“李之仝”還是“李之全”，故而判爲翻刻本，並認爲此本爲“元刊一部，乃元釋正傳、彌滿等刻”③。

另外對此元殘本作詳細考證的是邱小毛、林仲湘《〈鐔津文集〉的成書與國家圖書館藏元刊殘本考》一文，云：

> 今檢元殘本，李之仝序前尚有《重刊鐔津文集疏並序》（以下簡稱《疏並序》），題下署“幻住沙門［釋］明□撰”。考所謂“幻住沙門”，實乃元代禪門宗匠釋明本（1263—1323）。“（明本）雖不主持禪宗寺院，但每至一處，求學者慕名而至，自然而成一修行道場。從元貞二年（1296）到大德六年（1303），是明本庵居修行階段。”對其庵居之庵，明本喜以“幻住”命名，如弁山幻住庵、平江幻住庵、西天目山幻住庵，等等，對此明本在其爲弁山、平江二庵所作庵記中曾詳細説明緣由。明本“依幻而住三十載”，稱其法門爲“大幻法門”，名其家訓爲《幻住家訓》，對人每自稱“幻人”，與人問答則自謂“幻曰”，而人亦稱其爲“幻住庵主”“幻住頭陀”。故所謂“幻住沙門”，在有元一代可謂明本專有稱號。又，《藏園群書經眼録》記至大本後有“吴城西幻住庵比丘永中”重刊疏及“仰山比丘希陵”跋，考“吴城西幻住庵”實即平江幻住庵，此庵由明本於大德四年（1300）創立，未幾即將庵務交與嗣法弟子永中，而仰山希陵則與明本爲法門叔侄，二人交遊甚勤。合勘以上，庶可斷定《疏並序》的作者當即釋明本其人。④

此元殘本前有一《重刊鐔津文集疏並序》，祝尚書誤爲李之仝作，邱、林二人考其爲幻住庵主釋明本所作。又據傅增湘《藏園群書經眼録》所記

---

① 祝尚書《宋人别集敘録》，第 183 頁。

② 祝尚書《宋人别集敘録》，第 183 頁。

③ 祝尚書《宋人别集敘録》，第 183 頁。

④ 邱小毛、林仲湘《〈鐔津文集〉的成書與國家圖書館藏元刊殘本考》，《古籍整理研究學刊》2012 年第 2 期，第 12 頁。

《鐔津文集》後有釋永中之疏、釋希陵之跋，而此二人一爲明本嗣法弟子，一爲明本法侄，更斷定此文爲明本所作。

在此考證基礎上，邱、林二人曰："元殘本前既有明本《疏並序》，則其卷尾雖闕，亦可斷定是本即傅增湘《經眼録》所記元至大本。《經眼録》記至大本前有李之仝序，後有永中重刊疏、希陵跋，然亦不記明本《疏並序》，則未知其故。"[①] 二人又論曰："合勘明本、永中重刊疏，則知此次重刊乃由師徒二人發起，衆人捐貲助刊。今檢元殘本，各卷卷後所列捐貲助刊人，主要爲'吴城''吴中''吴門'衆寺僧尼，據此益見其刊刻乃由明本、永中主其事，是本當即傅增湘《經眼録》所記至大本無疑。"[②] 他們顯然也未曾見到至大本其書，也僅是據傅增湘所記推測。既見有明本所作《重刊鐔津文集疏並序》，又以此序參永中重刊疏，結合此殘本每卷後所録捐貲助刊者皆幻住庵所在吴地人，故推定此殘本即至大本。至於此本與傅增湘所記不合者，如未及明本《重刊鐔津文集疏並序》，他們反認爲是傅增湘失載。

很明顯，無論是祝尚書還是邱小毛、林仲湘，都看到了中國國家圖書館藏殘本與傅增湘所載至大本之有同有異，但前者重視其異，故謹慎謂之非一本，後者偏重其同，故謂二者皆至大本。

傅增湘所載並無疏漏，真正的至大本就是他所述形貌。筆者手中有一影印本，觀其形貌當爲日本內閣文庫所藏至大本。其例證有四，如下。

第一，此本序跋，集前依次爲李之仝序（圖 15）、德洪序（圖 16），集後爲永中重刊疏（圖 17）、法珊跋（圖 18）、林之奇跋（圖 19）、希陵跋（圖 20），其篇目及其次序與傅增湘所說無異。

第二，此本所録永中跋文內容爲"鐔津集諸方板行已久……吴城西幻住庵比丘永中謹志"（圖 17），與傅增湘所載完全一致。

---

① 邱小毛、林仲湘《〈鐔津文集〉的成書與國家圖書館藏元刊殘本考》，《古籍整理研究學刊》2012 年第 2 期，第 13 頁。

② 邱小毛、林仲湘《〈鐔津文集〉的成書與國家圖書館藏元刊殘本考》，《古籍整理研究學刊》2012 年第 2 期，第 13 頁。

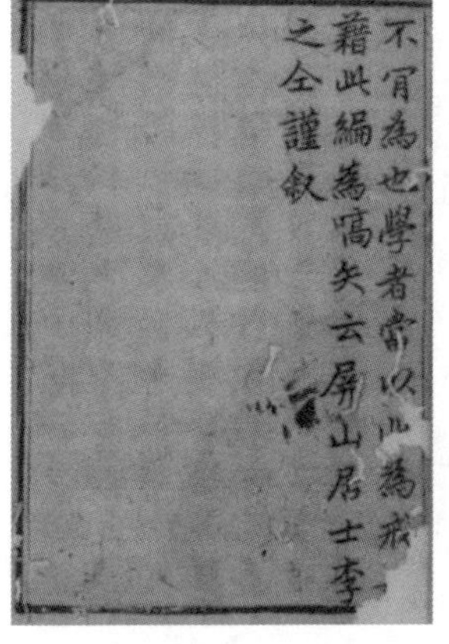
不肎為也學者當以此為戒
藉此編為嚆矢云屏山居士李
之全謹敘

圖 15

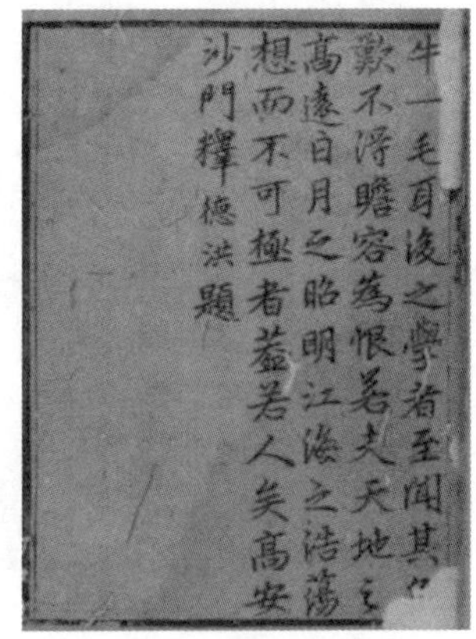
牛一毛耳後之學者至聞其
歎不得瞻容為恨若夫天地之
高遠日月之昭明江海之浩蕩
想而不可極者蓋若人矣高安
沙門釋德洪題

圖 16

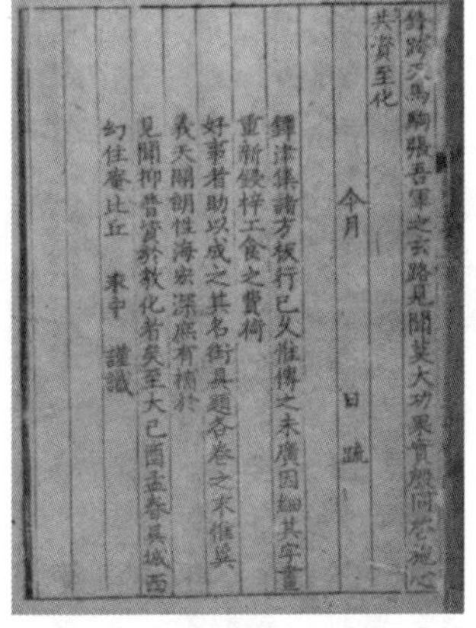
錚錚又為駒騠吾宗之云路見聞莫大功果實般同於施心
共資至化
今月　　日疏
鐔津集諸方板行已久惟傳之未廣因細其字畫
重新鋟梓工食之費椅
好事者助以成之其名銜具題各卷之末俾其
義天開明性海宏深庶有補於
見聞抑普資於教化者矣至大己酉孟春具城西
幻住庵比丘　秉中　謹識

圖 17

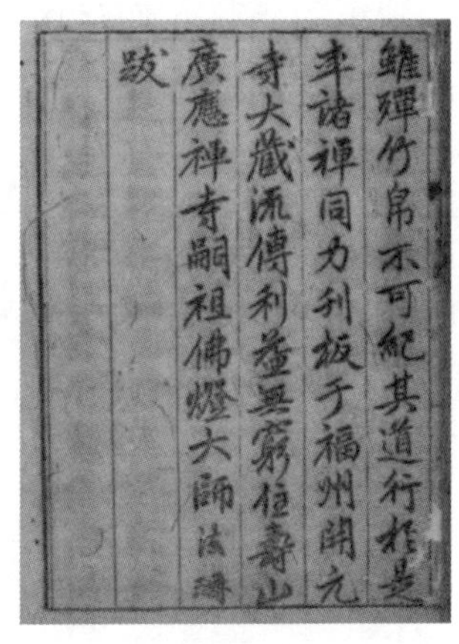
雖殫竹帛不可紀其道行於是
率諸禪同力刋板于福州開元
寺大藏流傳利益無窮住壽山
廣應禪寺嗣祖佛燈大師法琦
跋

圖 18

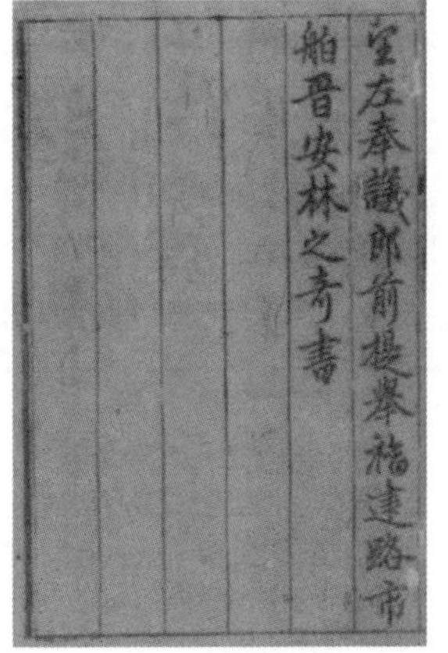
宣左奉議郎前提舉福建路市
舶晉安林之奇書

圖 19

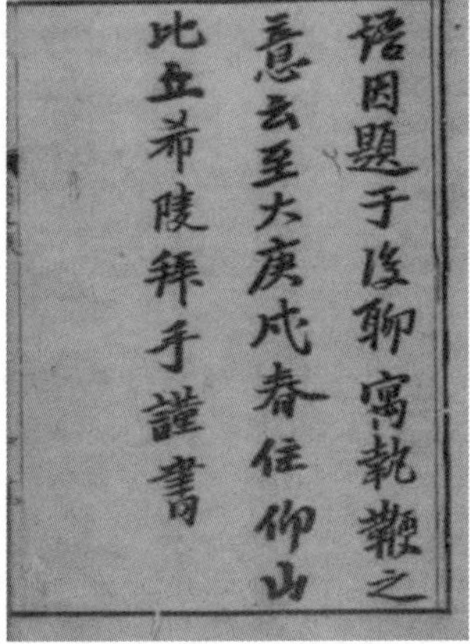
語因題于後聊寓執鞭之
意云至大庚戌春住仰山
比丘希陵拜手謹書

圖 20

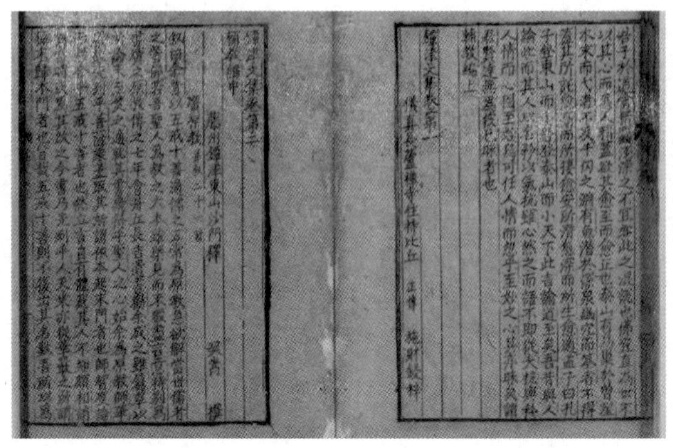

圖 21

第三，傅增湘說至大本版式爲“中版式，十二行二十四字，細黑口，左右雙闌。每卷後列捐貲助刊人姓名一行或數行”。此版本與其說一致。如圖 21。

第四，據《日本漢籍録》，日本內閣文庫所藏至大本卷十五至卷十七爲日本室町時期人所補寫，則筆記自然不同，而此本與其說一致。如圖 22、圖 23。

圖 22

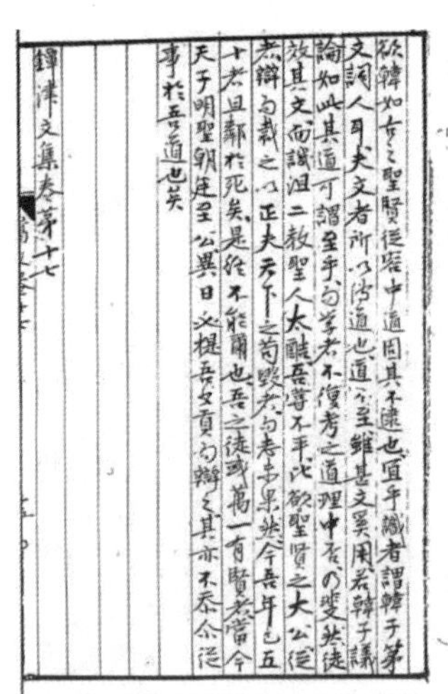

圖 23

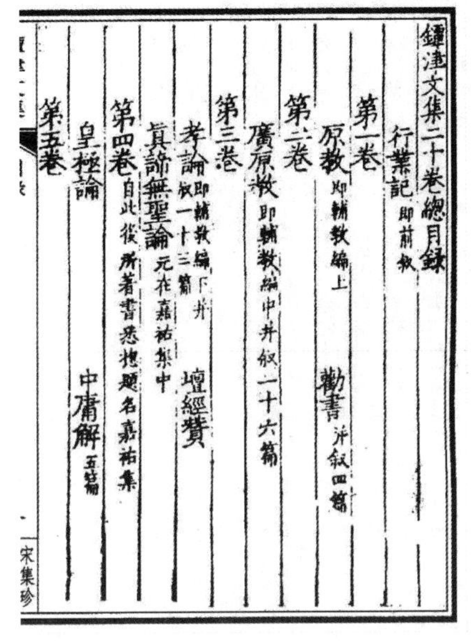
鐔津文集二十卷總目錄
行業記 即前叙
第一卷
原教 即輔教編上　勸書 并叙四篇
第二卷
廣原教 即輔教編中并叙一十六篇
第三卷
孝論 即輔教編下并叙一十三篇　壇經贊
眞諦無聖論 元在嘉祐集中
第四卷 自此後所著書悉揔題名嘉祐集
皇極論　中庸解 五篇
第五卷
宋集珍

圖 24

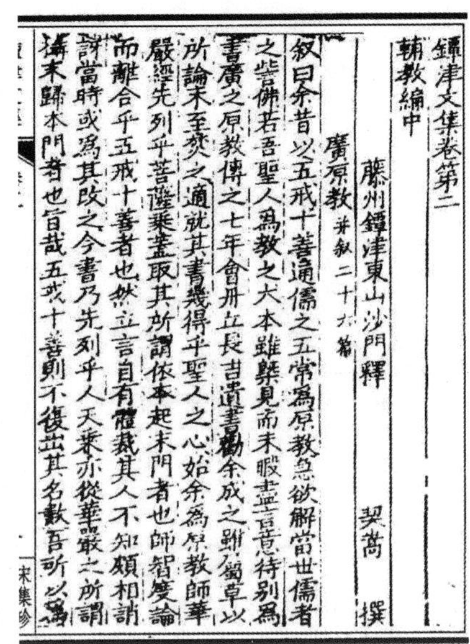
鐔津文集卷第二
輔教編中
藤州鐔津東山沙門釋　契嵩　撰
廣原教 并叙二十六篇
叙曰余昔以五戒十善通儒之五常爲原教急欲解當世儒者
之訾佛若吾聖人爲教之大本雖槩見而未暇盡言意待別爲
書廣之原教傳之七年會冊丘長吉遺書勸余成之雖蜀草以
所論未至焚之適就其書幾得乎聖人之心始余爲原教師華
嚴經先列乎菩薩乘盡取其所謂依本起末門者也師智燮論
而離合乎五戒十善者也然立言自有體裁其人不知頗相誚
誚當時或爲其改之今書乃先列乎人天乘亦從華嚴之所謂
攝末歸本門者也旨哉五戒十善則不復出其名數吾所以爲
宋集珍

圖 25

筆者手中之本既爲至大本，據此可與中國國家圖書館藏殘本《鐔津文集》相較，從而斷其性質與年限。

由於中國國家圖書館藏殘本《鐔津文集》缺卷十八至卷二十，而日本內閣文庫所藏至大本卷十五至卷十七又爲後來補寫，故兩者之比較便在前十七卷所涉之內容。通過對比，可以發現它們之間有同有異。

從同的方面說，殘本《鐔津文集》與日本內閣文庫藏至大本相比，版式相同，目録、正文之文字完全一致。從異的方面說，殘本《鐔津文集》與日本內閣文庫藏至大本相比，其集前序跋之篇目不同。殘本《鐔津文集》前所收序跋分別爲明本《重刊鐔津集疏並序》（圖 26）、李之仝《輔教編敘》（圖 27、圖 28）、德洪《題輔教編》（圖 29）、德洪《嘉祐序》（圖 30、圖 31）、佚名之文（即“皆世傳鐔津集所無者……”，圖 32），而至大本集前只有李之仝《輔教編敘》、德洪《題輔教編》兩文。

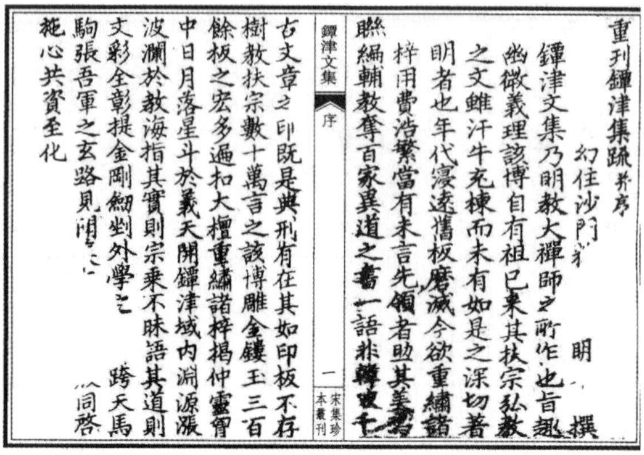

重刊鐔津集跋并序
幻住沙門　明　撰
鐔津文集乃明教大禪師之所作也旨趣
幽微義理該博自有祖已來其扶宗弘教
之文雖汗牛充棟而未有如是之深切著
明者也年代寖遠舊板磨滅今欲重繡諸
梓用費浩繁當有未言先領者助其美者
聯編輯教奪百家異道之書一語非轉更千

鐔津文集　序　一　宋集珍本叢刊

古文章之印既是典刑有在其如印板不存
樹教扶宗數十萬言之該博雕金鏤玉三百
餘板之宏多遍和大檀重繡諸梓揭仲靈實
中日月落星斗於義天開鐔津域内淵源漲
波瀾於教海指其實則宗乘不昧語其道則
文彩全彰提金剛劍斷外學之　跨天馬
駒張吾軍之玄路見聞之　同啓
施心共資聖化

圖 26

娑婆教體本在　旦根機
亦多明敏故大取　以種種
文身句義具方便智足宜說法
諸佛弟子莫不皆得無礙辯才
大解脫門所以摧伏外道扶護
宗乘不得不爾蓋亦哀憫世智
辯聰為第一障能造無閒業者
決是利根衆生故也以崔浩之

鐔津文集　序　二　宋集珍本叢刊

博學而行真君之事以李德裕
之高才而下會昌之詔雖像季
以來佛法浸微亦坐其徒不能
發明之耳西方之書名字音聲
與東夏不同諸儒多以為異端
盡力而攻之欲其破　宋仁
廟時歐陽脩作　上
石守道作怪說

圖 27

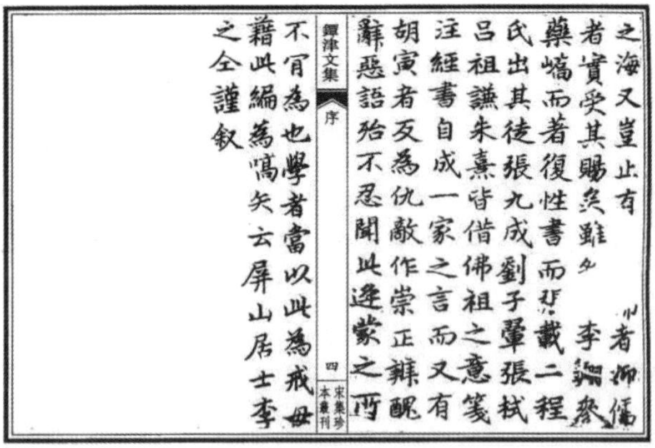

之海又豈止有　者猶儒
者實受其賜矣雖　李綱參
藥嶠而著復性書而　載二程
氏出其徒張九成劉子翬張栻
呂祖謙朱熹皆借佛祖之意箋
注經書自成一家之言而又有
胡寅者反為仇敵作崇正辯醜
詆惡語殆不忍聞此逢蒙之所

鐔津文集　序　四　宋集珍本叢刊

不肎為也學者當以此為戒毋
藉此編為嚆矢云屏山居士李
之全謹叙

圖 28

嗚呼正法明夷久矣告封文
執僞更相是非聖智圓融凡情
守隙否極則泰挺生英特則
永安禪師其人也握管[illegible]風懸
河瀉辯推慈悲於教義會孔墨
以泌流巍巍乎晃晃乎寔當世
不可得也凡所著集雖不欲傳
其在四方好事者之所錄殆九
鐔津文集 序 五 宋集珍本叢刊
牛一毛耳後之學者至聞其名
歎不得瞻容爲恨蓋夫天地之
高遠日月之照明江海之浩蕩
想而不可極者蓋若人矣高安
沙門釋德洪題

圖 29

禪師諱契嵩字仲靈藤州人也
少從洞山聰禪師游出世湖山
乃嗣其法其道微妙而末法學
者器近而不能曉悟而以亦不
肯少低其韻以撫循其機因歎
曰吾安能圓鑿以就方枘哉聞
之聖賢所爲得志則行其道否
則言而已言之行由是爲萬世
鐔津文集 序 六 宋集珍本叢刊
法使天下學者識度脩明之之
林而迹正塗則疑必目擊而受
之謂已之出鄭即閉關著書以
致正祖宗所以來之二述爲十
二卷又別定祖圖書成攜之京
師因內翰王公素獻之仁宗皇
帝又爲書先爲上讀至臣留爲
道不爲名爲法不爲身歎愛其

圖 30

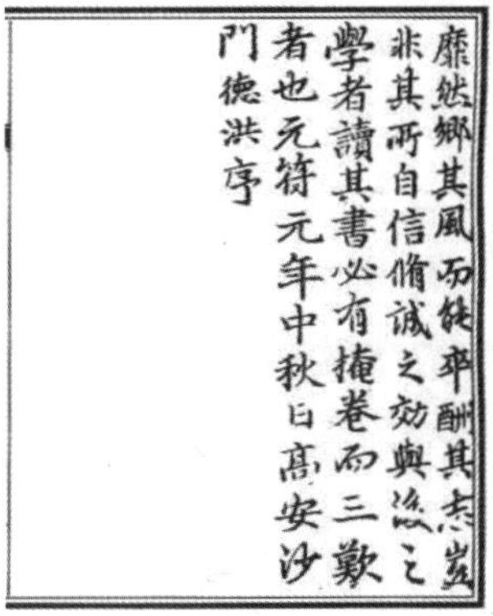

靡然鄉其風而從來酬其志豈
非其所自信脩誠之効與後之
學者讀其書必有掩卷而三歎
者也元符元年中秋日高安沙
門德洪序

圖 31

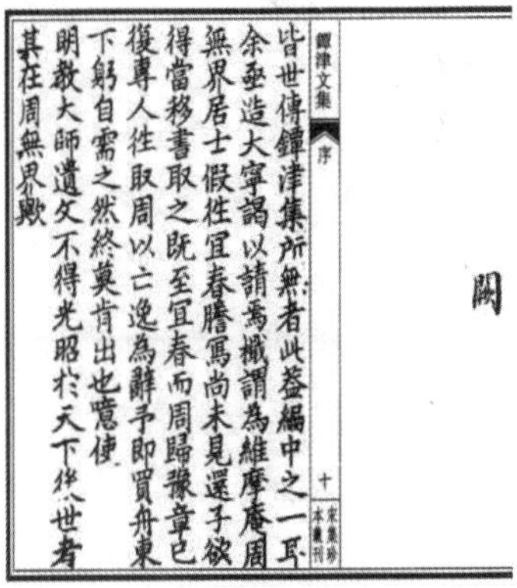

皆世傳鐔津集所無者此蓋編中之一耳
余亟造大寧謁以請焉楲謂爲維摩菴周
無界居士假往宜春謄寫尚未見還予欲
得當移書取之既至宜春而周歸豫章已
復專人往取周以亡逸爲辭予即買舟東
下躬自需之然終莫肯出也噫使
明教大師遺文不得光昭於天下後世者
其在周無界歟
鐔津文集 序 十 宋集珍本叢刊

闕

圖 32

值得注意的是，明本《重刊鐔津集疏並序》、佚名之文雖不在至大本集前，卻也可在集中找到痕跡，如圖 33、圖 34、圖 35。

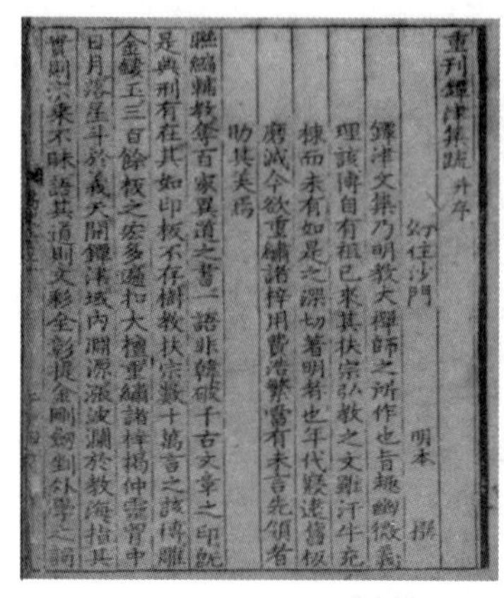

圖 33

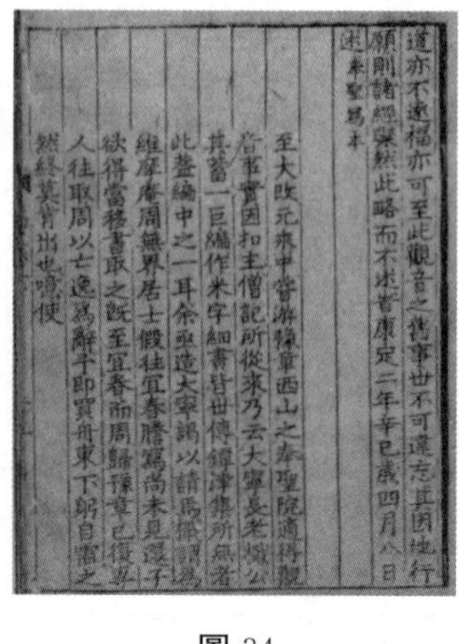

圖 34

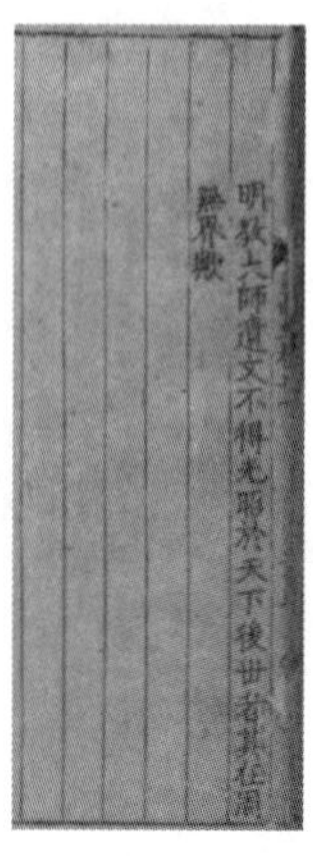

圖 35

可以看到，殘本因闕而佚名之文，實際上是永中爲《豫章西山奉聖院感應觀音事實記》所作文後説明，並非《鐔津文集》序跋。而殘本中明本《重刊鐔津集疏並序》與永中所作《豫章西山奉聖院感應觀音事實記》文後説明，其版式、文字排列與至大本並不相同。

除此之外，殘本《鐔津文集》前所收德洪《嘉祐序》則無論在至大本前後序跋還是正文中都找不到任何痕跡。

由以上同異方面之比較可以得出結論，這個版本與至大本有關係，尤其是目録、正文、版式幾乎完全相同，但是其集前序跋與至大本相異，可見它並非至大本（至少集前序跋不是）。

那麼，中國國家圖書館藏殘本《鐔津文集》究竟是怎樣一個版本呢？此殘本今所見卷首總目録、前十四卷正文與日本内閣文庫所藏至大本完全一致。若以此爲基礎推理，則其第十五卷至二十卷正文應當也是至大本形貌。若是如此，則此殘本之第二十卷理當是收有明本《重刊鐔津集疏並序》與永中所作《豫章西山奉聖院感應觀音事實記》文後説明的，如此則其在集前復録此二文，不就重複了嗎？尤其是永中所作文後説明，並非《鐔津文集》序跋，而是附在《豫章西山奉聖院感應觀音事實記》文後的，二者本不應分割，則此一段説明文字又怎麼就被割裂到了集前，而成爲類似序跋的文字呢？從這種亂象來看，此殘本《鐔津文集》頗像是被人將至大本正文與一些序跋文字淆亂放在了一起，而現代學者又將此種淆亂之態視爲一個重新編纂的版本。但是情況似乎又並非如此，此殘本集前四篇序跋與永中説明文字被如此收録並以此序排列，在《鐔津文集》其他版本中也是有的，這便是祖奎本。

祖奎本《鐔津文集》集前序跋，其篇目與中國國家圖書館藏殘本《鐔津文集》完全一致，亦先後爲明本《重刊鐔津集疏並序》（圖 36）、李之仝《輔教編敘》（圖 37、圖 38）、德洪《題輔教編》（圖 39）、德洪《嘉祐序》（圖 40、圖 41）、永中《豫章西山奉聖院感應觀音事實記》文後說明（圖 41、圖 42）

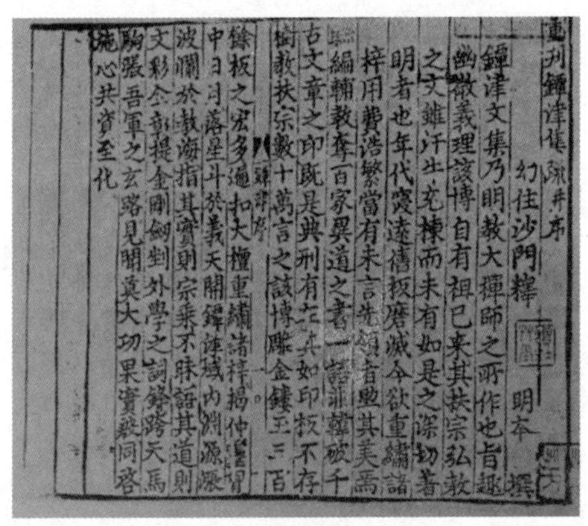

重刊鐔津集疏并序
幻住沙門釋　明本　撰
鐔津文集乃明教大禪師之所作也旨趣幽微義理該博自有祖已來其扶宗弘教之文雖汗牛充棟而未有如是之深切著明者也年代寖遠僑板磨滅今欲重繡諸梓用費浩繁當有未言先領者惠其美焉
編輔教牽百家異道之書一歸正轍破千古文章之印既是典刑有在其如印板不存
樹教扶宗數十萬言之該博雕金鏤玉三百餘板之宏多遍扣大檀重繡諸梓揭仲冬
中日月落星斗於義天開鐔津城內淵源波瀾於教海指其實則宗乘不昧語其道則文彩全彰提金剛劍剗外學之詞鋒跨天馬驅張吾軍之玄路見明真大功果實欲同啓
沆心共資至化

圖 36

圖 37

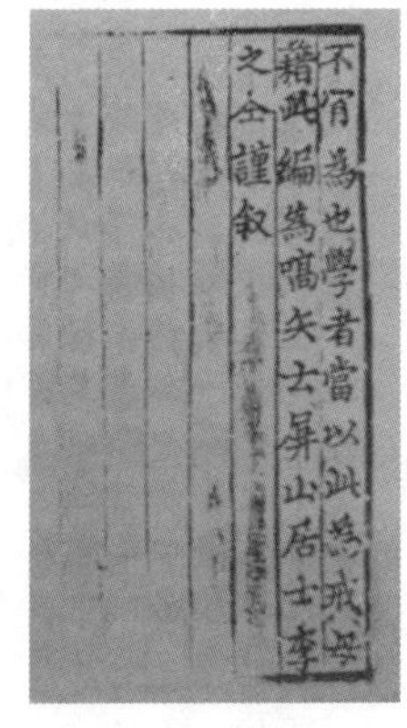

不宥爲也學者當以此爲戒焉
籍此編爲嚆矢云昇山居士李
之仝謹敘

圖 38

圖 39

圖 40

圖 41

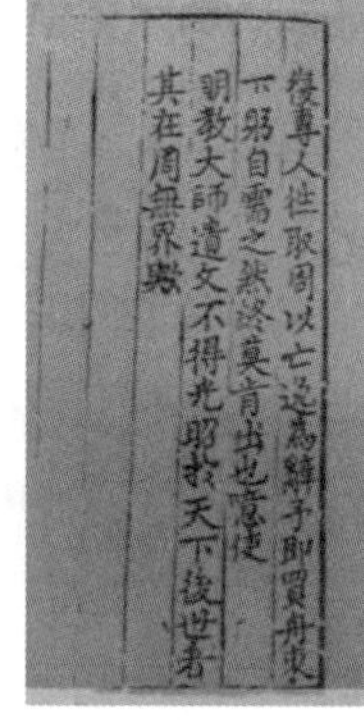

後募人往取同以亡逸爲録予即買舟東
下躬自訪之然終莫肯出也噫使
明教大師遺文不得光昭於天下後世者
其在周無界歟

圖 42

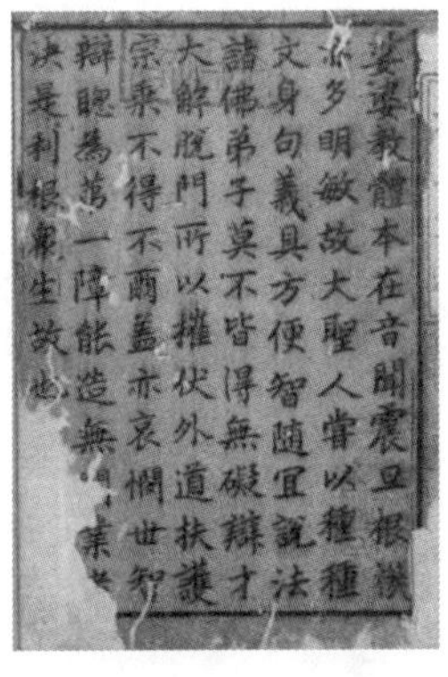

娑婆教體本在音聞震旦根機
亦多明敏故大聖人嘗以種種
文身句義具方便智隨宜說法
諸佛弟子莫不皆得無礙辯才
大解脫門所以摧伏外道扶護
宗乘不得不爾蓋亦哀憫世智
辯聰爲萬一障能造無[illegible]業
決是利根衆生故也

圖 43

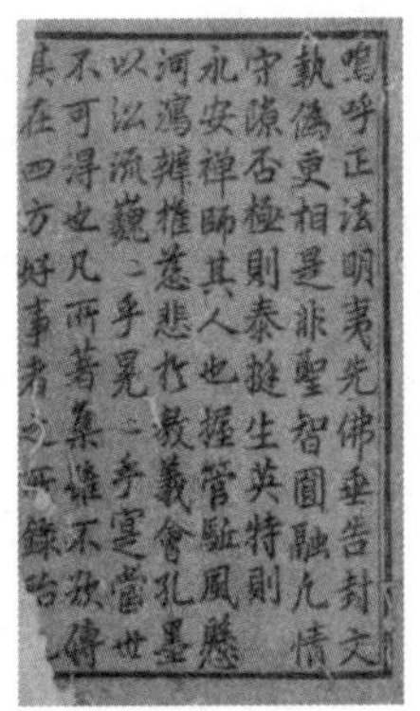

嗚呼正法明夷先佛垂告封文
執偽更相是非聖智圓融凡情
守滯否極則泰挺生英特則
永安禪師其人也握管馳風懸
河瀉辯摧慈悲於教義會孔墨
以泚流巍巍乎晃晃乎寔當世
不可得也凡所著集雖不欲傳
其在四方好事者之所錄皆

圖 44

除篇目及順序一致外，分别對比祖奎本相應諸篇（圖 26 至圖 32），還可發現它們在文字排列上是完全一致的，每行字數以及文字的内容皆相同。所不同者只在於祖奎本爲每半頁十行，而殘本《鐔津文集》則每半頁八行。由此看來，兩個版本之集前序跋必是一方承襲了另一方。

那麽，究竟誰在前誰在後？若殘本在前，則其爲元刊本，若在後，則應是明刊本了。從祖奎本面貌看，其後出是有可能的，原因有二。第一，祖奎本除未收至元本末子柔題識外，幾乎全部復刻至元本。而集末部分則又吸納了至大本（或源出至大本）内容，將至大本始有的居簡《讚明教禪師五種不壞並引》、永中所尋得的《豫章西山奉聖院感應觀音事實記》收入其中。此兩大部分未見有重新編纂之跡，則其集前序跋因循前人便爲可能。第二，祖奎本復刻至元本，故集末收有惠洪《嘉祐序》（此序曾經懷悟修葺，後宗慧又換爲《嘉祐序》原文，至大本即用此原文），但是，其集前序跋中所收惠洪第二篇序正是《嘉祐序》，如此便前後重複。若此集前序跋爲祖奎本始編，不當前後重複而致一集之中。今既重出，則宜爲兩部分承襲於不同對象所致。又，從中國國家圖書館藏殘本《鐔津文集》面貌來看，則其先出亦是可能的，原因有二。第一，此殘本所收李之仝《輔教編敘》（圖 27）、德洪《題輔教編》（圖 29），分别對應於至大本文字（圖 43、圖 44），可發現它們在筆跡上是完全一樣的，而與祖奎本則不同。如果殘本是以祖奎本爲對象而書寫，筆跡不可能會與至大本所收者完全一致，這説明殘本兩文乃直接從至大本來。第二，至大本在目録上雖有“後敘二篇”，但在正文中實際上只有懷悟《鐔津文集序》，既未收惠洪《嘉祐序》原文，也未收經人所修葺者。其集中既無《嘉祐序》，則其於集前收此文便顯得合情合理。所以，從兩個版本情況來看，殘本《鐔津文集》其刊刻當在至大本與祖奎本之間。[①]

① 然而，這並不能排除是明本的可能。因爲在至大本所收李之仝《輔教編敘》首列文字中有“音聞震旦”四字（圖 43），而在殘本的對應位置字跡卻有缺，“音”“震”“旦”三字皆可復而應之，但第二字字形與“聞”字相去甚遠。由其義推測，當是“聽”字。而由“聞”變爲“聽”，其原因最可能的是避諱。元人避諱寬鬆，則其爲明人更具可能，而明惠帝名“允炆”，則“聞”避爲“聽”是可能的。如此，則此殘本當是明惠帝時版本。可惜，關於惠帝避諱情況不清晰，而此條又依於漫漶之文，無他據，今且存疑於此，以資探討。

蜀僧士珪參學、住持考*

李　熙

四川省社會科學院文學與藝術研究所

摘　要：士珪爲兩宋之際臨濟宗禪師，考察其參學行跡，可發現其在北宋後期出家爲僧、出蜀和從黃龍宗轉到楊岐宗與佛教發展、宗派傳播、地方文化、個性特點等相關的動因；考察其住持經歷，可發現士珪與士大夫、其他僧侶的深入交往及其宗教成就。這些考證本身還具有方法論意義，即士珪本人的生平記載有不夠準確、詳細之處，可藉助士珪的老師、交往的僧侶、士大夫的言論和生平始末等相關因素來考證。鑒於同一十方寺院在同一時期只有一位住持，可根據先於或晚於士珪出任該寺院住持的僧侶的相關記載來部分確定士珪的住持時間，有時這又關係到其他十方寺院的住持變動情況。再考慮到士珪是由地方官禮請出任住持，因此在他出任某寺院住持前後相關地方官的任職情況也可與禪籍的相關記載比勘互證。由此我們可對宋代一些叢林大德的“個人史”作較爲深入、詳細的研究。

關鍵詞：士珪　參學　住持

士珪（1083—1146），成都人，俗姓史，字粹中，號竹庵，又號老禪。

* 本文爲國家社科基金項目“宋代僧傳文學研究”（項目編號：14BZW058）階段性成果。

士珪詩、禪兼擅[①]，又“以儒生棄緣”“貫穿經史，下至諸子百家之說，可與論古今天下事”[②]，與文人士大夫和高僧多有交遊。其於兩宋之際輾轉江西、福建、浙江等地寺院擔任住持，能探討禪學宗旨，確立叢林規範，從事寺院建設，吸引信眾，於臨濟宗的發展起到相當的作用。然而，儘管宋代以來包括僧傳、燈録在内不少材料都提及士珪其人其事，但相關記載較爲分散，這些記載本身也有不夠清楚之處，故筆者加以考證，以厘清其人生平基本綫索。

一、士珪的參學

據祖琇《僧寶正續傳》本傳，士珪年十三依大慈寺宗雅首座落髮，執經講筵，志在《楞嚴經》。據《嘉泰普燈録》卷一六《温州龍翔竹庵士珪禪師》，士珪的伯父在士珪出家問題上起到了重要作用：父母不同意士珪出家，於是士珪不食，並在其伯父幫助下得以出家。

士珪早年所依大慈寺義學最盛，但他後來卻出蜀，成爲禪師。關於宋代蜀僧南遊的原因說法不一，值得注意的是以下三種觀點。首先，據惠洪《禪林僧寶傳》等記載，蜀僧往往沒有因學習佛教經論而解決思想或學理上的疑問，受到他人（尤其是曾南遊參禪的僧侶）指點或影響遂出蜀參禪，最終開悟。惠洪的禪教一致說向來爲學者所注意，但他認爲二者之間的關係並非完全平等，教外別傳之禪優越於義學，反對用義學來衡量禪。[③] 另外，惠洪乃江西人，其生活的年代江西禪宗興盛，江西也被公認

① 在宋代，士珪以“文章僧”爲士大夫所知（《枯崖和尚漫録》卷中《鐵牛印禪師》），乃至有人用“有竹庵之文采”來評價僧侶（《雙溪類稿》卷二七《請智老住廣福疏》）。今《全宋詩》卷五七四據《續古尊宿語要》等録其詩偈 1 卷，卷一四七七“珪粹中”名下又録詩 1 首，朱剛、陳珏《宋代禪僧詩輯考》續輯 19 首，另《全宋文》卷三七七三録其詩 2 首。在禪學方面，士珪曾與宗杲定臨濟宗旨、著《頌古》110 篇、集《禪林寶訓》，又《聯燈會要》卷一七《福州鼓山士珪禪師》、《續古尊宿語要・竹庵圭和尚語》等載其說法機語；士珪住鼓山時，還曾重勘同門善悟所編清遠之語録。關於其詩禪方面的具體成就須另文探討，此處不贅。

② 程邁《重修湧泉寺碑》，載曾棗莊、劉琳主編《全宋文》第 137 冊，上海：上海辭書出版社，2006 年，第 282 頁。

③ 惠洪《禪林僧寶傳》卷一一《天衣懷禪師》“贊”、卷二三《泐潭真淨文禪師》“贊”，《卍續藏經》第 137 冊，臺北：新文豐出版公司，1983 年，第 489、534 頁。

爲禪宗法道之源[①]，《禪林僧寶傳》八十一位傳主中幾乎半數人的籍貫、得法地或駐錫地在江西，地方意識甚明。因此《禪林僧寶傳》的相關記敘即便有事實依據，也很能代表惠洪本人的看法。祖琇《僧寶正續傳》某些傳記也有類似傾向，卻沒有這樣解釋士珪南遊的原因，只是說士珪在大慈寺學經論五年後，伯父持一居士勸他南遊。其次，行秀《萬松老人評唱天童覺和尚頌古從容庵録》卷六說，士珪對《楞嚴經》有自己的領悟，其伯父很是讚賞，於是鼓勵他南遊。此說強調了士珪反對二元對立、主張心意識爲空的觀點，并以士珪出世後的說法語句爲證，沒有將義學修養與參禪對立起來，而是認爲士珪不僅有義學修養而且得教外別傳之意。此說還被收入《佛祖綱目》《楞嚴經宗通》《楞嚴經疏解蒙鈔》等佛教典籍，是對士珪出蜀原因的解釋中最有影響的一種。最後，到了清代，自融等人提供了一種具有文化意味的解釋。據其《南宋元明禪林僧寶傳》卷一《龍翔竹庵珪禪師》，宗雅察覺士珪器度宏大，意其南詢，乃盛讚真歇（清了）之爲人；撰者又進一步解釋說清了未出蜀時亦習講於大慈寺。宗雅勸士珪依清了雖無確證，卻可以發現這種說法考慮到器度、爲人、同鄉、先後在同一寺院學習等文化因素而不是單純注重宗教因素。問題在於撰者的進一步解釋容易使人以爲清了早於士珪出蜀。其實根據二人行跡推算，士珪出蜀早於清了：士珪十八歲後出蜀，大概在元符三年（1100）；而清了的生卒年雖有不同記載，但各種資料都表明他十八歲方才得度具戒、赴大慈寺聽經論，後東行出蜀，而他到鄧州丹霞山參子（德）淳的時間無論如何也不可能早於子（德）淳住丹霞之始的崇寧三年（1104）。[②] 因此，自融的這種解釋可能有誤。當然，士珪出蜀後的確得到清了的幫助，宋人對此早有記載（詳後）。

士珪出蜀後飽參諸方，特別是到今湖北、湖南、江西、浙江等地參謁過多位叢林大德。其上述行跡有兩個重要特點：一是參禪對象多屬“黄龍宗派”（語見張商英《黄龍崇恩禪院記》），如守智、元肅、惟清、惠洪，蓋該宗派北宋中後期勢頭正盛，龍象輩出；二是參禪對象或爲蜀僧，或與

---

① 惠洪《石門文字禪》卷二二《吉州禾山寺記（代）》，四部叢刊初編影明徑山寺本，上海：上海書店出版社，1989 年，第 243 頁。

② 韓韶《隨州大洪山十方崇寧保壽禪院第四代住持淳禪師塔銘》，載楊守敬《湖北金石志》卷一〇，謝承仁主編《楊守敬集》第 5 冊，武漢：湖北人民出版社，1988 年，第 803 頁。

蜀僧、蜀地有密切關係，如玉泉勤、元肅、歸正。上述僧侶生平多見於宋代佛教典籍，其中特別值得一提的是“玉泉勤”。玉泉寺位於荊門軍當陽縣，歷史上該寺或教或律或禪，宋真宗時期改額“景德禪院（寺）”①，始定制爲禪林。宋代盛行三國蜀將關羽以神力助智者大師造玉泉寺之類傳說，而“黄龍宗派”祖師惠南則用關羽打供之事來啓發曾到該寺的蜀僧領悟心法。② 還值得注意的是，元豐辛酉（1081），張商英應承皓之請爲後者新建的玉泉寺關王祠堂爲記，將關羽的忠義精神與佛教相聯結，首創關羽護法之説。③ 該寺當楚蜀之交，是僧人出蜀參禪的常遊之地，對禪宗的發展也有貢獻：勤禪師雖不詳其人，但他擔任該寺住持不遲於元符至崇寧年間，當時像士珪這樣出蜀後先參“玉泉勤”的不乏其人；而在勤禪師之前，謂芳、承皓等蜀僧也曾在此擔任住持、接引學人。另一位值得注意的僧人是元肅。元肅乃惠南禪師法嗣，在當時頗有道望。紹聖四年（1097）張商英知洪州，“聞肅師者，南之高弟，住百丈山，恢復大智規模。會黄龍主僧求去，予謂繼南者非肅不可，乃持疏山中，檄遣縣令佐敦請，師三辭不聽，不得已而至院”④，則元肅是年由百丈遷住黄龍。《建中靖國續燈録》所列元肅弟子像“漢州清泉道隆禪師”“綿州法教疑禪師”“嘉州月殊神鑒禪師”“彭州永寧信詮禪師”“邛州鳳凰山有璲禪師”等駐錫地都在巴蜀。《嘉泰普燈録》列“黄龍元肅禪師法嗣”六人，三人見録，其中齊輔禪師爲閬苑（在今四川閬中）人、北宋丞相陳堯叟之孫，又受惟勝禪師指令南遊；而惟勝亦蜀人，與元肅同爲惠南禪師弟子，曾繼惠南住黄檗，後弘法於成都昭覺寺，影響蜀人甚著。惠洪亦曾云“崇寧間，蜀僧文慧嗣百丈元肅禪師説法此山”⑤，亦可證元肅弟子有蜀僧。由此可見，元肅禪師與巴蜀之間的關聯非同尋常，士珪參元肅不是偶然。

另一位名僧惠洪寫過《珪粹中與超然游舊，超然數言其俊雅，除夕見於西興，喜而贈之》一詩，珪粹中即士珪，粹中乃其字。⑥ 可見士珪出川

---

① 參汪聖鐸《宋代政教關係研究》，北京：人民出版社，2010 年，第 517 頁。

② 惠洪《禪林僧寶傳》卷二九《禾山普禪師》，《卍續藏經》第 137 册，第 557～558 頁。

③ 參蔡東洲、文廷海《關羽崇拜研究》，成都：巴蜀書社，2001 年，第 91 頁。

④ 張商英《黄龍崇恩禪院記》，曾棗莊、劉琳主編《全宋文》第 102 册，第 205 頁。

⑤ 廓門貫徹注，張伯偉、郭醒、童嶺、卞東波點校《注石門文字禪》卷二一《資福法堂記》，北京：中華書局，2012 年，第 1308 頁。

⑥ 周裕鍇《宋僧惠洪行履著述編年總案》，北京：高等教育出版社，2010 年，第 65 頁。

之後曾與惠洪相逢。又據惠洪《陳瑩中自合浦還郴州，時余同粹中寓百丈，粹中請迓之，以病不果。粹中獨行，作此送之》，惠洪與士珪曾一同寓居洪州靖安縣百丈山，士珪又曾前往迎接陳瓘。陳瓘崇寧五年（1106）春還郴州[①]，此時士珪正在百丈山，《僧寶正續傳》本傳說他“晚依百丈歸正首座”當在此前後。另外，《雲臥紀談》卷下還記載了西蜀政書記居百丈山、贈詩給士珪之事，與歸正當即同一人，可與《僧寶正續傳》的記載相互印證。而清遠約於大觀初（1107）住龍門，故士珪當在此後抵龍門參清遠。

士珪抵龍門參清遠前後，其主要參學對象有了一些變化：出現了更多的楊岐宗派的禪師。據《僧寶正續傳》本傳，清遠認爲士珪的知解水準已經很高，只是還未開眼，遂加磨礪，啓發士珪，既曰“絕對待”，則破除二元對立的知解。士珪乃釋去疑情，不再懷疑“東山鐵酸餡”。“東山鐵酸餡”指清遠的老師法演“鐵酸餡”公案[②]，比喻無意義的語句，爲的是啓發學人摒棄知解。二人對話中出現了幾位僧侶，其中不僅士珪爲蜀僧，清遠（臨邛人）和法演（綿州巴西人）也都是蜀僧。按照祖琇《僧寶正續傳》黃龍宗、楊岐宗的分法，法演—清遠—士珪屬楊岐宗，這與士珪早期所參主要爲黃龍宗不同。這一轉變與蜀僧歸正首座的介紹、勸告有關。早在北宋後期悟新禪師就注意到川僧輔助鄉人住院的現象[③]，士珪本人也喜接近蜀人[④]，這在士珪的交遊對象上也可體現出來。當然，按照禪林常規僧人最終還是根據禪法機緣決定宗派法系，而士珪嗣法於清遠顯然符合這一要求。

二、士珪的住持和交遊

據《僧寶正續傳》本傳，政和末年，清遠還褒禪山，士珪隨其前往，和州知州錢公請其開法天寧；清遠謝事，士珪繼席；七年後，九江知州趙

① 周裕鍇《宋僧惠洪行履著述編年總案》，第 108 頁。

② 賾藏主編集《古尊宿語録》卷二〇《舒州白雲山海會（法）演和尚初住四面山語録》，北京：中華書局，1994 年，第 371 頁。

③ 惠泉集《死心悟新禪師語録》，《卍續藏經》第 120 冊，第 251 頁。

④ 惠洪《石門文字禪》卷三《珪粹中與超然遊舊，超然數言其俊雅，除夕見於西興，喜而贈之》，四部叢刊初編影明徑山寺本，第 33 頁。

公請其住東林。清遠政和八年（1118）九月住和州褒禪寺，士珪隨其前往當在此後，和州知州則爲錢景述。清遠於宣和元年（1119）退職，士珪繼席當在是年。據《圓悟佛果禪師語録》卷四，褒山士珪爲清遠設齋辦素食，亦可證清遠宣和二年（1120）遷化前，士珪已住褒禪。七年後遷廬山東林，則時在靖康元年（1126）。祖琇師從士珪的同門正賢，而士珪先後領天寧、褒禪、東林住持事也記載於《續古尊宿語要·竹庵珪和尚語》中，可佐證。本傳又載：

> 未幾胡馬南渡，退居分寧之西峰，結茅於寺旁竹間，號竹庵……及圜悟禪師歸蜀，送別次，圜悟劇稱杲妙喜，師恨未之識。俄避地造仰山，適妙喜亦至，遂相與定臨濟宗旨，偕還南康之雲門庵。妙喜曰："昔白雲端師公謝事圓通，約保寧勇禪師夏居白蓮峰，作頌古一百一十篇，有'提盡古人未到處，從頭一一加針錐'之語。吾二人同夏於此，雖効顰無愧也。"遂取古人公案一百一十則，各爲之頌。發明蘊奧，不開知見户牖，不涉言語蹊徑。①

關於士珪的自號"竹庵"，曉瑩的《雲臥紀談》稱士珪住褒禪時種竹，後退居，稱爲竹庵，與《僧寶正續傳》的說法不同。② 士珪好與高僧和士大夫交遊，特别是與曉瑩之師宗杲交往甚多，曉瑩的記載或另有所據。又據《大慧普覺禪師年譜》引士珪所跋頌古，士珪於靖康元年（1126）居分寧西峰，建炎四年（1130）遷仰山。遷仰山的大背景當是金兵建炎三年（1129）十月徑趨洪州、十二月逼近分寧。克勤於建炎四年（1130）回到蜀地，與士珪臨别前稱許宗杲，當在此年或稍前。其後，宗杲、士珪相會於仰山，但並非如《僧寶正續傳》所敘，之後一起返回南康軍雲門庵。據《大慧普覺禪師年譜》，建炎四年（1130）九月，宗杲到湖湘避難。紹興元年（1131）於仰山見到士珪，二月還雲門庵，三年（1133）四月，士珪自仰山來雲門庵，與宗杲同坐夏，著《頌古》110 篇。《古尊宿語録》卷四七收有《東林和尚、雲門庵主頌古》，亦可證此事③。另外，宗杲和士珪

---

① 祖琇《僧寶正續傳》卷六《皷山珪禪師》，《卍續藏經》第 137 冊，第 609 頁。

② 曉瑩《雲臥紀談》卷下，《卍續藏經》第 148 冊，第 43 頁。

③ 按，此處"東林和尚"即士珪，《全宋詩》編者認"東林和尚"爲道顔，誤。見朱剛、陳珏《宋代禪僧詩輯考》，上海：復旦大學出版社，2012 年，第 402 頁。

還曾在雲門庵共集《禪林寶訓》，在仰山定臨濟宗旨，前者強調叢林規範，後者注重禪學宗旨，都是禪宗史上不可忽視的重要事件。

據《大慧普覺禪師年譜》，紹興三年（1133）九月，宗杲與士珪同訪韓駒於臨川，館於韓駒西齋；四年（1134）二月，宗杲做七閩之行，三月至長樂，館於廣因寺，因遊雪峰，同年又居洋嶼。據呂本中《東林珪、雲門杲將如雪峰，因成長韻奉送》，可知當時戰火不熄，盜賊橫行，宗杲、士珪聞閩粵頗靜，故欲入閩遊雪峰。據韓駒《送東林珪老遊閩五絕句》之三句意，可知士珪入閩前在臨川與韓駒相處逾年；又據韓駒《示珪上人》句意，亦可知士珪乃與宗杲一道入閩。而據李綱《龍眠居士畫十六大阿羅漢讚》和《許崧老賦〈三友篇〉以遺東林珪禪師……余方罷帥事，屏居長樂。珪禪師自江西見過，閱篋中，得崧老二詩，相與讀之愴然，因復追和其韻》，可證紹興四年（1134）三月士珪已至長樂並拜訪李綱。

李綱曾遊廬山東林寺，與士珪爲故交。二人後又相遇於臨川等地，相互唱和。李綱於建炎四年（1130）夏赴閩中，紹興元年（1131）夏攜家寓長樂。[1] 紹興四年（1134）二月，李綱撰《雪峰真歇了禪師一掌録序》，可知清了正居雪峰。據正覺《崇先真歇了禪師塔銘》，可知清了亦蜀僧，早年亦曾在大慈寺聽經論，後出蜀，得法於曹洞宗子（德）淳禪師，建炎四年（1130）十一月至紹興五年（1135）間住雪峰。雪峰寺位於侯官縣西百餘里嘉祥東里，晚唐時有高僧義存住持，爲禪宗名剎，太平興國三年（978）賜名崇聖院。從《東林珪、雲門杲將如雪峰，因成長韻奉送》來看，士珪、宗杲二人應是受清了之邀，故明確說是去雪峰。據《大慧普覺禪師年譜》，紹興四年（1134）宗杲遊雪峰，清了請他爲眾普說。因此，士珪當於是年與宗杲一道遊雪峰。本傳又載：

> 已而入閩，閩帥參政張公宋以聖泉處師，稍遷乾元。俄給事張公致遠移師鼓山，授道元餘，刱新棟宇。[2]

據宗杲《答聖泉珪和尚》，可知士珪曾得王臣之請而住聖泉院。聖泉院位於福州閩縣瑞聖里。李綱《福州聖泉院齋僧疏》稱其爲聖泉禪老，其

---

① 李綱《汀州南安巖均慶禪院轉輪藏記》，載曾棗莊、劉琳主編《全宋文》第 172 冊，第 218 頁。

② 祖琇《僧寶正續傳》卷六《鼓山珪禪師》，《卍續藏經》第 137 冊，第 609～610 頁。

住聖泉當在紹興四年（1134）。張宋當指張守①，“宋”乃形近而訛，張守其時爲福建路安撫大使，知福州。據《中興小紀》卷一三、《建炎以來繫年要録》卷五六，張守於紹興二年（1132）七月知福州。據《建炎以來繫年要録》卷三〇，張守建炎三年（1129）十二月已除參知政事；卷九三又稱紹興五年（1135）九月張守自福州入見。《淳熙三山志》卷二二則稱其於紹興二年（1132）九月知福州，紹興五年（1135）八月赴闕，略有不同。綜合起來看，士珪住聖泉院當在紹興四年（1134）三月之後方有可能。

其後，士珪又住乾元寺。據李綱紹興五年（1135）所作《茅齋成，乾元珪老以拄杖旄牛拂見遺，成二絕句以報之》②，可知士珪是年已遷乾元寺。而據榮嶷《隨州大洪山第六代住持慧照禪師塔銘》，慶預於紹興癸丑（1133）秋入閩，先住乾元；清了禪師方謝事，慶預乃繼住雪峰。而《崇先真歇了禪師塔銘》記清了於紹興五年（1135）退居東庵，則慶預當於是年方有可能由乾元移住雪峰。以此順推，士珪當於紹興五年（1135）方有可能繼慶預禪師之後住乾元；而考慮到張守的離任時間，士珪住乾元當在是年八九月之前方有可能。另外，吕本中也於紹興四年（1134）秋入閩，六年（1136）四月召赴行在，故吕本中在閩中只可能於五年（1135）過夏。③ 士珪、清了與吕本中相往來，屢次約他同庵而居。④ 吕本中《荔子》一詩稱“南征未苦厭關山，荔子今年已厭餐”“門前炎暑三伏旱，坐上冰霜六月寒”⑤，荔枝既熟於夏日，而其《簡乾元珪老》一詩云：“漫有經旬別，頻思一笑開。庭前荔子熟，尚要著詩催。”⑥ 據此可進一步推算，紹興五年（1135）六月前士珪已住乾元寺。

此後，士珪又應張致遠之請住鼓山。張致遠，字子猷，紹興五年（1135）除給事中。《建炎以來繫年要録》卷九五稱他紹興五年（1135）十一月試給事中，卷九九稱他六年（1136）三月知福州，卷一〇一又稱他爲福建安撫使，當是以知福州兼充福建安撫使。據《淳熙三山志》卷二二，

---

① 此觀點承復旦大學中文系朱剛教授賜教，謹致謝忱。

② 趙效宣《宋李天紀先生綱年譜》，臺北：臺灣商務印書館，1980 年，第 184 頁。

③ 王兆鵬《兩宋詞人年譜》，臺北：文津出版社，1994 年，第 400、406 頁。

④ 吕本中《東萊先生詩集》卷一五《乾元、真歇數約他日同庵居》，四部叢刊續編影宋本。

⑤ 吕本中《東萊先生詩集》卷一五《荔子》，四部叢刊續編影宋本。

⑥ 吕本中《東萊先生詩集》卷一五《簡乾元珪老》，四部叢刊續編影宋本。

其於六年（1136）五月知福州，說法略有不同。其請士珪住鼓山的時間不詳，同樣需通過其他史料來加以考證。最直接的史料是程邁於紹興十二年（1142）五月十五日所撰《重修湧泉寺碑》，碑文稱紹興乙卯（1135）福唐大旱，主僧謝事而去，前帥給事張公遷乾元長老士珪繼任住持。[①] “前帥給事張公”當即張致遠。但如前所述，張致遠知福州是在紹興六年（1136），因此，士珪任湧泉寺住持並非始於紹興五年，其原因在於碑文中所載當有時間省略，即省略了乾元寺住持空缺的那段時間；而《重修湧泉寺碑》稱士珪住持乾元寺六年，恐亦是大概之數。紹興六年（1136）四月，呂本中赴行在，其《將發福唐》一詩提到此事，但真正啓程要到是年五月。[②] 據其《別後寄珪粹中（一作鼓山）》一詩，可見呂本中、士珪在閩中相聚二年，詩當作於二人別後不久，而此時士珪已住鼓山。又呂本中《奉呈鼓山、雲門二老》：“汝水相逢今幾年，只今同住海南偏。”[③] 此鼓山當代指士珪，蓋“汝水相逢”指紹興三年（1133）呂本中與士珪、宗杲江西臨川之會（汝水經臨川），“只今同住海南偏”當指同住福州。據此，呂本中紹興六年（1136）五月離開福州之前，士珪就已由乾元寺遷鼓山湧泉寺。

湧泉寺位於鼓山里，始名華嚴寺。梁開平二年（908），神晏居之，號國師館。乾化五年（915），改爲鼓山白雲峰湧泉院。[④] 據《古尊宿語録》卷三四，士珪本人亦稱之爲“福州鼓山白雲峰湧泉禪院”。因得士大夫之助，士珪初到鼓山就將寺院整治一新。據《重修湧泉寺碑》可知，士珪於紹興七年（1137）修五百羅漢閣，八年（1138）創前資湧泉寮，九年（1139）復立老僧閣、設長生度僧會，十年（1140）建法堂，十一年（1141）修白雲老宿窩，可見其住鼓山期間在寺院建設上很有功績。另據張元幹《奉同黄檗慧公、秀峰昌公丁巳上元日訪鼓山珪公，游臨滄亭，爲賦十四韻》，可知紹興丁巳（1137）上元日，士珪居鼓山。士珪本人曾撰有《書鼓山國師玄要廣集後》，可證紹興戊午（1138）三月士珪仍在鼓山

---

① 程邁《重修湧泉寺碑》，載曾棗莊、劉琳主編《全宋文》第137冊，第282～283頁。

② 王兆鵬《兩宋詞人年譜》，第413頁。

③ 呂本中《東萊先生詩集》卷一五《奉呈鼓山、雲門二老》，四部叢刊續編影宋本。

④ 梁克家纂修《淳熙三山志》卷三三《寺觀類一・僧寺》，《宋元方志叢刊》第8冊，北京：中華書局，1990年，第8158～8159頁。按，據《鼓山志》，入宋之後相關碑文習慣上仍多稱之爲“湧泉（禪）寺”。

任住持。又，李綱有《遊山拙句奉呈珪老，並簡諸公》，提到鼓山景物，鼓山新閣亦成於初秋，其中“師”“珪老”當即士珪。冬日重訪，又作《冬日來觀鼓山新閣，偶成古風三十韻》一詩，亦可見士珪住鼓山之作爲。另據《嘉泰普燈録》卷二一《泉州法石中庵慧空禪師》，慧空先至徑山參宗杲，宗杲貶衡陽，乃見鼓山士珪。宗杲紹興十一年（1141）五月貶衡陽，據此可知此後一段時間士珪仍居鼓山。張浚紹興十二年（1142）撰有《重修鼓山白雲湧泉禪寺碑》，乃程邁篆額，碑文亦可證士珪是年正住鼓山。

此外，士珪還一度住越山。據本傳，可知士珪又曾應閩帥張浚（字德遠）之請修福州越山殿閣，數月事成，又回鼓山住持。史料表明，紹興九年（1139）二月，張浚復資政殿大學士，充福建路安撫大使，兼知福州[①]；紹興十一年（1141）十一月，進檢校少傅、崇信軍節度使，充萬壽觀使[②]。《淳熙三山志》卷二二記載略同，不過稱其於紹興九年（1139）三月知福州、十一年（1141）十二月奉祠。又據《僧寶正續傳》卷五《大溈果禪師》，亦可證張浚於紹興九年（1139）充福建路安撫大使，曾請善果禪師住鼓山，則鼓山正虛席方可能有此舉，而士珪當於是年赴越山；善果禪師未至，士珪復歸鼓山亦當在是年。據《淳熙三山志》卷三三，乾元寺東北有越山吉祥禪院，當即士珪所居者。

又據本傳，士珪分别於紹興甲子（1144）、乙丑（1145）住鴈山能仁禪院、龍翔寺。能仁禪院位於温州樂清縣鴈蕩山，初賜名承天寺。後以禁中有承天寺改能仁寺，紹興十二年（1142），郡守閭丘昕奏改能仁禪院，遂爲鴈山大道場。[③]《雲臥紀談》卷上記載鴈蕩能仁禪院遭火災一事，稱士珪用詩偈送楓橋温禪師，其中内容亦可證士珪離鼓山後遷雁蕩能仁。《嘉泰普燈録》卷一六《温州龍翔竹庵士珪禪師》也説他移鴈蕩能仁，乙丑（1145）補江心龍翔。另據《叢林公論》和《五燈會元》卷二〇《温州龍翔竹庵士珪禪師》等記載，士珪紹興間開山鴈蕩能仁，清了居江心，採用九拜等特别的禮節來歡迎他，人們因此而敬仰他。龍翔寺本名江心寺，

---

① 李心傳《建炎以來繫年要録》卷一二六，清廣雅書局刻本。

② 李心傳《建炎以來繫年要録》卷一四二，清廣雅書局刻本。

③ 朱諫《鴈山志》卷二《寺院》，《中國佛寺史志匯刊》第2輯第10冊，台北：明文書局，1980年，第136頁。

在温州永嘉縣江中，因建炎四年（1130）宋高宗駐蹕更名龍翔寺。江中二峰對峙，有斷流截其中，建二寺於其上。據《崇先真歇了禪師塔銘》，可知清了於紹興八年（1138）至十五年（1145）住龍翔寺，十五年（1145）四月赴臨安徑山，其迎士珪歸鴈蕩方丈當在紹興十四年（1144）；而士珪紹興十五年（1145）“補江心”，當是繼清了住龍翔寺，一年後遷化。

從三山燈來住錫天寧寺看聚雲系禪僧的弘法使命感

李志紅

四川大學中國俗文化研究所

摘　要： 聚雲禪系是明清之際巴蜀地區影響最爲顯著的禪系之一，與破山禪系分庭抗禮。本文論述了聚雲派發展中期第三代傳法僧人三山燈來既想要將禪派的影響擴展到江浙，又不願意放棄禪派在四川的經營成果的矛盾心態，進而探討聚雲系禪僧的弘法使命感與禪派壯大的緊密關聯。

關鍵詞： 巴蜀禪宗　聚雲禪系　三山燈來

明清之際，巴蜀地区先後興起了兩支影響較爲顯著的禅系——聚雲禪系與破山禪系，其中聚雲禪系雖在巴蜀地區乃至全國都産生了一定影響，不過到目前爲止，研究者寥寥，仍有許多未明之處待厘清。“聚雲禪系肇始於月明聯池而溯脈於大慧宗杲……開聚雲吹萬禪系者爲吹萬廣真。”[①] 吹萬廣真因住錫重慶忠州聚雲寺而得聚雲之名。聚雲派從川東傳法開始，到第四代弟子别庵性統住持普陀山法雨寺，清康熙年間被扶植成影響較大的新興勢力。禪系可考者有七代，不過在五代以後僅一二弟子可見於史籍。[②] 這個禪系雖然傳承四代即走向衰落，但其在密雲元悟一系獨領風騷

---

① 段玉明《聚雲吹萬禪系研究》，《宗教學研究》2017 年第 3 期，第 93～99 頁。

② 華海燕《興盛與轉移：明末清初忠州聚雲禪派發展史》，《重慶師範大學學報（哲學社會科學版）》2017 年第 5 期，第 76 頁；李志紅《明末清初聚雲禪系研究》，四川大學碩士學位論文，2018 年，第 9～11 頁。

之際，以聚雲吹萬一人而發展至與其並立[①]，勢頭不可謂不足。聚雲禪系的成長有其階段性，第三代弟子三山燈來執掌法印之時爲過渡期，三山前往浙江住錫嘉興天寧寺一事反映了在發展中期聚雲系禪師弘法東南與退守四川的猶疑心態。三山東南之行對聚雲禪系來說意義重大，也對禪系的未來發展產生了影響。

康熙八年（1669）二月，四川武將譚詣建報恩勝會，派人至高峰寺請燈來說法，卻得到燈來即將南下的消息。燈來這次東行的目的是要將聚雲派三代的語録刻入《嘉興藏》。他乘著譚詣資助的船隻，先至漢陽臥雲禪寺拜訪了眉山燈甫和喬松燈億兩位同門。當時聚雲系第三代弟子童真善住持安州簡堂禪院，聽聞燈來路過湖北，特地至臥雲寺與燈來相見。燈來在臥雲寺盤桓月余，正好浙江秀水的沈廷勱落職歸鄉，經過湖北，二人於是一同前往嘉興。到達嘉興後，在沈廷勱的幫助下，燈來在天寧寺寓居了近一年時間。這是燈來住錫天寧寺的大致過程。

燈來這次出行在聚雲禅系僧内部受到很大的关注，這意味着從第三代弟子開始，聚雲派的傳法範圍有了突破。在此之前，吹萬及其門下弟子的傳法範圍基本上限定在川東，從第三代開始有向外擴張的趨勢，比如眉山甫、喬松億和童真善三人走出四川，在湖北傳法說道，其中最爲矚目的還是三山燈來住錫天寧寺一事。

一、沈廷勱與燈來住錫天寧寺

天寧寺位於浙江省嘉興市海鹽縣，創建於漢代，宋崇寧四年（1105）賜額“天寧永祚禪寺”。元末明初高僧楚石梵琦曾住持此寺，正德、嘉靖年間，又有名僧雪江明秀在此處經營。聚雲派在東南影響微弱，而天寧寺作爲一方大刹，燈來能入住，得益於沈廷勱從中斡旋。

沈廷勱與燈來初相識於康熙六年（1667），當時沈廷勱任新寧縣（今四川達州開江縣）尹，“以公事謁夔門太守，道經雲陽，托譚侯先容參見，

---

① “吹萬再傳而得三山燈來，道遂大行。三傳而得普陀性統，更著《續燈正統》四十卷以張之。其視密雲，駸駸乎如大理南詔，與唐宋分疆而治矣。”陳垣《明季滇黔佛教考》，臺北：彌勒出版社，1983 年，第 51 頁。

時諄諄以己事請決，師施以本分鉗錘，當下省入”[①]。在燈來的提點之下，沈廷勱很短時間内便悟到自性。兩人認識後的第二年正月，沈廷勱又將燈來迎至新寧縣。這段時間裏，燈來不時抛出機鋒來勘驗沈廷勱：

> 又一日，士同冷眼侍師閑立次，適見貓逐雞，雞飛入草。士曰：“後哉。”師隨取一片磚置地問士曰：“是甚麽?”士作雞鳴聲。士復顧冷眼云：“雞任這裏貓在甚麽處?”眼便作捉雞勢。師笑云：“這話猶未圓在。”士進前曰：“還許學人圓得否?”師曰：“許。”士便將磚一脚踢去，師乃印可。[②]

燈來在新寧縣寓居三個月，日日與沈廷勱鬥機鋒，舉五家宗旨勘驗。沈廷勱也是個明眼人，燈來取磚問他是什麽，他先以雞對，以暗示萬法無界。見燈來對此答案並不滿意，沈廷勱隨即一脚將磚踢開，這個回答既省卻了言語解釋，又將萬法本空的意旨表達出來。沈廷勱以此舉獲得了燈來的印可，賜名性宗，示號赤肩。沈廷勱有《參學緣起》記載了他在獲得燈來的印可之後，燈來想將弘揚宗門的事也一並托付給他，只是由於沈廷勱參禪是爲了了結自己的煩惱，對宗門事不感興趣，沒有接受。

不管怎麽説，沈廷勱和燈來都有師徒情誼，因而隨侍燈來到達嘉興。燈來在康熙八年（1669）六月寓居天寧寺，七月，沈廷勱即聯結當地名流以及諸山耆德請燈來入住天寧寺。《嘉興諸縉紳請啓》一信所附士人名單就包括曹溶、張天植、王庭、吳鑄、杨雍建、俞之琰、莊日思、陳祚昌、何其仁、朱茂時、錢江、莊鏻、徐世湞、朱一是、張三省、李丹衷、朱介、許宗渾、朱昇、沈大詹、曾王孫、盛民譽、卜陳彝、陳之遵、姚原溈、項玉筍、懷應聘、顧鵬、濮芬。

在這些人的聯合推舉下，以曹溶爲首，代筆作文書請燈來入天寧寺講法，其言：

> 伏以妙喜宗風五百載，雲深雙徑，當陽竹篦十六傳，氣壓諸方。淬鼓山七星之寶劍，迢迢普覺分燈。掛趙州東壁之葫蘆，滴滴西禪法乳。赫爾朝陽啓耀，遐哉秋月凝輝，流法化於錦江巫峡之間，樹崇標

① 性統編《高峰三山來禪師年譜》，第769頁上。
② 性統編《高峰三山來禪師年譜》，第769頁中。

於劍閣銅梁之上。[①]

“妙喜”指的是大慧宗杲，“十六傳”則指由大慧宗杲傳至三山燈來經歷了十六世。曹溶字裏行間之意，大概就是聚雲派對外宣稱的，他們是大慧宗杲流落在四川的一支。曹溶的文章多溢美之詞，如“氣壓諸方”的情形與聚雲派在東南影響微弱的情形不符。沈廷勷在入川之前根本沒有聽説過有聚雲吹萬等人的名號，想來嘉興縉紳也與他一樣不了解四川禪宗的情況。

燈來受到嘉興僧俗的歡迎，內心十分欣喜，上堂時特對諸人表示感謝：

“這瓣香奉爲當路宰官、縉紳檀越用酬護法之恩。”次拈云：“這瓣香奉爲本山耆碩、遠近宗師，用報助揚之德。”[②]

康熙九年（1670）二月，徑山掃塔的計劃落空之後，燈來便辭別嘉興縉紳，想要返回四川。燈來辭別的理由是爲了建塔。以朱葵石爲首的嘉興縉紳盛情挽留也沒有讓燈來停下回川的腳步，只是與諸縉紳約定，處理完四川的事務之後，第二年秋天再來嘉興。看起來他對東南弘法之事並不上心，但是此年春，燈來溯水至漢陽，再見到童真善，便囑咐他代替自己先至嘉興，並允諾他，秋天即會南下與其會合。

二、童真善東南之行與燈來的複雜心態

燈來往嘉興的直接目的是刻經，而宗門僧人皆將其視爲聚雲派走出四川的一次機會，對這次遠行抱有很高的期待。燈來入浙之前在漢陽有過一個多月的逗留，他與童真善所關心的便是東南傳法一事。因此，在燈來離開之後，童真善特去天華台占卜，乞求知曉燈來在嘉興的境況。以童真善占卜內容來看，燈來在嘉興的傳道是“十洲唱和無知己，且喜門庭走這遭”[③]，非《年譜》所記“值諸家鼎盛之時，師獨施格外鉗錘，激揚最上

① 燈來說，普定編《三山來禪師語録》，《嘉興藏》第 29 冊，臺北：新文豐出版股份有限公司，1987 年版，第 745 頁下。

② 燈來說，普定編《三山來禪師語録》卷十六，第 745 頁上。

③ 性統編《高峰三山來禪師年譜》，第 771 頁上。

宗旨，英靈川赴，檀護雲興，見者聞者，共稱大慧再來”[①]那麼順利。見到燈來歸來，童真和尚一臉了然，道：“某正擬師之必歸，然此行已爲東南立行道基矣。”[②] 其內心卻並未如此樂觀，他在後來寫給燈來的書信中說：“前年浙江之往，將謂法門自此大弘，不意一歲未周，便爾返川，而云修造之舉，誼所難辭。然在今法門，仔細思之，是則是矣。吾恐精神有限，歲月易往，扶豎宗綱者，畢竟期之何人耶？”[③] 童真善的話語中有克制的責備，他對燈來東南傳道抱有很高的期待，沒想到燈來未滿一年便以修建祖塔作爲藉口返回四川。童真善這封書信的目的在於提醒燈來傳法才是要事。作爲慧機門下最得意的弟子，燈來似乎下不了決心離開四川，於是他一邊將時間延後，一邊又不想放棄在嘉興獲得的人望。處在這樣的矛盾心理下，他只能採取折中之法，將弘法一事暫時交託給童真善。待童真善至嘉興之後，燈來殷勤爲其打點，先是寄信給朱茂時，拜託他供養童真善，又作《寄朱範臣居士，辰始、孚上兩公書》，請朱範臣培助童真善。燈來在兩封書信之中皆言自己秋天便會返回嘉興，以踐行前言。這兩封書信作於康熙十一年（1672），回想燈來康熙九年（1670）離開嘉興之時，訂下第二年即再回的約定，而此時已過去了近兩年。燈來這次又信誓旦旦說康熙十一年（1671）秋天即會南下，實際上到冬天時，他還待在四川，並未東行。不止如此，他還致書童真善，令其返回四川。

> 冬接漢陽童真和尚書云：“暮春棹已買定，俄李屏山居士從京師來，捺以西江之行，某以和尚之命婉辭之。李又曰：‘東南天下勝處，公弘揚徑山之道而不處要地，恐年代深遠人難取信。是必念伯兄三山和尚一番鼓動，弟應兄呼，事則易耳。’李公爲江右楊李，景慕殊甚，以未得一晤爲恨。如和尚來浙，則聚會之緣，又有日耳，至於縣之智能，和尚知之，嘉秀英俊皆深服座下者，惟和尚念祖翁中興之難，痛法門凋弊之極，慈舟速下，則法門幸甚，後學等亦幸甚多矣。”[④]

“西江”指四川的錦江。童真善按照燈來的安排打算離開嘉興時，受

① 性統編《高峰三山來禪師年譜》，第770頁中。
② 性統編《高峰三山來禪師年譜》，第771頁上。
③ 性統編《高峰三山來禪師年譜》，第772頁上。
④ 性統編《高峰三山來禪師年譜》，第771頁下。

到李屏山的挽留，李屏山的一番話說到了聚雲派的尷尬處境，並言等燈來到來之時，與童真善聲氣相合，易於成事。童真善深服其說，打消了離開的念頭，並催促燈來速速動身。然而直到此年秋盡，燈來的諾言都沒有實現。到康熙十二年（1673），忍無可忍的童真善再次致書燈來，責備他一拖再拖：

> 再接童真和尚書云："江左之行，某之不預往者，以囊缽蕭條，身乏輔弼，和尚亦當爲我諒之。若和尚事事俱備者，元老撚鎗，雲與霞蔚，無用躊躇。方今海內諸家，炳炳琅琅，剎竿相望，如樹如林，而我徑山一派，東南絕響者久矣。……老人去後，這擔子不同小小，若不趁尊軀無恙之時，一番踴躍，將來此宗隆替，非某所知也。"①

在童真善眼中，燈來的數次拖延不僅失信於嘉興諸縉紳，也是對聚雲派的不負責任。他認爲屈居四川，法門興盛的宏願將只是空話，因此才一而再地催促燈來。爲了堅定燈來的決心，他又寫信給衡山炳，請求衡山炳向燈來講明東南弘法的重要，不要被瑣碎院事羈絆：

> 道之興隆，系之乎人，關鍵之失，亦由乎人，若門庭中事，赤心相爲者，吾知其指不勝屈，而和尚又法門中之申包胥也。老人去世，這條重擔，其責不小。若三翁和尚者，法門砥柱，慶忠後一人也，和尚若不力勸之行，乃以院殿羈身，吾恐老人大寂光中，未必十分首肯。且嘉禾紳士尚稱可化，況朱葵石、沈赤肩、曹秋嶽輩爲之介紹，既與彼有約，而一旦負之，將來何以取信於人？豈善知識？真實不虛行事也。②

在嘉興苦苦等待燈來的童真善終於得到燈來即將出發的消息，然而，就在燈來登舟離蜀的前夜，修砌好的聚雲祖塔被大雨損毀，在走和留之間，燈來最終選擇留下，取消了出行計劃：

> 是春，師將問舟東下，忽報祖塔大雨崩損，仍歸高峰，重加修砌，屆冬竣工。③

---

① 性統編《高峰三山來禪師年譜》，第 772 頁上。
② 性統編《高峰三山來禪師年譜》，第 772 頁中。
③ 性統編《高峰三山來禪師年譜》，第 772 頁中。

到康熙十三年（1674）正月，吴三桂在雲南舉兵，席卷西南，燈來此時忙於避亂，傳法東南一事由此擱置。不過，燈來心中一直對東南弘法一事念念不忘，寂滅之時，再三叮囑弟子："我祖法道初盛於東南，傳守於西北，今雖中興吾蜀，而東南反爲絕響，爾等各乘願力，當圖遠取，大勿滯於此，使道化廣行，吾死瞑目矣。"① 話語中有説不盡的遺憾和落寞。

三、聚雲系禪師的弘法使命感

雖然燈來屢次以祖塔事推遲東南行程，但他一直以弘法作爲人生最重要的事。康熙十八年（1679）正月，弟子大笑崇迎燈來至寶積寺，燈來見殿閣巍峨，禪規整肅，十分欣慰，對大笑崇説："慶忠老人行年止六十有六，維時吾同門分化各方廿有餘處。老僧今年亦六十六矣，後算不知有幾覰子，作用若此。即歸常寂，亦可瞑目。"②

從鉄壁慧機以來，聚雲派僧人修禪除了解放自性外，更重要的一點是弘揚聚雲法門。慧機曾言"吾教以弘法惟最"。續接大慧源流，傳揚聚雲道法，幾乎成爲聚雲門下禪師的使命，每一位禪師皆將這一信念當作首要責任。但是禪宗講求的是隨緣任運，否則就是魔障，如果説特意尋求解脱是一種執迷，對弘法的執著何嘗又不是一種羈絆。這一點三山燈來的授業師鐵壁慧機表現得最突出，他曾在詩中直言："我到林園無個事，殷勤唯待出藍青。"③ 慧機的弟子也受到了慧機的影響。

慧機門下弟子中，他最爲看重的是三山燈來、童真燈善與竺峰燈敏。童真善職居書狀十三年，本想一生侍奉慧機，慧機則欲將弘法之任託付與他，曾囑曰："奉事之節小，弘揚之任大。予幾禮徑山杲祖塔，奈何時勢爲艱，法緣羈絆，是以姑待汝宜，遍謁諸方，期集大成，爲法爲人，毋久滯此。"④ 類似的話慧機不只説過一次。康熙元年（1662），慧機將弘揚法門之事鄭重囑咐童真善與竺峰敏：

① 性統編《高峰三山來禪師年譜》，第 774 頁下。

② 性統編《高峰三山來禪師年譜》，第 773 頁上。

③ 慧機《次孺白文公韻》，幻敏重編《慶忠鐵壁機禪師語録》卷八，《嘉興藏》第 29 冊，臺北：新文豐出版股份有限公司，1987 年，第 606 頁下。

④ 至善編《治平鐵壁機禪師年譜》，《嘉興藏》第 29 冊，臺北：新文豐出版股份有限公司，1987 年，第 675 頁下。

"汝今老大，亟宜勇鋭向前。念大法之顛危，老聚雲中興之艱，老僧守成之苦爾……吾宗賴汝傳。"善再拜曰："善德薄行淺，恐辜厚恩，敢當此任？"師慰之曰："汝胸襟弘太，心地輝煌，吾知久矣，但耐心行去，勿辭。"①

又告竺峰敏曰：

汝與童真同參同學同入道，志同慧同，彼已出頭，又當别往，爾宜踏步向前，荷擔大法，紹祖承宗，料理家業，毋生退惰，有負初心。②

年輕的童真善與竺峰敏對於光大法門，開始並未有强烈的責任意識，且對於自己能否擔負起紹祖承宗的重任沒有多少信心。但是在慧機眼中，弘法是宗門大事，必須挑選出一二根性弟子，以延續光大本宗，因而不顧二人意見，勉勵其耐心傳法。童真善等人初從慧機手中接到弘法的重任時，其使命感並不强烈，但是到開堂建刹之後，則時時以宗門事務鞭策自己。童真善幾番催促燈來行法東南，便是出於這樣的初心。雖然童真善的才學與影響皆不及燈來，但是戮力法門之心絲毫不亞於他。竺峰敏在一封書信中寫到了童真善所付出的努力：

吾兄年來戮力法門，苦心苦志，綸竿指處，收盡奇英。③

聚雲派禪師在互相通信之時，常常因爲自己未能做到擔負起弘揚宗門的責任而感到羞愧。如耳庵燈杲的弟子玉眉亮，其所寫《候應真和尚》一書對弘揚法門一事誠惶誠恐，十分擔心自己能力不夠而有愧於先師：

侄不肖，歷年以來悠悠度日，今春謬受衣缽於曇花，這般冤債當之，痛感深愧，淺薄根基，詎能擔荷聚雲門庭者，誠恐駑力不前，有負先師，望並負老和尚一體之愛也。④

聚雲派禪師對弘法一事的執著，從心理上說，也許不是對中興大慧抱

---

① 至善編《治平鐵壁機禪師年譜》，第 675 頁上。

② 同上。

③ 性巨、性湛、性珩、性濟等編《竺峰敏禪師語録》卷五，《嘉興藏》第 40 冊，臺北：新文豐出版股份有限公司，1987 年，第 249 頁下。

④ 空謐編《玉眉亮禪師語録》，《嘉興藏》第 39 冊，臺北：新文豐出版股份有限公司，1987 年，第 336 頁中。

有不可质疑的信念，而更多的是作爲一個弟子對師父的誠心。崇禎十二年(1639)，吹萬示滅，慧機以俗家之禮爲其守墓三年，在聚雲塔旁結廬以侍。燈來也曾作《恒沙彌刺股救師記》一篇，闡述他對事師之道的看法：

> 憶昔釋迦文，曾以大孝稱。割肉飼父母，千古令人欽。未聞爲弟子，事師亦如是。……在國而君臣，在家而父子，出家爲師資，於道一而已。①

按照燈來的論述，事師與在家盡孝、在國盡忠的道理一樣，皆需要懷有一顆至誠之心。而他表達至誠的方式是擔荷法門，了卻慧機的願望。後來聚云禪系第四代僧人別庵性統前往浙江入住普陀山法雨寺，也與燈來的遺志有關。聚雲禪系的迅速擴大很大程度上得益於禪師們強烈的弘法使命感，燈來沒能藉嘉興之行立足江南叢林的遺憾也最終成爲其弟子走出四川的動力。

---

① 性統編《高峰三山來禪師年譜》，第773頁中、下。

澹歸和尚《徧行堂集》文字獄案再考

——從高綱《徧行堂集序》及募疏的發現說起

薛　涓

成都市教育科學研究院

摘　要： 爆發於澹歸身後百年的《徧行堂集》文字獄案，是清朝少有的遺民僧文字獄案之一。這一案件牽連甚廣，破壞嚴重。但具體原因及過程，從清朝起便因朝廷的有意掩飾、相關研究資料的匱乏而疑慮重重。沈維材代高綱所作《徧行堂集序》的發現，爲進一步了解該案的來龍去脈提供了幫助。結合此序，聯繫文字獄發生的時代政治環境，可知此案由乾隆皇帝一手挑起，目的在於進行意識形態控制，剷除遺民作品中殘存的民族氣節；同時敲山震虎，使漢族官員盡心效忠清朝統治者；並從統治的長遠性著眼，樹立教忠教孝的正反典型。該案的爆發對地方文化研究及清代學術的發展方向產生了重大影響，是窺探清初文化政治生態的重要切入點。

關鍵詞： 澹歸　《徧行堂集》文字獄　高綱　《徧行堂集序》　乾隆

澹歸（1614—1680），俗名金堡，字衛公、道隱，浙江仁和人。出家後初名性因，後改今釋，字澹歸。崇禎十三年（1640）及進士第，授臨清知州。歷任南明隆武、永曆朝給事中。性耿介清直，因得罪權貴下獄。謫戍途中遇兵阻，落髮於桂林，後入廣東參雷峰天然函昰和尚。澹歸自幼穎悟，文筆清堅，度越谿徑，作品衆多，在明末清初江浙及嶺南文壇影響很大。其作品於乾隆年間遭到嚴厲禁毀，現僅有《徧行堂集》《嶺海焚餘》等存世。

爆發於澹歸身後百年的《徧行堂集》文字獄案，是清朝少有的遺民僧文字獄案之一。這一案件牽連甚廣，破壞嚴重。但案件具體原因和過程，從清朝起便因朝廷的有意掩飾而難辨究竟。近代以來，經學者們不斷考證，前人説法中存在的謬誤得以逐漸糾正，但囿於資料匱乏，案件的深層原因及來龍去脈依然如罩雲中。案件的發起人是誰，案發的主要原因是什麽，案件帶來的破壞性有多大，都還需進一步厘清。沈維材代高綱所作《徧行堂集序》的發現，爲推進問題的解決提供了幫助。結合此序，對比文字獄發生的時代政治環境，可使此案更加明晰。

一、《徧行堂集》文字獄案研究現存問題

《徧行堂集》文字獄案相關資料的匱乏，使當下對此案的研究尚存如下幾個問題。

首先，案件的發起人不明。葉廷琯《鷗陂漁話》轉載徐達源雜記中關於澹歸文字獄的記録，稱李璜曾在别傳寺封存的櫥櫃中發現澹歸手書一冊，在其子慫恿下獻呈朝廷，並協助朝廷對别傳寺進行磨碑、焚骸、殺和尚等酷烈清理，李氏父子也因此遭到報應。[①] 據此，研究者多將案件的罪魁禍首定爲乾隆朝南韶連兵備道李璜。王彬《清代禁書總述》中“金堡之獄”[②]，揮之《焚書 毀骸 殺和尚——明戲曲作家金堡的悲劇命運》[③]，均認爲李璜是該案的始作俑者。對此，廖銘德在《〈徧行堂集〉文字獄案考略》中予以質疑，從李璜任職時間與《徧行堂集》流傳狀況相參考證，否定了李璜揭發的可能性。[④] 事實上，若仔細閱讀原文，葉廷琯在轉述徐達源記録後便評論説：“觀察入覲在丁酉，是爲乾隆四十二年（1777）。其獻冊之舉，當即後於毀版之事年餘，是遊寺啓封櫥未必非先已有意。所獻之冊，亦必更在前毀刻之外者，故得禍亦更烈。”[⑤] 並未提及李璜是此案的發起者，所獻之冊爲《徧行堂集》，僅將此事作爲案件產生嚴重後果的助力。

---

① 葉廷琯著、朱鑒點《鷗陂漁話》，上海：廣益書局，1942 年，第 28～29 頁。

② 王彬《清代禁書總述》，北京：中國書店，1999 年，第 52～53 頁。

③ 揮之《焚書 毀骸 殺和尚——明戲曲作家金堡的悲劇命運》，《藝海》2002 年第 4 期，第 57 頁。

④ 廖銘德《〈徧行堂集〉文字獄案考略》，《韶關學院學報》2010 年第 7 期，第 33～37 頁。

⑤ 葉廷琯著、朱鑒點《鷗陂漁話》，第 28 頁。

那麼，李璜爲何被後人認爲是案件的罪魁禍首，《徧行堂集》的發起者又是誰，研究界至今仍未給出明確答案。

其次，對案件之嚴重後果與禍及範圍廣泛的原因分析不夠明確。以往研究中，多據葉廷琯轉載對案件進行過程性描述，集中於“磨碑、焚骸、殺和尚”的真僞辨别，對《徧行堂集》文字獄案因何而發，所受懲戒如此嚴重，牽連如此廣泛的原因缺乏深入分析。

最後，就案件細節來講，乾隆何以對澹歸這樣一位遺民僧的作品“一見驚心”，斥爲“悖謬”。若“悖謬”是指對明朝的故國情結，則同時期存在這一情結的遺民不在少數，即僧人中，澹歸之師天然函昰對反清復明運動中捐軀志士的哀悼詩文從數量和情感上便遠超澹歸[①]，爲何單對澹歸開刀？澹歸集子中作序者甚多[②]，爲何獨對高綱《徧行堂集序》大動干戈，內中有何言辭觸怒乾隆，使其勃然到連高氏子孫亦不放過？既然《徧行堂集》得以存留，殘存的本子中爲何一概不見高綱之序？這些問題都是當下存在的疑慮之處，有待從材料深處著手，細緻挖掘。

二、從《徧行堂集》文字獄案過程看其主謀——乾隆皇帝

事實上，若仔細琢磨案件細節，考證案件過程，便可發現，澹歸《徧行堂集》文字獄案的發起者與主持者均應爲乾隆皇帝。這可從三個角度得到證明。

第一，《徧行堂集》文字獄案始於乾隆發起的禁毁運動。乾隆十六年（1751），轟動一時的僞造孫嘉淦奏稿案給乾隆帶來了極大困擾，他開始疑神疑鬼地認爲，全國正有一股不滿和敵對勢力暗潮湧起，國家危機四伏。統治者的多疑自然造成文網政策的緊張。從此，對禁書的查辦力度逐漸加大。從乾隆二十二年（1757）彭家屏家藏明末野史案開始，到乾隆三十七年（1772）正月諭令各地徵集遺書，再到次年二月設立四庫全書館，乾隆借修《四庫全書》的名義，對全國書籍進行規模浩大的清理，使禁書活動愈演愈烈。《徧行堂集》在這場活動中，作爲大批禁書中的一種被呈繳。

---

① 天然函昰《瞎堂詩集》，廣州：中山大學出版社，2006年，第57頁～172頁。

② 澹歸《徧行堂集》（一），廣州：廣州旅遊出版社，2008年，序言，第1～10頁。

乾隆四十年（1775）二月二十六日，廣東巡撫德保奏查上繳《徧行堂集》等書，稱在此前所查繳應禁書籍的基礎上，查出包括《徧行堂集》一部二十五本等應禁書籍[①]，另查出不全《徧行堂集》版一千四百五十七塊，全部解交軍機處處理[②]。同年九月十二日，江西巡撫海成奏進應選應毀書籍折子中，包含《徧行堂前集》一部，《徧行堂續集》二部。[③] 可見，此時澹歸集子流傳度較廣，高綱助刻的板片尚存，作品的查繳爲案發準備了條件。

第二，《徧行堂集》文字獄案是由乾隆親自發起的。對於一手發動的禁書運動，乾隆非常關心，時常親自檢閱上繳書籍，《徧行堂集》便在其檢閱時被發現。乾隆四十年（1775）閏十月十八日，他在寄諭高晉等查繳《徧行堂集》《皇明紀實》《喜逢春傳奇》書版中稱："朕檢閱各省呈繳應毀書籍，內有僧澹歸所著《徧行堂集》，系韶州府知府高綱爲之制序，兼爲募資刊行。因查澹歸名金堡，明末進士，曾任知縣，復爲桂王朱由榔給事中，當時稱爲五虎之一，後乃托跡緇流，藉以苟活。其人本不足齒，而所著詩文中多悖謬字句，自應銷毀。"[④] 可見，澹歸集子在被征禁上繳後，是由乾隆檢發並下旨查辦，從而成爲文字獄重點治理對象的。

第三，《徧行堂集》文字獄案是在乾隆親自督辦下一步步深入開展的。乾隆檢出《徧行堂集》後，諭令嚴加查辦，接下來三四個月，各地督撫開始緊鑼密鼓地辦理此案。乾隆親自督理，使案件步步深入，影響逐漸擴大，形勢日趨嚴峻。

乾隆下旨後，閏十月十五日，福隆安上奏《查辦高秉等住房書籍折》，于敏中上奏《派員檢查高秉等三家書籍折》，匯報查辦高家書籍情況。[⑤] 對此，乾隆回應迅疾，於閏十月十八日下查繳《皇明紀實》等書諭，令銷毀在查抄高秉等家中書籍時發現的《皇明紀實》和《喜逢春傳奇》。又於次日下《椎毀澹歸碑石並查繳其墨刻諭》，令"將所有澹歸碑石亦即派誠妥大員前往椎碎椎僕，不使復留於人間"[⑥]。此後，針對《徧行堂集》及

① 《纂修四庫全書檔案史料》，上海：上海古籍出版社，1997 年，第 357 頁。

② 《纂修四庫全書檔案史料》，第 350 頁。

③ 《纂修四庫全書檔案史料》，第 431 頁。

④ 《清代文字獄檔》（增訂本），上海：上海書店出版社，2011 年，第 144 頁。

⑤ 《清代文字獄檔》（增訂本），第 143～144 頁。

⑥ 《清代文字獄檔》（增訂本），第 145 頁。

相關書籍的禁毁活動如火如荼地展開。

十一月初三，薩載上奏查辦《喜逢春傳奇》等書詳況和審訊高綱家人過程，極表其盡心盡力之態度。對此，乾隆表示滿意，諭令將高家子孫交刑部查辦。[①] 十一月初七，于敏中上奏，稱於高棚、高[illegible]家存書籍中查出《徧行堂集》四十四本及澹歸草字三軸，又《明詩鈔》一本，內有屈大均詩二首，雖無悖逆語句，亦應銷毁；《韶州府志》內查有澹歸丹霞山事蹟及所作詩詞，亦應撤毁。[②] 十一月十三日，薩載上疏，稱已加大禁書查辦力度，查出澹歸《徧行堂集》正續集各一部，無高綱序文，爲另一版本。並查出《皇明通記集要》《酌中志》《七録齋稿》《譚西詩集》等書[③]。十一月十六日，兩廣總督李侍堯、廣東巡撫德保上疏稟奏查辦澹歸墨蹟、詩集、丹霞碑記並陳建等著述情況，稱已“密委廣州府知府李天培馳赴韶州府，會同南韶道李璜前往丹霞悉心查辦，凡金堡所有墨刻墨蹟逐一查出，現存碑石摹搨進呈，一面椎碎拋棄，不使片紙隻字復有留存，並將其支派僧衆悉行逐出，令地方官選擇誠實戒僧住持”，此次查出“《丹霞志》一部、《徧行堂隨見録》一本與金堡墨刻各種，檢閲《丹霞志》內詩文語録諸多悖逆，且有徐乾學爲伊撰制塔銘，知金堡尚有《嶺海焚餘集》《梧州詩》二種，並查出下院兩處，一名會龍庵，在韶州府東門外，一名龍護院，在南雄府城內，恐有金堡碑記字跡及其支派僧衆，現亦一體查辦。又墨刻內有尚、耿二逆重修省城光孝寺碑記，系金堡文，此碑固應銷毁而逆跡亦不便留貽，凡伊等所豎之碑業已一並椎碎”。且“《丹霞志》載海螺岩有金堡埋骨之塔刊刻銘志，亦應刨毁，現又飛飭委員查辦，不使存留”。又將志乘中採入澹歸詩文處“提板鏟削，以清穢跡”[④]。十一月十七日，江西巡撫海成奏江西禁書情況稱，“江西於上次進繳毁書內繳過《徧行堂集》一部、續集二部，此次又繳《徧行堂集》一十三部、續集二部，其續集亦系澹歸所著”[⑤]。後據李侍堯等奏，武英殿內府所頒《獨和尚語録》系澹歸重編，又《八十八祖傳讚》首冊有澹歸序文，應將其敘文及重編之

① 《清代文字獄檔》(增訂本)，第 146 頁。

② 《清代文字獄檔》(增訂本)，第 158 頁。

③ 《清代文字獄檔》(增訂本)，第 145～146 頁。

④ 《清代文字獄檔》(增訂本)，第 165～166 頁。

⑤ 《清代文字獄檔》(增訂本)，第 167 頁。

處一並銷毀，並令各督撫查明，一體仿照辦理。①

案件至此進入白熱化，澹歸著作及相關板片、碑文乃至被收録詩文和評價等均成禁毀對象，被清除銷毀。此後，其作品基本難以尋覓。然澹歸的相關作品仍在全國範圍内持續查禁。②

除對去世百年的澹歸及其作品深究不放，嚴厲而徹底地查禁外，乾隆還極爲痛恨爲《徧行堂集》作序並募刻的高綱，斥之曰：

> 高綱爲澹歸作序，朕於無意中閱及，可見天理難容，自然敗露，其子高秉收藏應毀之書，即或前此未經寓目，近年來查辦遺書，屢經降旨宣諭，凡繳出者概不究其已往，今高秉仍然匿不呈繳，自有應得之罪，已交刑部審辦。此專因高綱爲八旗大臣子孫，其家藏有應毀之書，不可不示懲儆。③

對高綱及其子孫的嚴厲處置，使高氏一族成爲《徧行堂集》文字獄案中除澹歸外另一受創極巨者。

此外，通過《徧行堂集》文字獄案的整治，乾隆還順藤摸瓜地牽出一系列禁書。其中包括在案件查抄過程中連帶性檢出的違禁著作，如在查辦高綱及其子孫過程中發現的函可《千山和尚詩鈔》一本，錢謙益《初學集》十五本④，《御制樂善堂全集》一部二十四本，高綱《雪聲軒詩集》等，另有違礙者五種，無違礙亦應查辦者十一種。⑤ 其中陳建所著《皇明紀實》及江寧清笑生所著《喜逢春傳奇》等書籍引起乾隆關注。在查抄陳建作品過程中搜出其《治安要議》《學蔀通辯》等。這些書籍本身與澹歸無直接關係。另一類則爲與澹歸有直接關聯之作品，或因收録其作品及觀

① 《清代文字獄檔》（增訂本），第 169 頁。
② 劉娟《澹歸作品遭禁毀考論》，《嶺南文史》2006 年第 4 期，第 51 頁。
③ 《清代文字獄檔》（增訂本），第 145 頁。
④ 《清代文字獄檔》（增訂本），第 143 頁。
⑤ 《清代文字獄檔》（增訂本），第 144 頁。

點，或因對他作了評論，或因與之有文字往來，多被全毀或抽毀。[①]

綜上，從案件過程可見，《徧行堂集》文字獄案起源於乾隆發起的查辦禁書運動，由乾隆一手檢發，並在其親自督理下緊鑼密鼓、嚴厲而徹底地展開。在這場清理中，乾隆步步爲營，且順藤摸瓜，使查禁過程横生枝節，殃及衆多。所以，乾隆才是此案的真正發起人和主要操作者。至於李璜父子，決非前之研究者所言爲此案元兇，極可能如李侍堯奏折中所言，只是作爲駐守韶州的地方官，被派遣前去協助廣州府知府李天培清查澹歸相關物品而已。按照此次查禁結果，葉廷琯轉述之李璜"獻冊"，所獻當爲李侍堯所奏"詩文語録諸多悖逆"的《丹霞志》或《徧行堂隨見録》其一。[②] 因此，李璜的獻冊只是對案件起了推波助瀾的作用。李璜之所以被記録並傳爲罪魁，一則與其直接參與搜查禁毀活動有關；二則如廖銘德所言，是清文字獄皆因"漢人攻訐而起"慣性思維的描述[③]；三則在當時記録中，即便意識到案件由朝廷發起，亦難有將矛頭直指皇帝的膽量。那麼，乾隆如此重視《徧行堂集》文字獄案的原因又是什麼呢？

三、從高綱《徧行堂集序》看案件的原因

澹歸文字獄案發生在清朝入主中原一百三十一年之際，澹歸去世也已九十五年。此時清朝統治逐漸穩固，反清勢力隨遺民群體的凋零也已基本銷聲匿跡。在這種情況下，澹歸文中究竟存在什麼言論，仍使乾隆一見驚心，斥爲悖謬，勃然欲將其人其文剷除淨盡呢？高綱序言有何不當，使乾隆對其緊抓不放，責及後人呢？通過對澹歸《徧行堂集》、高綱《徧行堂

① 據大致統計，僅記録中受澹歸文字獄案影響的作品便有如下諸種：第一，因收録澹歸作品或其評論被禁者：《詩觀》《海雲禪藻集》《文瀫初編》《廣東詩粹》《思貽堂集》《沙谿洞志略》《賴古堂尺牘選》《明詩綜》等；第二，因對澹歸有推重語被禁者：《丹霞語録》《寒支初集》等；第三，因與澹歸有文字往來被禁者：《佷亭語録》《千山詩集》《瞎堂詩集》《光宣臺集》《尺牘》《田間文集》等；第四，澹歸爲之制序被禁者：《耳鳴集》《天然和尚語録》《竹苞集》等；第五，收録澹歸事蹟或提及其姓名被禁者：《丹霞山志》《圓音語録》《古今小品》《詩苑天聲》《恬齋詩鈔》《三脩休園文詩集》《揚州休園志》《韶州府志》等。參閲姚覲元：《清代禁毀書目》（補遺），北京：商務印書館，1957 年；王彬《清代禁書總述》，北京：中國書店，1999 年；雷夢辰《清代各省禁書匯考》，北京：北京圖書館出版社，1997 年；《清代文字獄檔》（增訂本），上海：上海書店出版社，2011 年等。

② 《清代文字獄檔》（增訂本），第 165～166 頁。

③ 廖銘德《〈徧行堂集〉文字獄案考略》，《韶關學院學報》2010 年第 7 期，第 34 頁。

集序》及募疏的解讀，可以發現，乾隆發起澹歸文字獄案，有其獨特的契機和複雜的原因，暗寓其作爲統治者的治理需求。大致而言，可作如下幾點觀。

（一）加強控制：剷除殘存的民族氣節

剷除遺民作品中的民族情懷是乾隆作爲新朝統治者的治理措施之一。朝代鼎革，對前朝懷有眷戀之情是更替之際作品中常見的情感。明清之際，更因民族及文化特徵的特殊而易於觸及漢人的民族情懷。乾隆早已對此心生不滿，想要予以剷除，以加強控制。因此，禁毀明末遺民發抒民族情結的作品是此際禁毀運動的重要目的之一。① 對於懷念故朝的作品，乾隆專門批判稱：

> 其詩內懷想聖朝之語，無非藉以爲名，不可信以爲實，即以前明政事而議，並無可以動民系戀者，如洪武開基，嚴刑峻罰；永樂篡逆，瓜蔓抄誅，士民無不含怨。又如洪武因蘇松嘉湖各府爲張士誠固守，遷怒及民，浮糧加重，寖至末季征斂日增，累及天下，民多愁苦嗟怨，此皆見於史冊者，有何可以繫念之處而追念不忘乎！至我本朝列聖相承，愛養百姓，賑災蠲緩，厚澤頻施，而江浙浮糧之額，節經裁減以除民害。朕踐阼至今四十三年，普免天下錢糧三次，普免漕糧二次，其他災賑之需，動輒數百萬，窮簷疾苦，疊沛恩膏。小民具有天良，豈有不知感戴！轉屬念前朝，全無恩德及民之理，此不過抑鬱無聊之人，自揣毫無進路，遁而爲此，與匹夫匹婦之自經溝壑無異。而讀書失志之徒，遂托言懷想前朝，以爲萬一敗露，猶可藉以立名，其肺腑真可洞鑒，此等鬼蜮伎倆，豈能匿於光天化日之下！若無知音，以此輩爲真有追懷故國之思，轉爲若輩所愚矣。②

乾隆從批判明朝弊政說起，歷數明朝統治者的荒唐舉措，對比清初國政，指出明朝無甚值得遺民追懷處。並以此爲據，判定追懷者之所以有故國情感，僅爲在當時無出路，退而藉遺民情懷求取高名，因此要求查抄追繳這類作品，以揭穿這些好名虛妄之徒。事實上，就遺民群體的行跡來

---

① 丁原基《清代康雍乾三朝禁書原因之研究》第五章具體論述了乾隆朝禁毀書籍的宗旨，臺北：華正書局，1983 年，第 112～314 頁。

② 轉引自丁原基《清代康雍乾三朝禁書原因之研究》，第 221～222 頁。

看，縱不乏如乾隆所批評的沽名釣譽之輩，但大多數遺民的故朝情感是真實而深刻的。他們作品中鬱結的民族悲憤與不平之氣，足以穿越時空感染撼動後人。在少數民族入主的清代，統治者對藉民族情結煽動反清情緒的警惕是不可能放下的。乾隆發起的文字獄便是對遺民反清言論恐慌的反映。

在乾隆看來，就澹歸《徧行堂集》本身而言，可以大動干戈的原因當有如下三點。

其一，作爲明末清初遺民僧，澹歸集子中確實存在深厚的民族情結，流露了對故國的懷念。雖在澹歸逝世時已將“語涉激憤”者刪除[①]，但集子中依然難掩濃郁的故明眷戀。澹歸爲故朝忠孝節烈所作表旌文字頗多，亦最能體現其亡國之痛。冼玉清《廣東釋道著述考》“今釋”條中稱：“今核集中詩文，多禪門往來文字，惟《祭明故死節督師瞿公文》《祭持平劉大中丞文》《敦烈鄭公傳》《嵩道人傳》《汪孺人傳》《米忠烈公傳》《楊總督傳》等，敘述沉痛，凜凜有生氣，故犯清廷之忌。其上定南王書謂‘《元功垂範》，遵奉記室稿本，請改正稱謂，勿以明爲僞，兵爲賊’，皆一本忠義。”且“集中丙辰二月之事，有‘將軍縱掠韶陽城，忽聞海幢清晝劫，山空夜寒啼杜鵑’句。及孟夏，‘只許窮人填性命，前供猛虎後供鴉’。又‘兵聲喧喧何日定，定後催科皮骨盡’等，頗述清初之暴政虐民。今釋行在納忠，身遭杖戍，而國亡遁跡，仍復寄其薇蕨之思，豈惟佛門龍象，亦凜於民族大義，其遺作固足傳矣”[②]。其他如《黎忠潛公傳跋》公開頌揚爲明死義之黎美周等[③]，在乾隆看來皆爲“悖謬文字”。

其二，澹歸也常以明清兩朝政策對比來表達對清朝的不滿和對明朝的眷戀。如其《單質生詩序》中稱：“白燕庵者，我國初袁御史之故隱。”[④]並對清初統治者慫恿官吏懲治遺民之行徑甚爲不滿，舉明朝開國政策對比說：“昔高皇帝懲元季官邪，所以治貪墨吏者至嚴，吏惴惴救過不終，毋敢以私意魚肉細民，而況遺老？”[⑤] 以明遺老自居、鄙薄清朝政策之意溢

---

① 《徧行堂集》（二），第 179 頁。
② 冼玉清《廣東釋道著述考》，第 261 頁。
③ 《徧行堂集》（四），第 208 頁。
④ 《徧行堂集》（四），第 87 頁。
⑤ 《徧行堂集》（四），第 88 頁。

於言表。並在文章中公然稱朱元璋爲“我太祖”[①]。對於此種情懷，乾隆看後自然大爲光火，斥其悖謬，下令焚碑銷板，不容留存片紙隻字，欲使其人從歷史中徹底磨滅。

其三，從發生時機來看，《偏行堂集》文字獄案是繼屈大均禁毀案之後的第二起案件。在乾隆看來，此時禁書運動漸入佳境，急需類似案件來推波助瀾。存有“悖謬”文字的《偏行堂集》恰好符合其立典型的標準，因此成了乾隆禁毀遺民故國情懷之作的又一突破口。

（二）敲山震虎：從高綱《偏行堂集序》說起

從乾隆朝禁毀運動的整個流程著眼，可知澹歸文字獄案爆發的第二個原因，在於乾隆檢閱到澹歸《偏行堂集》中高綱所作的序言。

高綱之序及募疏在《偏行堂集》諸版本及研究者文獻中均未得見，僅從謝國楨《增訂晚明史籍考》中整理出其《重刻偏行堂集募資疏序》一文，但未標録出處，也未作細緻分析。[②] 筆者通過多方檢索，於沈維材《樗莊文集》中發現由其代筆的高綱序文，爲重新了解此案提供了重要綫索。序文如下：

> 《偏行堂集》方擬重鐫，余爲徵刻小引。判牘之餘，時甫脫稿。其原序皆澹公師友爲之，知之深，故言之盡。後有作者未能或先，即不作可耳。乃余若有不能已於言，且若有不能不急於言者。余典郡韶陽，諮詢文獻，得張曲江《金鏡録》，知爲贗本，至欲訪其全集，已不可得。蓋蠹老蟲幹，灰飛煙滅，其後之苗裔，既不能保有先集，則文章樹畔，梨棗之更新無日矣。澹公濟世之才無所展布，不得已而經營創造於窮岩邃壑之中；覺世之學無所設施，不得已而提唱闡揚於縛律坐禪之外。山中宰相，其時命不同，使曲江易地處之，古今人同不同未可知也。疇昔之封章諫草既已無存，而骨鯁之風易世而後猶爲感歎，況於親炙之者乎？其所傳者，皆出世之文。而舌底青蓮，辨才無礙。既能空諸所有，更能實諸所無。讀其文者，且驚且愕，且悲且喜；恍然若有所得，忽焉若有所失。《楞嚴經》云：“變化密移，我誠不覺。”丹霞如龍，澹公之文不猶之龍耶？先儒稱寂音爲僧中班、馬，

① 《偏行堂集》（四），第 260 頁。

② 謝國楨《謝國楨全集》第 2 冊，北京：北京出版社，2013 年，第 163～162 頁。

而憨山大師直以蓮池爲法門周、孔，公實兼之。初集四十九卷，續集十六卷。法姪古如所重刻者，續集九卷，別刻尺牘五卷，所缺者詩詞二部。而傳盧弘誓，仍擬合刻，以垂久遠。傳燈不熄，則歷劫常存，以視曲江公可謂有後矣。初擬稍加刪選，念公之爲人今人所共知，亦即後人所共仰，其思得全集而讀之者，諒有同心也。且公之文，智者見之謂之智；仁者見之謂之仁。余又何敢以管中之窺貽門外之羞耶？

乾隆四年歲在己未重九後四日知虞韶郡事高密高綱拜序既成，即書於募疏冊後，俾覽者有所感發興起，亦征刻之初意也。寄語法門龍象，他日剞劂告竣，或並付梓以當弁言，樂觀厥成，不妨另爲題序，存此一重公案，須菩提於意云何。

文後有沈維材自注：

丹霞山極高，爲仁化勝境。歸名今釋，即仁和金道隱先生。明社既遷，先生以軍漢出家，所著《偏行堂集》傳世已久，雍正年間板毀於火，高薑田典郡韶陽，欲爲重刻，屬餘作募疏並題此序。[①]

該序交代《徧行堂集》重刻緣由，乃因康熙版《徧行堂集》板片遇火不存，沈維材受高綱囑托代筆作序及募疏。

細考此序，大致表達出如下觀點：首先，同情澹歸遭際。慨歎澹歸具“經世之才”與“覺世之學”，因遭逢世變而出家爲僧，經營一隅，提闡佛門。甚至將他與張九齡並舉，稱若生於此際，即使張九齡也可能有與他一樣不遇的命運。對澹歸才略的拔高和生不逢時的悲歎，無疑蘊含着對朝代鼎革的譴責。其次，稱讚澹歸品節。讚其出家前諫草中的骨鯁之氣，並以“僧中班馬”“法門周孔”來高度評價出家後的澹歸，可見崇敬之情非同一般。最後，交代《徧行堂集》初刻及後刻情狀，指出刊刻目的在於保存文獻。本欲稍加刪削，但鑒於澹歸人品人所共知，不必爲其掩飾，因此保留《徧行堂集》初刻原貌。

在同由沈氏代作之《重刻徧行堂集募資疏序》中，又稱揚澹歸人品：

澹歸和尚，即（金）道隱先生，然既爲澹歸矣，不得以道隱目之

① 沈維材《樗莊詩文稿》文稿卷一序跋，《清代詩文匯編 285》，上海：上海古籍出版社，2010 年，第 378b～379a 頁。

也。《徧行堂集》自是澹歸所著，而澹歸爲僧之宏略見焉；道隱爲官之苦行，亦略見焉；道隱之甘爲澹歸，不降其志，不辱其身，無不見焉。人之重澹歸，尤以道隱，則其集之可傳，傳之千萬世而不朽，豈非世出世間所共以爲重者耶。共以爲重而聽其集之蠹老蟲幹，化爲煙雲，蕩爲灰劫，當有惕然大不忍者。雖澹歸之可傳不在文字，而人之思慕澹歸者，不得見澹歸，見澹歸之集，如見澹歸也。況其文字之奇而法，正而葩，更有不可思議，不可端倪者，其必思所以永其傳，惟恐其傳之不遠且久無疑也。集有初刻與續刻，皆資助於檀那宰官長者之姓氏，具載於簡端。在昔澹歸深以因緣文字爲譏，然以文字爲因緣，亦因緣中文字也。人自墮地以後，所歷之境，所處之時，所遇之人，莫不有因有緣，且澹歸嘗自題緣起矣，爲因爲緣不可勉強。余自典郡韶陽，時時咨訪，曾屬丹霞法嗣密因爲余購致。今秋八月，主持繼祖攜以相示，前集四十九卷，續集十六卷。繼祖以梨棗重新，費無所出，多方征請，不可無文以倡道之。判牘之餘，翻閱一過，既深驚歎，爰題數語，遍告同人，文字因緣，此固不爲澹歸，又豈爲繼祖也哉。①

文中所能觸及乾隆忌諱者，當即對澹歸的推重褒揚。高綱身爲漢軍旗人，對前朝遺臣遭際極盡同情，感慨亂世對士人才華抱負的遏制，流露出對鼎革帶來世厄的痛心，稱揚澹歸不降志、不辱身的民族氣節。對向來疑慮漢官忠心的乾隆來説，同情與稱讚本身便等同於反抗。因此，他怒斥“高綱身爲漢軍，且系高其佩之子，世受國恩，乃見此等悖逆之書，恬不爲怪，匿不舉首，轉爲制序募刻，其心實不可問，使其人尚在，必當立置重典”②，將矛頭直指高綱作序行爲本身，這無疑是對高綱“漢軍旗人”且“世受國恩”卻同情清朝反對者的極度痛恨。然而，澹歸集子中留下序文的清朝官員並非僅高綱一人，陸世楷、李復修、沈皞日等皆曾予以稱揚，何以獨對高綱下手，便不能不引人思考。對這一問題的解決需重新回到此案爆發的時機來看。

寓禁於徵是乾隆禁書的主要手段。四庫全書館開設後，廣泛徵搜遺

① 謝國楨《謝國楨全集》第 2 册，第 163～162 頁。
② 《清代文字獄檔》（增訂本），第 144 頁。

書，至乾隆三十九年（1774），徵收工作基本進入尾聲。然而，乾隆對此次搜求的成果並不滿意，於三十九年八月初五下詔，責備諸查辦官員奏查違礙書籍不力：

> 乃各省進到書籍，不下萬餘種，並不見奏及稍有忌諱之書。豈有裒集如許遺書，竟無一字違礙字跡之理？況明季末造野史者甚多，其間毁譽任意，傳聞異詞，必有抵觸本朝之語，正當及此一番查辦，盡行銷毁，杜遏邪言，以正人心而厚風俗，斷不宜置之不辦。此等筆墨妄議之事，大率江浙兩省居多，其江西，閩粵、虎骨昂，亦或不免，豈可不細加查核？高晉、薩載、三寶、海成、鍾音、德保皆系滿洲大臣，而李侍堯、陳輝祖、裴宗錫等亦俱系世臣，若見有詆毁本朝之書，或系稗官私藏，或系詩文專集，應無不共知切齒，豈有尚聽其潛匿流傳，貽惑後世?①

乾隆不僅怪罪辦事官員查抄禁書不力，還區别推測滿、漢官員心理。這種以種族來揣摩心態的行爲，在政治敏感的朝代頗爲嚴重，漢族官員很容易便被統治者懷疑忠心。這也體現出清朝統治者對漢族官員的警惕與不信任。此後，各督辦官員紛紛表態，稱將盡心查抄禁毁書籍。江西巡撫海成奏稱："臣滿洲世僕，受恩深重，於此重（要）時間，敢不盡心查辦。"② 兩江總督高晉稱："臣系滿洲世僕，具有天良，正可乘此採訪遺書，留心查辦。"③ 漢臣裴宗錫亦稱："如有此等背妄之書，臣世受國恩，具有天良，一見無不切齒痛恨，豈有不奏明銷毁，尚聽其潛匿流傳之理。"④ 然而，他們雖表態明確，但查繳工作仍不能令乾隆滿意。此後幾個月，僅兩廣總督李侍堯查出屈大均悖逆書籍，其他多稱"實在並無違礙語句等語"⑤。乾隆非常不滿，於十一月初九點名批評高晉、薩載、三寶所以奏稱"查無違礙之書"，只因辦事不及李侍堯等用心盡力，並恐嚇説："何可稍存觀望，自貽伊戚乎？若再隱匿不繳，後經發覺，即治以有心藏

---

① 《纂修四庫全書檔案史料》，第 240 頁。
② 《纂修四庫全書檔案史料》，第 257 頁。
③ 《纂修四庫全書檔案史料》，第 259 頁。
④ 《纂修四庫全書檔案史料》，第 260～261 頁。
⑤ 《纂修四庫全書檔案史料》，第 261 頁。

匿之罪，必不姑寬，並於該督撫等是問。”① 在屢次威逼責令下，各地官員開始重視禁書，禁毀運動逐漸興起。乾隆悉心督促，親自檢閱批示，時常煽風，以使“秦火”熊熊燃燒，並急於通過幾件案件來敲打衆人。

發生於乾隆四十年（1775）閏十月的澹歸《徧行堂集》文字獄案，正是乾隆反復威逼臣民查抄違礙文書的開始。此時，乾隆正欲通過親手抓幾個典型來樹立禁毀標準，再促官員的查禁積極性，徹底磨滅漢族官員的民族情結。澹歸《徧行堂集》中“世受國恩”的漢軍旗人高綱序言的出現，恰好符合其抓典型以震懾漢族官員的目的，自然成爲這場運動的靶子。

事實上，單就內容而言，由沈維材代筆之高綱《徧行堂集序》，言辭中對澹歸的推重與同情並不比前之作序者更甚，但乾隆之所以藉此大作文章，與高綱漢軍旗人的身份密不可分。這從同案涉及應禁書籍者子孫的治罪程度中也得以看出。比較之下，《皇明紀實》作者陳建、《喜逢春傳奇》江寧清笑生的後代相對寬容，諭“陳建在天啓間，即清笑生似亦明末時人，其兩家即有子孫，均可不必深究”②；而對高綱後人則“專因高綱爲八旗大臣子孫，其家藏有應毀書籍，不可不示懲儆”，而“交刑部審辦”③。正如葉廷琯所言：“澹歸身後何竟忽遇李氏父子，然高綱實先引其機也。”④ 乾隆之所以藉澹歸《徧行堂集》案大作文章，很大程度上是做給高綱等漢軍旗人看，以示敲打警告，惟恐漢族官員民族氣節尚存，對清朝不盡心效力。因此，澹歸《徧行堂集》案這一大棒，打在高綱及後代身上，也打在漢族官員心上。此後，乾隆朝文字獄運動果然蓬勃發展，滿漢官員爭先恐後查繳禁書，唯恐落下異心的口實。在澹歸《徧行堂集》案發生後的幾個月，禁書運動進入了一個新的高潮。

（三）教忠教孝：穩定後的治理策略

乾隆朝文字獄案繁多且密集，很大程度上源於清朝入主中原後一百多年，政治形勢已漸趨穩固，統治者逐漸將精力從鎮壓反清起義轉移到思想控制上來。就乾隆而言，藉修《四庫全書》廣搜遺書，禁毀反動言論的目

① 《纂修四庫全書檔案史料》，第282～283頁。

② 《清代文字獄檔》（增訂本），第145頁。

③ 《清代文字獄檔》（增訂本），第145頁。

④ 葉廷琯著、朱鑒點《鷗陂漁話》，第28～29頁。

的明確，即“杜遏邪言，以正人心而厚風俗”①。要達到這一目的，除禁毁違礙言論，還需通過樹立正反兩方面典型來教忠教孝，從精神層面控制人心，鞏固統治。

從乾隆對澹歸的評價來看，除不滿其語涉違礙外，對其人品亦大爲不齒。在查繳《偏行堂集》等書板時批評說：

因查澹歸名金堡，明末進士，曾任知縣，復爲桂王朱由榔給事中，當時稱爲五虎之一，後乃托跡緇流，藉以苟活。其人本不足齒，而所著詩文中多悖謬字句，自應銷毁。②

又在諭旨劉宗周等書集只需删改，毋庸銷毁時抨擊澹歸：

第其中有明季諸人書集，詞意抵觸本朝者，自當在銷毁之列。節經各督撫呈進，並飭館臣詳悉檢閲，朕復於進到時，親加批閲，覺有不可不爲區别甄核者。如錢謙益在明已居大位，又復身事本朝，而金堡、屈大均則又遁跡緇流，均不能死節，靦顔苟活，乃托名勝國，妄肆狂狺，其人實不足齒，其書豈可復存？自應逐細查明，概行毁棄，以勵臣節而正人心。③

可見乾隆對澹歸等人品的不屑聚焦在其遁跡緇流，不能死節，靦顔苟活上。在他看來，對這些人作品的禁毁和人物的毁跡，是站在正義的角度爲天下除不義，以此“勵臣節而正人心”。因此，在斥責後接着樹立正面典型與之對比：

若劉宗周、黄道周，立朝守正，風節凜然，其奏議慷慨極言，忠藎溢於簡牘，卒之以身殉國，不愧一代完人。又如熊廷弼受任疆埸，材優幹濟，所上封事，語多剴切，乃爲朝議所撓，至身陷大辟。嘗閲其疏内，有“灑一腔之血於朝廷，付七尺之軀爲邊塞”二語，親爲批識云：“觀至此爲之動心欲淚，而彼之君若不聞，明欲不亡，得乎！”可見朕大公至正之心矣。又如王允成《南臺奏稿》，彈刻（劾）權奸，指陳利弊，亦爲無慚骨鯁。又如葉向高爲當時正人，頗負重望，及再

① 《大清高宗純乾隆皇帝實録》第 20 册，臺北：華文書局，1968 年，第 1084 頁。
② 《清代文字獄檔》（增訂本），第 144 頁。
③ 《纂修四庫全書檔案史料》，第 552 頁。

入內閣，值逆閹弄權，調停委曲，雖不能免責賢之備，然觀其《綸扉奏章》，清補閣臣疏至七十七上，幾於痛哭流涕，一概付之不答，則其朝綱叢脞，更可不問而知也。①

乾隆將未殉國之澹歸等與能風節自勵、死節殉國諸臣區分對比，一貶一褒，樹立教化典型，並乘機攻擊批判明朝弊政。事實上，乾隆極力頌揚的殉節諸臣之"慷慨極言""彈劾權奸，指陳利弊"等行爲，在先行奏繳之澹歸《行都奏議》中亦有強烈體現。如此，其褒揚忠義殉國、樹立反面典型以彰教化的用意便更加清晰明了。

從鞏固統治的目的出發，通過忠義教化樹立忠君愛國情感，是君王統治一貫的政治手段，這一策略被乾隆運用得得心應手。在塑造典型以彰顯忠義教化這一环節上，乾隆還通過在史書中修《貳臣傳》來大作文章。他在詔諭內閣著國史館總裁，於國史內另立《貳臣傳》一門時稱：

昨閱江蘇所進應毀書籍內，有朱東觀選輯《明末諸臣奏疏》一卷，及蔡士順所輯《同時尚論録》數卷，其中如劉宗周、黄道周等，指言明季秕政，語多可采，因命軍機大臣將疏中有犯本朝字句，酌改數字，存其原書。而當時具疏諸臣內，如王永吉、龔鼎孳、吴偉業、張晉彦、房可壯、葉初春等，在明已登仕版，又復身仕本朝，其人既不足齒，則其言不當復存，自應概從刪削。蓋崇獎忠貞，即所以風勵臣節也。

因思我朝開創之初，明末諸臣望風歸附，如洪承疇以經略喪師，俘擒投順，祖大壽以鎮將懼禍，帶城來投。……蓋開創大一統之規模，自不得不加之録用，以靖人心而明順逆。今事後平情而論，若而人者，皆以勝國臣僚，乃遭際時艱，不能爲其主臨危授命，輒復畏死幸生，靦顏降附，豈得復謂之完人……

朕思此等大節有虧之人，不能念其建有勳績，諒於生前，亦不因其尚有後人，原於既死。今爲准情酌理，自應於國史內另立《貳臣傳》一門，將諸臣仕明及仕本朝各事蹟，據實直書，使不能纖微隱飾，即所謂雖孝子慈孫百世不能改者，而其子若孫之生長本朝者，原

① 《纂修四庫全書檔案史料》，第552頁。

在世臣之列，受恩無替也。此實朕大中至正之心，爲萬世臣子植綱常，即以是示彰癉。昨歲已加謚勝國死事諸臣，其幽光既爲闡發，而斧鉞之誅不宜偏廢。此《貳臣傳》之不可不覈定於此時，以補前世史傳所未及也。著國史館總裁查考姓名事實，逐一類推，編列成傳，陸續進呈，候朕裁定。並通諭中外知之。①

乾隆目的甚爲明確，區分對待投降清朝者與忠於前朝者，將“遭際時艱，不能爲其主臨危授命，輒復畏死幸生，靦顔降附”的“勝國臣僚”釘在歷史的恥辱柱上，以昭告此輩的“不足比於人類”。這顯然與建國初期拉攏誘降政策相抵牾。對此，乾隆解釋稱，前此不過因開國之初，基於大一統的需要，不得不接受前朝諸臣投降。言下之意，此時天下承平，已不需此等“貳臣”，是時候對其進行清算了。同時，乾隆還爲明朝死節諸臣加謚，闡發幽光，旌揚氣節。

無論是打着爲明朝討伐失節抑或表旌忠義的旗號，乾隆的所作所爲皆非爲前朝主持公道。目的僅有一個，即通過崇獎忠貞、貶斥邪奸來風勵臣節，昭褒貶之義，爲萬世臣子植綱常，最終爲本朝臣民樹立道德標杆。而其言辭中的忠貞和奸邪，都不過被作爲樹立典型的工具加以利用。在此，澹歸因遁入佛門而被斥責靦顔苟活，亦是同一路數。

文字獄對中國文化的發展阻遏甚巨，尤其有清一朝，對士人士氣及學術發展均産生了重大影響。《偏行堂集》文字獄案作爲其中一例，對澹歸及嶺南文獻的毁滅性影響便令人驚心。就澹歸自身而言，著述的禁毁對全面了解其作品藴含的思想樣態造成極大阻礙②；即便有吉光片羽殘存於

① 《纂修四庫全書檔案史料》，第 558～559 頁。

② 羅振玉在《澹歸上人試卷跋》中説：“明季遺臣，以吾鄉金道隱先生手跡，傳世爲最少。蓋中遭禁令，毁棄殆盡。此卷乃予來海東後，得之東估手者，雖僅得詩四章，亦吉光片羽矣。”（羅振玉撰述、蕭文立編校《雪堂類稿 丁 書畫跋尾》，沈陽：遼寧教育出版社，2003 年，第 61 頁）宣統辛亥年（1911），王文濡在國學扶輪社排印本《偏行堂集跋》中稱：“本編十六卷，乃江南圖書館舊抄本……灰燼之餘，得此吉光片羽。”（冼玉清《廣東釋道著述考》，第 259 頁）

世，版本之間也錯訛難辨[①]；且乾隆對澹歸的負面評價也對後世的研究產生了一定影響。

此外，《徧行堂集》案還影響了一大批人的命運。如因此案而遭牽連的高綱及其子孫[②]，以及查辦過程中牽涉的《皇明紀實》作者陳建及其子陳與屏，續編《皇明紀實》之浙江書商馬晉允，爲陳建鑒定書板之沈濬等人。[③] 另有大批因受案情牽連而被查處的書籍，包括因澹歸參與編修、收録澹歸作品及觀點，或對澹歸有所評論，或作者與之有文字往來的文集、方志，多被全毀或抽毀。對案情重災區嶺南而言，真可謂一代文厄。

通過對高綱《徧行堂集序》的發現與解讀，可以確定，《徧行堂集》文字獄案只不過是乾隆皇帝施展其統治策略的一枚棋子，從案件起因到查辦流程都帶有強烈目的性，懲治之嚴重遠超案件本身威脅力。這種誇大其詞的殺雞儆猴之舉，不僅破壞了澹歸著述的完整性，不利於後人準確研究澹歸其人、其文、其詩，更對清初遺民文學研究、嶺南地域文化研究造成了不可估量的災難，甚至對清朝士風、學風皆有潛移默化的影響。因此，《徧行堂集》文字獄案的還原性解讀，無疑對準確、深刻、全面地評價澹歸乃至當時的文化生態有不容忽視的價值。

---

① 總體來看，當下《徧行堂集》正集本子流傳狀況複雜。就刊刻年代來看，康熙本有康熙十三年說（吳天任《澹歸禪師年譜》附録二，第 2 頁），康熙十五年說（清代詩文彙編編纂委員會《清代詩文彙編》46—47 冊《徧行堂集》，上海：上海古籍出版社，2010 年），康熙二十年說［《徧行堂集》（一），前言頁第 6 頁］。另有乾隆五年重刻本、清抄本等。就刊刻卷數來看，有四十六卷本、四十八卷本、四十九卷本。就筆者目前過眼的五種《徧行堂集》版本，包括據浙江圖書館藏清康熙十五年刻本影印的《清代詩文匯編》本，據上海圖書館藏清乾隆五年刻本影印的《四庫禁毀叢刊》本，據清乾隆五年釋繼祖募刻本影印的《原國立北平圖書館甲庫善本叢刊》本，宣統上海國學扶輪社刊本《徧行堂集》續集，廣東旅遊出版社 2008 年出版段曉華點校本《徧行堂集》，本子之間卷數和內容大致相同，但在具體細節上又有所不同，這種衆說紛紜、難辨究竟的現狀無疑是清代文字獄禁毀的後果。

② 《清代文字獄檔》（增訂本），第 144 頁。

③ 《清代文字獄檔》（增訂本），第 165～166 頁。

《全宋文》補遺七則

——以明清家譜爲中心*

王建勇

南京大學文學院

摘　要:《全宋文》的編輯出版爲宋代文史研究提供了基本文獻資料，嘉惠學林。然囿於各種原因，其搜羅不盡詳備，偶有遺漏實屬情理之中。今即根據四種明清家譜文獻，摭拾五位作者的七篇佚文，分别是：王昭素《唐節度使祠堂碑記》、張珏《婺邑東溪續譜序》、莊夏《課兒説》、劉雄飛《奏行劄録》《祭汾公墓文》《祭夫人文》、謝枋得《劉雄飛行狀》。這些佚文的發現，除可彌補《全宋文》的缺漏，更能補正《宋史》《全宋文》等著述的錯謬，並爲相關研究增補新材料。

關鍵詞:《全宋文》　明清家譜　佚文　莊夏生卒年　劉雄飛卒年

曾棗莊、劉琳二位先生主編的大型宋人文章總集《全宋文》計八千餘卷、三百六十冊（上海辭書出版社、安徽教育出版社，2006 年），爲一代文史研究提供了基本文獻，程功至鉅，嘉惠學林。儘管此書於搜羅佚文、補輯遺篇頗爲用力，但限於種種原因，其採摭仍不盡詳備，偶有遺漏也屬情理之中。自出版不久，不少研究者就利用地方志、新出碑刻等材料進行輯佚補遺工作，相關論著也頗夥，茲不贅舉。然而，家譜文獻作爲古典文獻的重要組成部分，其收録的大量同時乃至前人撰寫的碑文、墓志、行狀、序跋、詩歌等，至今尚未得到充分挖掘。今即根據纂修於明清時期的

* 本文受南京大學優秀博士研究生創新能力提升計劃 B 資助。

四種家譜文獻，摭拾《全宋文》失收佚文七篇（凡闕文或字跡漫漶不清者，以□代替），涉及五位作者，分别爲王昭素文一篇、張珏文一篇、莊夏文一篇、劉雄飛文三篇、謝枋得文一篇。同時，結合史傳、詩文等略加考辨，既可補正當前著述的闕誤，更爲相關研究增補新材料。

一、王昭素

王昭素（894—982），開封酸棗（今河南省延津縣西）人。宋代著名史料筆記《揮麈録》作者王明清（1127—1204 後）[①]之五世祖。少篤學不仕，有至行。博通九經，尤精《詩》《易》，嘗著《易論》三十三篇。[②]開寶三年（970），宋太祖召見。旋求歸，拜國子博士致仕。《宋史·儒林傳》有傳。[③]《全宋文》未收文，今據清光緒間劉秉楨等修《起霞劉氏宗譜》補文《唐節度使（劉汾）祠堂碑記》一篇。

唐故兵部尚書、左僕射、特進、銀青光禄大夫、上柱國、彭城郡開國公、鎮南軍節度使劉府君，諱汾，行第十四。其先世家彭城，漢楚元王交之裔。豐神魁傑，孝敬謙恭，素有大節，嘗以忠義自許。皇考諱巨容，仕唐宣宗，歷懿宗、僖宗，屢遷明州鎮遏使。討殺王郢，陞山南東道節度使，大破黄巢於荊門。

維僕射公初授兵部員外郎。咸通三年，徐軍作亂，逐節度使温璋，以公爲河南招討使，同王式討平之。遷兵部左（按，左字衍）侍郎。乾符二年，濮州人王仙芝作亂，冤句人黄巢應之。乾符四年，黄巢寇河南，圍宋州，公與戰，斬其前鋒，賊遂敗衂。五年，巢攻亳州，直抵城下，與戰，賊敗引退。六年十一月，巢趣襄陽，公會皇考巨容，合江西招討使曹全晸大破巢寇，斬俘十七八。賊東渡江，掠饒、信等州。廣明元年，巢復渡江，陷東都，入關，陷京師。車駕幸

① 張秀玉《王明清年譜》，《古籍研究》2009 卷上下（總第 55—56 期），合肥：安徽大學出版社，2010 年，第 402～408 頁。

② 《宋史·王昭素傳》原作“二十三篇”，據顧吉辰《〈宋史〉比事質疑》（北京：書目文獻出版社，1987 年，第 476 頁）考證，當作“三十三篇”，今從之。

③ 脱脱等《宋史》四三一《儒林一·王昭素傳》，北京：中華書局，1977 年，第 12808～12809 頁。

蜀，巢入宫，稱帝改元，以其僞將朱温屯東渭橋。中和元年，以公爲京城四面遊擊、招討等使，同鄭畋總督諸道兵。二月，巢將尚讓、王播率衆五萬寇鳳翔，公與鄭畋、司馬唐弘夫等大破其衆於龍尾陂，斬首二萬級，餘寇東遁。尋朱温以華州降，賜名全忠。中和二年春，陞公兵部尚書。八月，中書平章。蕭遘奏公之勛，誥轉銀青光禄大夫、團練討擊使、檢校國子祭酒兼御史大夫、上柱國、鎮南軍節度使。時鎮南經巢三掠，加以孫儒猖獗，民不聊生。公一意撫卹，親加勞問，簡徭役寬賦税，民賴以全。中和四年，尚讓等降，巢尋伏誅。巢之亂十年，惟公屢立戰功，茂績元勛，爲國之柱石。

景福二年十一月，御史大夫鄭遐昌奏，誥轉公特進、銀青光禄大夫、尚書右僕射、右散騎常侍、右千牛衛上將軍、上柱國、鎮南軍節度使，移鎮信州。信之接境，乃閩浙之咽喉，吴楚之保障。鎮之以静，邊鄙無警。江西十州之民皆安堵，而公私富庶幾復承平之舊。天復元年九月，鄭遐昌復奏，誥轉特進、銀青光禄大夫、檢校尚書左僕射、左朝左廂兵馬使、左散騎常侍、左千牛衛上將軍、上柱國、鎮南軍節度使。是冬，公薨，贈中書令、彭城郡開國公。諸子奉柩葬屬縣弋陽之歸仁鄉旗鼓嶺，立祠勒石於大邱橋，以爲奉祀之所。信民德之，立廟於水南，尊稱爲仁惠大王，崇祀而不忘也。

公弟諱逈，官迪功郎；諱迪，爲鄱陽宰。惟公九室：鄭氏、鮑氏、王氏，餘詳譜牒。子男十四，以"漢"字命名，冀紹先也，咸以克佐勤王之勛榮膺寵爵。漢英，鎮南軍行營節度使；寧，建武軍治軍招討使；興、平，料糧判官；昇、勝、明，州長史；從，州判官；彬，安撫使；呑，官饒州路判；宗、瑞、廣、匡，皆潛德弗耀。

於是，詔以漢英爲留後，英曰："方今朝廷天紀紊亂，進退庸將擇焉?"故諸昆弟咸以父憂辭去官，乃以江西觀察使鍾傳來代，而將佐皆棄職。諸公欲擬沛還不果，遂家先墓前新陂里。居年既久，十四房之人衆，乃告家廟各卜地而遷焉。闢地創居，爰立家廟奉先，以爲歲時烝嘗之所，額曰祠堂，慎終思孝永慕不忘也。雖天各一方，其祠祭則攸同焉。今其嗣孫尤能繼志述事，良由孝誠之至也。矧惟僕射公之竭忠勤王，篤志匡輔，信以睦邊，仁以懷衆，威勇而卻敵，盛德被生民，蓋貞合於忠，義行於外也。宜乎！廟貌斯存，刻石永表，並系之以辭曰：

劉處彭城，本自楚元。世食爵土，尚睦宗親。兩漢而下，代顯文孫。迄唐巨容，提符統軍。翦除王郢，破軍荊門。僞齊犯闕，車駕蜀巡。凶悖酷慘，濁亂中原。僕射總師，載戰載陳。剿攘鳳翔，討降巢温。諸道勤王，巨寇悉奔。方伯始此，天王曠尊。我公藩鎮，發政施仁。時雖板蕩，竭忠誠臣。志惟匡復，靖邦安民。開國承家，倬焉元勛。漢英金玉，佐耀天兵。祖孫三世，崇德褒旌。公奄騎箕，埋玉信陵。數備禮祭，宗廟式成。豐公威烈，勒碑刻銘。信民懷惠，廟祀王稱。皇綱弛張，朱梁篡奸。藩鎮交覆，還沛梗艱。遂樂信土，受居其間。子孫詵詵，既富既繁。大宗承禋，各擇寬閑。欽惟諸漢，各遷一方。宅居勝觀，抱道養望。慎終追遠，建茲祠堂。惟曾祖考，時享烝嘗。牲酒豐潔，黍稷馨香。肩臑胉骼，籩鉶庶將。有孚顒若，來格洋洋。登降受胙，福祉穰穰。孝孫啓敬，永慕不忘。惟公忠君，惟孫孝祖。非本曷思，瞻依有所。常事加嚴，豈其靡監。崇化道民，振今耀古。名山大川，千年鞏固。綿綿瓜瓞，愈熾愈昌。慶澤衍裕，福壽無疆。爰志斯銘，地久天長。

宋開寶八年十月之吉，國子博士王昭素撰。[①]

開寶三年（970），王昭素以國子博士致仕歸家，八年（975）乃承劉汾嗣孫之請而作此記。《起霞劉氏宗譜》卷首另載録有李建勛（？—952）《唐山南東道節度使劉公（巨容）行狀》[②]及司空圖（837—908）《唐鎮南軍節度使彭城郡開國公（劉汾）行狀》[③]，王昭素該記與二行狀多相合，且可互資考補，均爲研究唐末五代動蕩社會歷史狀況的重要文獻。[④]

《全唐文》卷七九三收劉汾《大赦庵記》，小傳即據之曰："汾，大中十三年進士，屢擢兵部侍郎。以討黄巢功，轉信州軍押衙、都團練討擊使、檢校國子祭酒兼御史大夫、尚書右僕射，鎮守饒、信二州。文德二

① 劉秉楨等修《起霞劉氏宗譜》卷首，《中華族譜集成・劉氏譜卷》第1冊景清光緒三十年（1904）敘倫堂鉛印本，成都：巴蜀書社，1995年，第84～85頁。

② 《起霞劉氏宗譜》卷首，第44～45頁。

③ 《起霞劉氏宗譜》卷首，第45～46頁。

④ 清編《全唐文》、吴鋼主編《全唐文補遺》、陳尚君輯校《全唐文補編》等均未收録李建勛《唐山南東道節度使劉公（巨容）行狀》、司空圖《鎮南軍節度使彭城郡開國公（劉汾）行狀》，筆者另有專文輯録討論，今不贅。

年，進（按，‘進’下原注‘闕一字’，據《唐節度使祠堂碑記》闕文當是‘鎮’字）南節度使。”[①] 勞格（1820—1864）《讀書雜識》卷八《讀〈全唐文〉劄記》[②]、方積六《〈大赦庵記〉真僞考——關於黃巢起義一則史料的考辨》[③] 等都認爲《大赦庵記》是僞作，尤其方積六先生言之鑿鑿，結論頗爲可信。相較撰作於明清之際的《大赦庵記》，《唐節度使（劉汾）祠堂碑記》無違背歷史事實的誇大炫耀，且符合唐代的典章制度、行政區劃等，可視作信史。

二、張珏

張珏，字公予，號竹溪，徽州婺源（今屬江西）人。生於北宋末，宋孝宗乾道四年（1168）仍在世。以孝友聞於時。朱熹（1130—1200）《跋張公予竹溪詩》嘗稱讚之：“婺源雖巖邑，而故多文士，竹溪丈人張公予其一也。好爲歌詩，精麗宏偉，至其得意，往往亦造於閑澹。其大篇短韻，又皆各得其體。晚歲屏居山田水竹之間，專用詩酒自娛，以忘其老。所與遊多一時名勝，類皆退讓推伏，樂稱道之，觀呂待郎諸公所題文編可見矣。淳熙丙申，予自建安歸故里，公予之子珍卿持以見示，因得三反咏嘆，究觀製作之意，信乎其如諸公所稱不誣也。然予聞公予天資孝友絶人，其篤於兄弟之愛，至犯患難、取禍辱而不悔，有古篤行君子所難能者。諸公乃徒盛稱其詩，而曾不及此，予不能識其説也。因竊記編之後，以示鄉人，使知公予之所以自見於世者，不但其詩而已，蓋於名教，庶亦深有補云。”[④]《永樂大典》卷一三四五〇存録有纂修於南宋理宗端平二年（1235）的《新安續志》（劉炳修、李以申纂）佚文，略述其行事：“張珏，字公予，婺源人。進朝請郎。建炎三年，從朱弁使金還，高廟優詔迎勞，珏以病累章乞歸。世居溪之東，環宅多竹。其歸也，上書‘竹溪逸士’賜

---

① 董誥等編《全唐文》卷七九三，北京：中華書局，1983 年，第 8314 頁。

② 勞格著，項念東點校《讀書雜識（外一種）》，蕪湖：安徽師範大學出版社，2017 年，第 305 頁。勞格僅云：“劉汾《大赦庵記》，僞。”

③ 方積六《〈大赦庵記〉真僞考——關於黃巢起義一則史料的考辨》，《中華文史論叢》1981 年第 3 期，第 229～242 頁。

④ 朱熹撰，朱傑人等主編《朱子全書》第 24 冊，上海：上海古籍出版社，2002 年，第 3828～3829 頁。

之，一時名士推重焉。"[①] 至於張珏生平事跡，則詳載弘治《徽州府志》卷九《人物·孝友》："張珏，字公予，號竹溪，婺源東溪人。祖洪，汀州文學，與衡守敦頤、檢詳敦實族兄弟也。珏弟滋罣誤，法當死，珏曰：'吾力单微，養母不如弟。'自拘於有司，遇恩徙邊，以是見知蘄王韓世忠。從討湖寇劉忠、曹成，上功，補進虜副尉，稍遷進武校尉。持節追金帥，計事稱旨，進朝請郎。建炎三年，從朱弁使金還，高廟優詔迎勞。珏以病累章乞歸，上書'竹溪逸士'賜之，詔旌其坊曰昭義，授銀青光禄大夫，一時名士皆推重。號竹溪先生，有《竹溪詩稿》三十卷，待制吕廣問爲之序，朱熹跋之，稱其'天資孝友絶人，有古篤行君子所難能者，不但其詩而已'。先是，珏諸父有名孚者，念兄弟之貧，均己産分之孚。"[②]《全宋文》未收張珏文，今據明嘉靖間張憲等主修《張氏統宗世譜》補文《婺邑東溪續譜序》一篇。

張氏出自軒轅黄帝第五子揮，始賜姓，厥後列爲十四望。至周有仲以孝友稱，漢則良以功業著，唐則説以文章顯。其他名在史牒，代不乏人，不可一一數也。迨國朝如齊賢樂全先生、無盡居士，皆以才學記識爲一時聞人，位列政府。則張氏源深流長，有自來矣，特派别有不同耳。而吾族相傳唐末巢寇之亂，內有諱周者，攜諸子避地於歙之黄墩，至名徹者由黄墩始遷婺源甲路。徹生三子：長曰廬，由甲路徙本邑曹溪；次曰休，遷遊汀；三曰敬，奉徹，建祖宅而世居焉。是爲張氏始遷之頭末也。厥後子孫孫子瓜瓞蔓延，由甲路而下散處四方及都邑、鄰境者，莫能枚舉。其間或以科第興，或以武舉進，取青紫、食天禄者，載諸方册，班班可考。而累葉中，或厚殖貲産，甲於郡邑；或奮身力學，辛勤起家。及夫以他技顯融，而尊主庇民者，接跡連踵。予惟夫歲月寖遠，子孫益繁，其或有家而不能記者，或雖髣髴而列失次者，不可不托之文字，乃總而序之，派而别之，識之以圖，伸之以序。其或差次弗倫不知，而缺及子孫之後出者，蓋有待吾族老成而得其詳者，搜括而補別之，以成一家之傳，俾承繼靡有失

① 馬蓉等點校《永樂大典方志輯佚》第 2 冊，北京：中華書局，2004 年，第 1055 頁。

② 汪舜民纂《（弘治）徽州府志》卷九《人物》，《天一閣藏明代方志選刊》第 22 冊景明弘治刻本，上海：上海古籍書店，1964 年。

墜。雖數千百年後，咸知其身之所從出而安其不知尊卑，老能恤幼，幼能敬長，和睦之風日以浸漬，不致相視如塗人。且能遠法吾祖跳身起家，又能以先達請君爲矜式，種學以顯家聲。或未能至於是者，則又端謹修潔，不失其所守，而人有士君子之行，且不辜吾祖。經營於當日，而漏望於泉下，幸矣。

宋乾道四年戊子月，銀青光禄大夫、禮部尚書、東溪裔孫珏謹序。①

張珏此序乃爲續修婺源東溪支派張氏家譜而作。據序中所言，主持此次修纂工作的就是張珏本人。序作於南宋孝宗乾道四年（1168），可以推測婺源張氏家族的修譜活動頗有淵源。序末署“銀青光禄大夫、禮部尚書、東溪裔孫珏”，而弘治《徽州府志》等僅記其被贈予文散官銀青光禄大夫，並未載曾官禮部尚書。懷疑“禮部尚書”四字是張珏後人在重修家譜時所做的貼金行爲，以抬高祖先地位、凸顯家族歷史。當然，也有可能是張氏子孫身居高位後所獲封贈，而且還有誤題誤書的可能。②

序文初步梳理了婺源甲路張氏源流，子孫“或以科第興，或以武舉進”，儼然成爲當地名門大族。成書於明嘉靖年間的《新安名族志》便於前卷《張·婺源·緋塘》備載之：“在邑東里許。出遊汀派，（張）休之孫曰延肅，爲涇陽令，陞安化軍節度判官，始居邑中。傳四世曰洪，徙城東，大觀三年進士，歷官參政，著有《素竹集》。五世曰浩，贈奉直大夫；曰孚，宣和二年進士，官至中憲大夫。六世曰珏，以孝友聞，代弟死以解母憂，遇恩徙邊，見知韓蘄王世忠，辟參軍務，以功歷官，進朝請郎，建炎三年偕朱弁使金，留十五年不屈，紹興癸亥還，高廟優詔迎勞，旌其坊曰‘昭義’，授銀青光禄大夫，晚歲自城東遷此，著有《竹溪詩稿》三十卷，舉祀鄉賢。”③

---

① 張憲、張延輝主修《張氏統宗世譜》前卷，《中華族譜集成·張氏譜卷》第1冊景明嘉靖刻本，成都：巴蜀書社，1995年，第45頁。

② 郭鋒《唐代士族個案研究——以吳郡、清河、范陽、敦煌張氏爲中心》（厦門：厦門大學出版社，1999年，第73頁）雖提及張珏是序，但並未輯録全文。而且郭鋒先生還錯誤地認爲張珏官禮部尚書可以相信，乃未加詳考致誤。

③ 戴廷明等撰，朱萬曙等點校《新安名族志》，合肥：黄山書社，2007年，第341～342頁。

三、庄夏

《全宋文》第 287 冊收庄夏（1155—1223）文十二篇，今補文《課兒説》一篇。《課兒説》原載明萬曆鈔本《青陽科甲肇基莊氏族譜》（晉江市圖書館藏），今輯録自莊氏後人 1999 年所編《泉州桃源莊氏族譜匯編》。

> 予生年七歲，汝祖父元吉公遂喪夭年，産業微薄。汝祖母鄭氏與伯后家公，專心竭力，欲吾讀書，從學於師。欲得一經史策，及日用筆紙，無財可置。學省多養月糧，亦供之二三升，或不以一時給。被同舍郎出語詬駡，吾密節晚飯以給之，雖祖母亦莫之知也。至弱冠，遊郡庠，備數小職事，月得俸一千，撙節以備束脩。次年，選補國學，汝祖母舂粟種，出浴兒錢，以資贏糧之費。及至參學學之中，早飯率近午，乃常忍飢以俟。至次年假脯，始有以備寒暑之服。年至二十七歲，添竊科第。今歷仕兩任，俸給之外無他利，一毫不敢妄費。食取一葷，衣足蔽體，汝曹之所知也。雖無財物，於今可以資用，紙筆書籍，不至仰給於人。一日三飯，雖未至重肉飫飽，而不至於忍饑。科夏絲綿之交，寒暑衣裳，雖非係帛榮身，亦不至於忍凍。吾思汝輩，今日得免饑寒之苦，當知自幸，勉力讀書，從師長之訓導，聽父兄之教誨，朝夕間，無忌耳提面諭。古有囊螢者車充也，映雪者孫康也，負薪者買臣也，挂角者李密也。予將古人已行之事，望汝曹念念不忘，刻意效習而爲之，庶幾有所成立以遂吾志。不然，吾少年之艱辛若此，汝輩今日，不聽吾言以立志，予恐他日難免飢寒之憂也。凜之，戒之。①

《課兒説》乃莊夏爲教導子嗣勉力讀書而作，以期其他日免於飢寒之苦，更能有所成就。經莊夏訓誨後，長子莊夢閣，官新城宰；次子莊夢序，登嘉定十三年（1220）進士，歷太常簿、朝請大夫。至於其孫，莊彌邵官軍器監丞；莊彌大官刑部郎中；莊彌堅登進士，爲編修官；莊彌明則舉淳祐七年（1247）進士。莊氏祖孫四人登第、七人膴仕，成爲有宋一代

① 《泉州桃源莊氏族譜彙編》編纂委員會編《泉州桃源莊氏族譜彙編》，厦門：厦門大學出版社，1999 年，第 675～676 頁。

科舉政策的巨大受惠者。莊夏自述早年艱辛酸苦，亦載《閩中理學淵源考》卷三一《温陵莊氏家世學派·少師莊藻齊先生夏》："莊夏，字子禮，永春人。家貧早孤，從兄晦學。弱冠，習《禮經》，郡博士張叔椿奇其文，勉入上庠。歲乙未，入太學，俞侍郎烈嘗執經焉。登淳熙八年進士，授興國縣。"①

《宋史·莊夏傳》云莊夏"嘉定十年卒"②，《全宋文》小傳便據此僅列其卒於嘉定十年（1217）③。吴國武《兩宋經學學術編年》："史載，莊氏弱冠入太學在淳熙二年（1175），推知約生於1155年。"④《課兒説》自言"年至二十七歲，添竊科第"，而莊夏登第是在淳熙八年（1181），可以確知其生於紹興二十五年（1155）。至於莊夏卒年，《宋史》本傳記載有誤。《南宋館閣續録》卷九《官聯三·同修國史》："莊夏。（嘉定）十一年正月，以中書舍人兼。十三年正月，爲兵部侍郎，仍兼。"⑤ 又《宋會要輯稿》卷三八九四《職官七五》："（嘉定十一年十月）二十六日，葉嗣昌差宫觀，指揮寢罷。以中書舍人莊夏言其'居家則不孝其親，不友其弟，當官則交通關節，賄賂公行'。"⑥ 由此看來，莊夏嘉定十三年（1220）尚在世。《永春縣志》⑦、《泉州歷史人物傳》⑧、楊文新《南宋名臣莊夏事跡述評》⑨ 等均謂其生於紹興二十五年（1155），卒於嘉定十六年（1223），雖未指出所依據材料爲何，但推斷或是本於明清家譜（惜未得見），可從之。因此，莊夏的生卒年應爲（1155—1223），享年六十九歲。

四、劉雄飛

劉雄飛（1204—1272），信州弋陽（今屬江西）人。劉汾十三世孫。

---

① 李清馥撰，徐公喜等點校《閩中理學淵源考》，南京：鳳凰出版社，2011年，第425頁。

② 《宋史》三九五《莊夏傳》，第12053頁。

③ 曾棗莊、劉琳主編《全宋文》第287册，上海：上海辭書出版社，2006年，第189頁。

④ 吴國武《兩宋經學學術編年》，南京：鳳凰出版社，2015年，第991頁。

⑤ 陳騤、佚名撰，張富祥點校《南宋館閣録　續録》，北京：中華書局，1998年，第363頁。

⑥ 徐松輯《宋會要輯稿》，北京：中華書局，1957年，第4083頁。

⑦ 《永春縣志》編纂委員會編《永春縣志》，北京：語文出版社，1990年，第873頁。

⑧ 莊晏成主編《泉州歷史人物傳》，厦門：鷺江出版社，1991年，第197頁。

⑨ 楊文新《南宋名臣莊夏事跡述評》，《廣西民族師範學院學報》2014年第6期，第14～16頁。

紹定間以武藝應召，歷進義校尉、武進校尉、知壽春府、右武衛將軍等。淳祐十年（1250），遷正侍大夫、左武衛大將軍，改知濠州。寶祐四年（1256），知吉州，轉左武衛上柱國大將軍。景定二年（1261），爲四川安撫制置副使兼知重慶府。景定四年（1263），任四川安撫制置使兼知重慶府。咸淳五年（1269），知沅州兼常德、澧、辰、沅、靖五郡鎮撫使。咸淳六年（1270），轉左金吾衛大將軍、荊襄諸路撫察使，移鎮荊州。咸淳八年（1272），以疾薨，享年六十九。事跡詳後文所輯謝枋得佚文《劉雄飛行狀》，並散見於《宋史・理宗紀》及《度宗紀》等。《全宋文》未收文，今據清光緒間劉笑山等修《宛旌禮郫劉氏世譜》補文三篇：《寶祐四年尚書公墓被程榮一侵葬遠孫雄飛奏行劄録》《祭汾公墓文》《祭夫人文》。

寶祐四年尚書公墓被程榮一侵葬遠孫雄飛奏行劄録

左武大夫、左武衛大將軍、吉州刺史、帶御器械、山東鎮撫使、知漣水軍兼忠節忠勇義士三將軍、都統制大使司諮議、麻城縣開國子、食邑五百户劉雄飛，不避斧鉞之誅，輒控迫切之悃，仰干鈞聽：雄飛誤叨朝廷擢用，連守邊郡，事任日嚴，未能一歸故山，始祖尚書僕射之墓葬信州弋陽縣歸仁鄉旗鼓嶺，委侄劉洪看管。前載，雄飛守濠梁，被近富民程九二占雄飛家始祖尚書之地，欲行謀葬。雄飛遂差人前往審問，經三十縣官陳告，間程九二專遣親侄程榮二來濠，告免伏狀，不敢葬埋，遂附批帖與程榮二，收執回歸，與侄洪照應。得侄洪報，程九三歿，而榮一、榮二、程庚一、庚二等乘機抬九三之棺，埋葬於尚書僕射墳禁之內，被其抽鑿，使雄飛始祖不安於冥冥之中。一族徬徨，已經州縣陳訴，被程榮一賞囑官吏。竊念雄飛始祖官系節相，雄飛忝在邊郡之寄，被程榮一等掘鑿祖墓，准榮二已來濠告伏不敢盜葬，今被淩侮，存歿不安。具申刑部，未蒙施行，不免哀告朝廷，欲望鈞慈。劄下江東道提刑司追上程庚一、庚二等，根究掘鑿尚書僕射之墓，照條斷罪，仍照榮二前來告伏不敢盜葬之情，竢下本州差官監督勒移他處，庶使始祖尚書僕射之靈安於地下，雄飛亦得安於邊任。干冒鈞威，下情無任戰慄，竢命之至，右具申右。劄付江東提刑司嚴與追治，仍監目下遷葬，不許故犯，仍已具尚書准此。

寶祐四年三月日押。[①]

寶祐二年（1254），劉雄飛時知濠州（治所在今安徽鳳陽），其始祖劉汾墓被同邑程氏侵葬，後來雖陳訴州縣、刑部等，但都沒有予以處理。寶祐四年（1256），已改知吉州（治所在今江西吉安）的劉雄飛上書朝廷，朝廷乃敕旨令程氏即刻遷葬改正。此文的發現可爲南宋後期的法制研究增添一則新材料，更可窺當時社會的某些面貌。

祭汾公墓文

大宋寶祐四年歲在丙辰冬十一月甲子朔，十三世孫金紫光禄大夫、左武衛大將軍、吉州刺史、帶御器械、山東鎮撫使、知漣水軍節制軍馬兼知和州、上柱國、四川制置使、麻城縣開國子、食邑五百户雄飛，謹委侄濠州定遠縣主簿子春，並遣承信郎帳前提調官王世榮等，謹以清酌之奠，昭告於始祖尚書僕射劉公之墓曰：嗚呼！我公生於唐季，適遭亂離，思奮忠義。以身許國，提兵用勞。大呼擊虜，攻破黄巢。公之功德，天地莫秘。逮侍兩朝，恩渥爵貴。生則封侯，死則血食。維南有溪，厥廟奕奕。一人之德，百世其昌。綿綿子孫，源遠流長。婺州星源，曰維族望。東山蘭溪，新陂官莊。湖圍義成，清唐流芳。爲吾支裔，愈久彌光。士負大節，不事鉛槧。我用投筆，遂以學劍。雖文武之殊途，然功名之一致。是皆有志於民，無負於世。荷聖朝之盛典，幸試郡於濠梁，使不歷艱而茹險。未必功顯而名彰，然皆先公之積德，於今日而發揚。嗚呼！我公死而不死，於今幾年。旗鼓之山，蓉溪之瀾，惟公之靈，洋洋其間。聊寄忱於一奠，庶振後而光前。尚饗![②]

程氏侵葬劉汾墓一案，經劉雄飛上書，乃於寶祐四年（1256）冬得朝廷妥善解決。爲安慰祖先在天之靈，劉雄飛親撰文祭之，並委派侄劉子春、下屬王世榮等昭告於劉汾墓前。

---

① 劉笑山等修《宛旌禮郇劉氏世譜》卷二，《中華族譜集成・劉氏譜卷》第 6 冊景清光緒三十年（1904）鉛印本，成都：巴蜀書社，1995 年，第 73 頁。

② 《宛旌禮郇劉氏世譜》卷二，第 73 頁。

祭夫人文

維寶祐四年歲次丙辰十一月甲子朔，遠孫左武衛大將軍、帶御器械、知濠州兼勸農屯田使、管內安撫沿邊都巡、檢校淮西制置大使司諮議、麻城縣開國子、食邑五百户雄飛，謹委侄子春，並遣承信郎帳前提調官王世榮等，謹以清酌之奠，致祭於始祖妣鄭氏、鮑氏夫人之墓曰：維夫人之儀兮，等高峰而秀美。維夫人之德兮，冠今古而莫擬。維夫人之墓兮，環山川而流峙。維夫人之澤兮，施子孫於無已。維夫人之靈兮，鑒一忱於禴祭。尚饗！①

此文撰述緣由同前《祭汾公墓文》。司空圖《唐鎮南軍節度使彭城郡開國公（劉汾）行狀》："惟公九室：鄭氏、鮑氏、王氏、馬氏、宋氏、張氏、李氏、武氏，惟郭氏無出。"② 劉雄飛此文所祭惟鄭氏、鮑氏，則其餘七室或未隨葬劉汾。

五、謝枋得

《全宋文》第 355 册收謝枋得（1226—1289）文七卷，今據清光緒間劉秉楨等修《起霞劉氏宗譜》補文《宋故金紫光禄大夫右金吾衛上將軍帶御器械兼忠節忠勇義士三將軍都統制大使京湖鄂岳觀察使辰沅鼎澧鎮安大使上柱國四川制置大使麻城縣開國子食邑五百戶劉公雄飛行狀》一篇。熊飛等校注《謝疊山全集校注》③ 以嘉慶六年（1801）謝氏藴德堂刻五卷本《疊山集》爲底本，另有附録一卷、拾遺一卷（洪薇輯，均録自《詩林廣記》），自然也沒有收入此文。

公諱雄飛，唐開國公汾公第三子漢從公十二世孫。豐神俊偉，才識英明，謙恭下人，忠義夙著，志氣遠大，有守有爲。其先世居彭城，漢楚元王之後，徐州琅琊人。始祖諱巨容，仕唐屢遷山南東道節

---

① 《宛旌禮郫劉氏世譜》卷二，第 73～74 頁。

② 《起霞劉氏宗譜》卷首，第 46 頁。

③ 謝枋得著，熊飛等校注《謝疊山全集校注》，上海：華東師範大學出版社，1994 年，第 1～203 頁。

度使。二世祖諱汾，官至嶺南軍節度使，贈彭城郡開國公、潁川郡王，奉詔久鎮鎮南，屢求還鄉不得命，遂寓居屬郡信之弋陽縣歸仁鄉新陂里。三世祖諱漢英，官至鎮南軍行營節度使，改鎮南留後、金紫光禄大夫。兄弟十四人，以武功而膺大夫爵者七人，膺郎官職者三人，潛德弗耀者四人。

至雄飛，由弋陽客遊黄州麻城，又僑居焉。宋理宗紹定間，以武藝精強義士應召，初授進義校尉。先是，金之山東濰州北海民李全勇力權譎，聚衆作亂，其妻楊氏亦善弓馬，寇掠山東州縣。既而帥其部歸宋，以爲京東總管，尋大破黄金兵於淮西，加全觀察使，遷節度使。因淮東帥抑其驕而遂反降於元，寇掠江淮。以趙範、趙蔡爲兩淮帥，會師討之。紹定三年夏，以雄飛同統制李虎提兵往真州六合，抵揚州，與賊全對壘大戰一十七陣。紹定四年正月，追殺全，餘黨奉全妻楊氏妙貞道淮安，追擊病死。淮安平，公以公（按，當作功）遷武進校尉。紹定五年三月，公克復盱眙城，轉公保義郎。端平元年二月，公入朝爲上引接儀範，轉公丞中郎。端平三年十月，公出疆，有功於淮西，入朝又轉忠訓郎。嘉熙二年，元圍廬州，公與杜果敗元，將察罕北走。十二月，奉旨知浙西諸路兵馬副都監兼遊擊左軍都統，駐扎鎮江府，仍敎厘軍。嘉熙四年，詔兼御前統制。淳祐元年，差往臨安，改鎮揚州。淳祐二年，出巡安豐，攻敗察罕，功轉秉義郎。淳祐五年，知壽春府、節制營屯兵馬措置邊御兼遊擊義士諸軍事，提兵修浚泰州城池，轉訓武郎。淳祐六年春，攻克元兵，轉武節郎。三月，又同吕文德攻察罕，復濠州全城。十月，誥敕："武節郎、閤門知候兼兩浙諸路兵馬軨轄、鎮江府總轄、拱衛軍馬劉雄飛，陞爲武義大夫、知壽春府事兼勸農營屯田。"淳祐七年，以舟師於渦河，剿韃靼，遷武功大夫。淳祐八年，樞密使徐鹿卿等奏公職守忠勇，修舉邊備，誥轉右武衛將軍。淳祐十年，淮東制置李曾伯奏公立功第一，又誥轉正侍大夫、左武衛大將軍，欽賜金帶衣紫賞賚，改知濠州節制兼和州。四川觀察使余晦奏："公忠義挺立，韜略尤長，久歷風霜，勛業甚偉。守御壽春六年，虜不敢犯。且折節下士，崇文好禮。及移鎮濠梁，吏民忻迎，真有來暮之歌，藹興再生之喜。"八月，兩淮制置賈似道等奏公戰功疊著。淳祐十一年，誥封麻城縣開國男，食邑三百户，仍舊職事。寶祐元年，以疾屢請不允，仍鎮兩淮。寶祐二年，代四川制置。公少時，客於岳州，以事干府，有王都頭之妻見公標緻魁偉，而語都頭曰："雄飛非常人，可善遇之。"至是，辟都頭爲江佐，以報之。寶祐四年，知重慶府，改知吉州、帶御器械、山東鎮撫使兼知漣水軍節制軍馬、兼忠勇忠節義士三將軍、都統制大使。擊敗李全之子壇，又誥轉左武衛、上柱國、大將軍，進爵麻城縣開國子，食邑五百户。

三月，公奏："原籍信州弋陽縣二世祖銀青光禄大夫、鎮南軍節度使、兵部尚書、右僕射、彭城郡開國公汾公之墓被坋，鄰程榮一於境内盜葬伊父程乃三。"准奏。奉聖旨著令改正，遣侄洪赴墓醮祭，告祀祠堂。

景定二年元世祖元年十一月，以公爲四川制置使兼重慶府，境内明安。咸淳六年，以朱禩孫爲四川制置代，公兼京湖北路觀察使、鄂、岳、沅、鼎、澧五州鎮安使，誥轉金紫光禄大夫、左金吾衛大將軍、上柱國、荊襄諸路撫察使，移鎮荊州，以援襄樊。咸淳八年壬申四月，公以疾薨於官。公生於宋寧宗嘉泰四年甲子七月十四日酉時，享年六十有九。階屢陞爲金紫光禄大夫，勛屢陞爲上柱國，爵屢陞爲麻城縣開國子，食邑五百户。葬麻城若鎮。江、鄂、岳等處皆有莊及祖先祠堂祭祀田畝，茲不悉贅。

余時守信州，公之侄洪自麻城來謁，且請録公行狀。然公竭忠勛業載在簡策，豈贅蕪詞可以讚揚乎哉？顧枋得同居邑里，世忝通家，素聞公之世系德業，固辭弗獲。於是掇其大概，以表公之行實，庶將垂於不朽焉。

宋德祐元年乙亥冬十二月望日，光禄大夫、江西招討使、知信州事、弋陽謝枋得謹狀。[1]

劉雄飛乃宋末抗元重要將領，宋元典籍如李曾伯（1198—1268）[2]《可齋雜稿》《可齋續稿》《宋史全文》《宋史・理宗紀》《度宗紀》等俱略

① 《起霞劉氏宗譜》卷首，第49～51頁。

② 張靜《南宋詞人李曾伯年譜》，《長沙理工大學學報（社會科學版）》2009年第3期，第66～74頁。

載其事跡，《劉雄飛行狀》則是了解其生平行事最新、最全面的材料。謝枋得與劉雄飛同爲弋陽人，又有通家之誼，關係非同一般，乃應其侄劉洪所請撰此行狀。行狀末署德祐元年（1275）十二月，謝枋得時知信州，《宋史・謝枋得傳》亦云："德祐元年……以江東提刑、江西招諭使知信州。"①

《宋季三朝政要》卷二《戊午寶祐六年》："劉雄飛捷於横山。雄飛本隆興府犯事人，解至鄂州收系。一日得脱，宿荒沙壩中，夜半見天門開，心切自喜，遂投充揚州制司敢勇軍。出軍有功，（賈）似道辟差權和州，不數日，除知州，遷四川制置使。"②《劉雄飛行狀》所述劉雄飛報恩都頭事，《錢塘遺事》卷三《劉雄飛》詳載之，惟行狀作王都頭，而《錢塘遺事》則作楊都頭："淳熙年間，鄂州江夏縣尉司都頭楊文、其妻八娘常行善念。一日，隆興解到賊徒二十五人來鄂州，發下尉司楊文收管拘鎖。有劉雄飛者，貌魁偉，八娘以爲異，待之極厚。楊文出巡按盜，八娘遂打開索鎖，俾雄飛遠遁，仍與雇舟盤費。雄飛一夜過江，宿於荒沙壩中，夜半見天門大開，車馬往來，心内自喜。至鎮江府，適揚州制司招帳前敢勇軍，遂投充軍隊至揚州。制司調遣出軍，大捷而回，除帳前統制官。後累有功，遷權帳前副都統。適和州闕守，賈似道爲制置使，差雄飛權和州。到郡數月，正除知和州。雄飛遣人迎楊都頭、夫人偕來，則八娘已死矣。厚贐楊都頭歸，俾作功德，追薦八娘。後雄飛爲四川制置，仍保楊都頭爲帳前統制。後知重慶府。劉之報恩，可謂至矣。"③ 行狀往往是門生故吏、親朋好友從親歷者的角度敘寫逝者的歷史，出於對逝者的尊重、認可，自然會在一定程度上對其生命軌跡加以雕琢打磨，甚至精心掩蓋、遮蔽逝者生前的某些"醜惡"痕跡。因此《劉雄飛行狀》諱言劉雄飛的"犯事人"身份，而僅云"由弋陽客遊黄州麻城，又僑居焉"，確屬司空見慣之事。

另外，行狀云劉雄飛卒於咸淳八年（1272）四月，而《宋史・度宗紀》則謂"（咸淳九年五月）辛未，劉雄飛乞致仕"④，"（咸淳九年六月）

① 《宋史》卷四二五《謝枋得傳》，第12688頁。

② 佚名撰，王瑞來箋證《宋季三朝政要箋證》，北京：中華書局，2010年，第235頁。

③ 王瑞來校箋《錢塘遺事校箋考原》，北京：中華書局，2016年，第99頁。

④ 《宋史》卷四六《度宗紀》，第914頁。

丙戌，劉雄飛卒，特贈一官”[①]。出自劉雄飛同邑好友謝枋得筆下的《劉雄飛行狀》，可信度自然高於雜出衆手的官修史書《宋史》，而且自古以來皆認爲《宋史》在官修諸史中最是蕪雜疏漏，其所依據的材料或有誤記，甚至修纂過程中也難免失誤，故當遵從《劉雄飛行狀》的記載。而且，行狀更明言“公生於宋寧宗嘉泰四年甲子七月十四日酉時，享年六十有九”，亦可推斷出劉雄飛卒於咸淳八年。

六、結語

今根據明清時人纂修的四種家譜文獻，即明代的《張氏統宗世譜》《青陽科甲肇基莊氏族譜》與清代的《起霞劉氏宗譜》《宛旌禮郇劉氏世譜》，所補輯的七篇《全宋文》失收佚文，撰者除莊夏、謝枋得外，其餘三人王昭素、張珏、劉雄飛均屬《全宋文》未收作者，故略考三人生平行事，以爲小傳之資。此七篇佚文，既可彌補《全宋文》的缺漏和遺憾，亦爲相關研究增補新材料。尤其莊夏《課兒説》、謝枋得《劉雄飛行狀》的發現，更可資補正當前研究的闕誤：藉助《課兒説》及其他相關材料，可以考證莊夏的生卒年，從而釐正《宋史》《全宋文》等的錯謬；《劉雄飛行狀》則可糾正《宋史》關於劉雄飛卒年的錯誤記載，且對於謝枋得、劉雄飛的研究也具有不可忽視的重要價值。

---

① 《宋史》卷四六《度宗紀》，第 915 頁。

《編類運使復齋郭公敏行録》中的元人佚詞

慈　波

浙江師範大學人文學院

摘　要：元人徐東所編選的《編類運使復齋郭公敏行録》是與《運使復齋郭公言行録》合刊的特殊形態文集，主要記録郭郁仕宦各地的事跡，並附載地方士人的投贈詩文。其中所録姚堅、朱友聞、方希顏詞作三首，可補《全金元詞》之缺，所録劉忠之詞也可糾正《全金元詞》作者之誤。

關鍵詞：《敏行録》　《言行録》　元人佚詞　姚堅　朱友聞　方希顏　劉忠

唐圭璋先生《全金元詞》網羅放逸，徵引書目二百餘種，對金元詞人詞作的蒐討已堪稱全備。故自出版以來，雖然學界偶有輯補，也多是依據稀見的山經地志、族譜家乘或釋道文獻增入。筆者近日翻閱元人編刻的《編類運使復齋郭公敏行録》，發現其中録有姚堅、朱友聞、方希顏詞作各一首。此書流傳未廣，正如錢大昕所說，“自來搜輯元代藝文者皆未之及”①，而這三人及詞作《全金元詞》皆失收，學界也未見録引，當屬遺逸之作。

① 錢大昕《十駕齋養新録》卷十三《復齋郭公言行録及敏行録》，《嘉定錢大昕全集》（增訂本）第七册，南京：鳳凰出版社，2016年，第360頁。

一

《編類運使復齋郭公敏行録》今國家圖書館存有元至順二年（1331）福州路儒學刻本，已收入中華再造善本之金元編。此書與《運使復齋郭公言行録》合編，裝爲兩冊，内容上續編，不單獨成書。書前爲黄文仲、林興祖序文各兩篇，以行草手跡上板。前兩序版心上爲“序”，下爲頁碼；後兩序版心上題“言行序”，下題序文頁碼。後接《言行録》，左右雙欄，黑口雙魚尾，每半頁九行18字，版心上題“言行”，下記頁碼，記述“郭公”任職各地之政績及言行。再後即《敏行録》，左右雙欄，黑口花魚尾，版心無字，每半頁十行21字，主要爲各地士人投贈“郭公”之詩文及唱和之作。張金吾曾著録有“編類運使復齋郭公敏行録一卷元刊本”，解題稱“元徐東編。是書與《言行録》合刻，《言行録》記郭公事蹟，此則當時投贈詩詞、序引、書啓及諸處碑記也”①，所說正是此本。

此書傳播極罕，久稱秘笈，阮元將之寫入《宛委別藏》，才逐漸爲世所知，但改變了元刻本行款，且有訛誤。中國國家圖書館另藏張蓉鏡影元鈔本三冊，附單學傳、繆荃孫跋，已獨立分裝爲兩書，文字則是忠實的影寫。學界對《言行録》與《敏行録》的專門研究，目前僅見張國旺一文，對其版本、編者與文獻價值作了詳細的述考。② 張文認爲《言行録》與《敏行録》當爲兩書，前者爲徐東編選，“我們没有確切的證據尋覓出《敏行録》的編者，但考慮到元刻本《言行録》和《敏行録》爲合刊，而《言行録》是由福州路儒學採集並編類，那麼《敏行録》很可能也由福州路儒學編次而成”。這一看法似仍有繼續討論的餘地。

瞿鏞早就明確提出兩書實爲一書，他曾著録“運使郭公言行録一卷敏行録一卷元刊本”：“題‘福州路儒學教授徐東撰’。《言行録》記郭公郁居官事，《敏行録》皆一時名人投贈詩文頌其政績也。此書自來諸家書目未著録，今見錢氏《補元史藝文志》、《養新録》及張氏《藏書志》、阮氏《經

① 張金吾《愛日精廬藏書志》卷三十五集部，上海：上海古籍出版社，2014年，第733頁。

② 張國旺《〈運使復齋郭公言行録〉和〈編類運使復齋郭公敏行録〉的版本與價值》，《元史論叢》第11輯，天津：天津古籍出版社，2009年。

進書目》，各家題跋已詳本末。惟張氏、阮氏分載二書，不知《敏行録》即附刻於《言行録》後，亦徐東所編。阮氏誤以卷首有黄文仲、林興祖二序，遂疑爲二人所編也。"[①] 據此，《敏行録》的編者當亦爲徐東。

《言行録》的編者容易確定，因爲此書正文書名後另行題有"福州路儒學教授徐東述"。張復《奉題言行録後》點明郭郁"高潔剛明，其德政洽於人心，著於事蹟，田父賈豎皆能道。長樂郡文學徐古道採摭聞見，仿近代名臣言行録，爲公書之"，亦爲明證。林興祖在《言行録序》中聲稱："《言行録》，録復齋郭公言行也。公自初爲樞密史，至今嘉議大夫，凡掾中外省爲都事者二，爲牧守者三，檢校中書，僉贊風紀，兩職鹾運，向爲貳，今爲正。嘉言嘉行，炳炳人心，章章冊牘，形諸歌詩，刊諸金石，合爲今《言行録》，誠爲政之範模，檢心之繩尺也"，這恰好指出《言行録》包括吟美德政的詩歌，而詩歌實際上收録在《敏行録》當中。或者說，《敏行録》其實是附著於《言行録》的。聯繫到此書的性質，這一原因不難理解。福州士人參與、編輯《言行録》，最主要的目的是向上級舉薦郭郁，希望能夠"寵之清要"[②]。在初次集體舉薦之後，"已蒙本道廉訪司察舉，未見施行"，於是福州路儒學再次上狀，認爲郭郁"方今齒德俱尊，精神亦壯。其清風峻節，可以爲縉紳之儀錶；其大材偉器，可以爲廊廟之棟樑。似此大賢，久淹漕計，駸尋晚歲，未愜輿情。欲乞上聞省台，擢居重任，實付民望"[③]。而作爲"輿情"的最顯明直接的證據，當然是各地百姓所作的歌詠、士人所作的頌讚、去思碑等記功的石刻，而這些文字都見於《敏行録》。正如舉狀明言的那樣，"本路儒學教授徐東，依朱文公撰《宋名臣言行録》例，採輯翰林元學士、袁學士、廉訪馬僉事所作碑記，撮其切要，爲《郭公復齋言行録》，備載平生居官治民事蹟，至甚著明"，而《言行録》中實際上除了記述郭郁在各地的治績，附載儒學舉狀以及郭郁請立義田的牒文之外，並無其他文字。碑記是《敏行録》所要搜載的對象，袁學士的碑記即袁桷《慶元路重修先聖廟記》，正收録在其中。考慮

---

① 瞿鏞《鐵琴銅劍樓藏書目録》卷十史部三，上海：上海古籍出版社，2000 年，第 257 頁。解題中所稱阮元說法見《四庫未收書提要》卷四《編類運使復齋郭公敏行録提要》："無卷次，無撰人名氏。前有古候黄文仲及三山林興祖兩序，疑出二人所編。"

② 《福州路儒學陳禦史台狀》，見《郭公言行録》，元刻本。

③ 《福州路儒學舉狀》，見《郭公言行録》，元刻本。

到兩書相輔相成的性質，《敏行録》當爲徐東所編。①

不過今存的元刻本似乎並非完本，上述元學士（當即元明善）、袁學士、馬僉事三篇碑記，今本《敏行録》中僅存袁桷一篇。尤其令人費解的是，元刻本卷首羅列黄文仲序、林興祖序、黄文仲序、林興祖序，明顯堆疊而不合體例。自前兩序內容判斷，契合《敏行録》編纂要旨；後兩序版心則刻有"言行序"字樣。故正常的編排應當是《言行録》與《敏行録》前各附兩序，四序並列當是誤裝。張蓉鏡鈔本、《宛委别藏》本已分列，應是看到了這一點。黄文仲前序作於"至順辛未（1331）孟春之望"，《言行録序》作於"至順二年（1331）辛未上元日"，兩文於前後二日內撰成，更可證明《言行録》與《敏行録》合刻的事實。

至於書中稱述的"郭公"，名郁字文卿，《元史》無傳，柯劭忞《新元史》根據此書記載及袁桷爲郭郁之父所作《有元故贈中憲大夫中書吏部侍郎騎都尉陳留郡伯郭公神道碑銘》，撮述而作新傳。傳文述郭郁各地治績較有統系，藉此可見元代政治之一斑；且仕宦經歷與下文考述相關，故不憚辭費而引録於此：

> 郭郁字文卿，汴梁封丘人，金末徙於大名。性穎悟，六歲讀書，博通經史。年十九，辟充江淮行樞密院令史。元貞元年，河南行省丞相卜憐吉歹薦爲行省掾。中書丞相哈剌合孫留於都省，定水門料工者多虛計，郁核實，省官費一千三百錠。車駕幸縉山，奸人劉甲等冒領納鉢草料，省臣使郁治之。既伏罪，郁乃白省臣，奏聞利病，置孛哥孫分司印，御史刷籍，冒領之弊遂革。又以縉山民饑，請賑之。大德九年，除宣徽院都事。本院歲買湯羊多虛額，郁以實價買羊，增買三千隻，省鈔三千餘錠，以此忤長官意。十一年，出爲江浙行省都事。考核荒田，增科糧四萬余石。至大元年，漕吴松江。役夫歲一人除糧十五石，郁視其牘曰："役不過二月三月耳，而除一歲之糧，何也？"於是追理十六萬石，以充海運。四月立衛率府，摘發一萬五千人，期

① 張國旺文中還駁斥了《敏行録》爲鄧文原所編的説法，指出"《續四庫全書》的編者認爲《敏行録》由鄧文原選編。文中的第一篇確爲《國子司業鄧善之送文卿知州赴浮梁任序》，其中'國子司業鄧善之送'與'文卿知州赴浮梁任序'分列兩行，'送'字初看猶如'选'，鄧善之就是鄧文原，這樣很容易認爲《敏行録》爲鄧文原所選"。所論實難成立，蓋"选"爲簡化字，《敏行録》中凡"选"皆刻作"選"。

九月至都。郁曰："今軍士饑窘在道，遷延非計之得者，宜聽其還家收蠶麥，如期至都可也。"比至，則軍資整備，最諸省。初，行至大錢，拘民間銅器。郁白於大臣："廣濟庫藏舊錢數百萬，例許使用，止拘廢銅足矣，何必毀已成之器？"從之，上下稱便。皇慶元年，擢浮梁知州。括隱漏田二百餘畝，米三千餘石，以爲諸生餼廩，廣弟子員百餘。賦役驗實有户以定上中下之則，於是詭名規避者無所隱匿。官田額重者折收輕賦，以剔偏負虛包之弊，民翕然頌之。省台考績，升秩一等。延祐五年，入爲中書檢校官，丁父憂，去官。服除，授中順大夫、知高郵府。涖官五月，墾田六萬餘畝，逃民歸者千二百餘家。至治三年，進階中憲大夫、同知兩浙都轉運鹽使司事。建言減鹽額五萬錠以寬灶户，又平反鹽徒十七家。由是課程增羨，額外至二萬二千四百錠。泰定元年，擢僉江西湖東道肅政廉訪司事。舉劾務存大體，不以苛察爲事。吉、贛、南安饑，郁經營賑濟，活者數十萬人。二年，除亞中大夫、慶元路總管兼勸農事。始下車，決疑獄三百餘事，民爲立德政碑。四年，進嘉議大夫、福建等處都轉運鹽使。是時鹽法久弊，民不堪命。郁曰："水不清者，宜澄其源。"乃白於省府，裁冗濫職事百餘人，請給分司印，以革私鹽之弊，禁預辦增餘帶耗。又鹽徒犯法輒妄引平民，株連者衆。郁讞之，止坐犯事之家。應時科斷，不增入一人，由是獄無冤滯，民安其業。未幾，卒。郁廉潔自持，不可幹以私，所至有聲，爲元明善、馬祖常諸人所重。①

從其治績來看，郭郁確乎廉敏精能，當時即能獲得仇遠、鄧文原、胡長孺、袁桷等人的賞譽，《言行録》中的頌揚雖或有溢美，但大抵也並非虛譽。

郭郁的生卒時間雖然缺乏明確記載，卻也大致可以推斷。《言行録》稱他"年十九，江淮省以儒雅辟充江淮樞密院令史，精明廉敏，賢勞幾二十年。元貞元年，掾河南省"。從元貞元年前推三十九年，可知郭郁約生於 1257 年。在知浮梁州任上，地方士人爲之祝壽，有"上元燈火又經旬，崧岳當年喜降申"（俞彥聖）、"芹宮樂育五年春"（鄭子寬）、"坡翁分竹五年中"（操貴持）之句，可知頌壽之際郭郁已任滿五年，而其生辰則爲正

① 《新元史》卷一百九十四《郭郁列傳》，民國九年（1920）天津退耕堂刻本。

月二十五日。從之任的皇慶元年（1312）三月算起，至1318年初春懸弧之慶，任期已滿五載，此時郭郁恰六十歲，故其生年當爲1259年。泰定四年（1327）十月任福建等處都轉運鹽使後，張復、徐東、梁奎、陳康等人也有壽詩，應當是作於郭郁七十歲的1328年。元代本有“七十致仕”之格，但三品以上官員的遷轉“非有司所與奪，由中書取進止”[①]。因而福州士人試圖上狀舉薦，有策略上的合理性；此舉未果當亦與郭郁已過致仕之年有關。黄文仲《言行録序》（1331）所説的“復齋公官躋三品，力猶彎一石，不類七十翁，堅請掛冠”，應該就是舉薦不果之後的舉措。據説他頗善於養身攝衛，“大梁郭文卿尚書常服此藥，年過八十，精力倍加”[②]，正與序文所言相互呼應。

二

《敏行録》中收録的詩詞與文章已由徐東進行了“編類”。開篇所羅列的詩文，按照浮梁、高郵、浙漕、江西憲使、福建運使等任職順序，編輯了各地文人的贈序、頌詩、壽詩以及互相酬酢之作；後接“諸處碑記”，主要是學記、廟記與去思碑；最後的“諸處書啓”則是地方士人的投謁文字，大抵也關乎各地治化。詩文基本按照仕宦經歷而自然形成聚落，且有漸進的時序可以推尋。這種編排方式無疑爲各篇詩文提供了具體語境，推繹文意、考訂作年也就有跡可循。現將書中姚堅、朱友聞、方希願的佚詞引録如下：

水調歌頭

姚堅

菊耐九秋晚，梅接小春回。乾坤好景如此，初度笑顔開。須信人生七十，那更公家萬石，有子亦奇哉。盛事寫圖畫，和氣藹樽罍。汴梁客，東滄海，北燕臺。雙溪人士，多幸鳩杖日徘徊。重見汾陽富貴，更作渭川勳業，白髮未相催。起舞爲公壽，瑤鶴下蓬萊。

---

① 《元史》卷八十三《選舉三·銓法》，北京：中華書局，1976年，第2064頁。

② ［明］張時徹《攝生眾妙方》卷二《沉香永壽丸》，明隆慶馬崇儒刻本。

百字令

朱友聞

芝山如畫，五年間多費，黄堂心力。南國重來棠蔽芾，壓盡江東春色。畎畝堯民，水雲楚澤，鶴去遙天碧。書船歸後，思公惟對《周易》。　月下濯足滄浪，笑他漁父，只識磯頭石。豈不興懷攀鐙處，馬首發蒼須白。人意綢繆，君恩深重，夜看星朝北。茫茫煙海，浮梁能幾千尺。

沁園春

方希願

畫戟清香，緑鬢朱顏，當代偉人。任宦情澹泊，歸舟空載，满腔惻隱，嘘律生温。襦袴歌謡，佩衿弦誦，留得甘棠千樹春。昌江上，把它年政績，寫入堅珉。　曳裾曾客公門，只冰雪相看意自真。更研朱點《易》，幾回清夜，對梅索句，長記芳辰。風雨情深，江湖興遠，咫尺清光立要津。長亭路，但相期汗漫，上下龍雲。

姚堅的《水調歌頭》是一首壽詞，編列於郭郁知浮梁州之際的作品中，根據前後篇目提供的信息，這是爲其父郭天祐七十大壽而作。胡長孺《壽老致政嘉議郭公序》所云“皇慶元年，龍集壬子（1312），大梁郭翁年七十，長子郁文卿適任浮梁知州，奉翁就養”，正是此詞的寫作背景。趙鎮遠《壽詩序》稱：“皇慶元年（1312）春三月，復齋郭侯守浮梁，下車即迎拜乃翁至郡。翁年七十，以良月（十月）初六日慶初度。”該序細緻地給出了壽詞的創作時間。詞中的“小春”即農曆十月，菊耐秋晚，爲見時景起興，上闋稱美子宦親榮、翁壽子貴，爲正面描寫，下闋從郭氏家世、經歷入手，以郭子儀、姜尚之典，頌壽點題。

朱友聞與方希願的兩首詞都系於“鄱陽餞章”之下，根據《言行録》記載，“延祐五年三月，授奉政大夫、中書檢校”，這是郭郁浮梁得代之後赴任新職之時途徑鄱陽時當地文士的酬贈之作。兩詞結構類似，都是上闋頌美郭郁在浮梁任上的政績，下闋則結合自身遊歷從而重筆抒情以醞釀送别氛圍。兩人都特意提到了郭郁對《周易》的熟悉與喜好，是因爲他“學《易》於武林侯先生，深明旨奥，故號復齋”，自然與元代一般的俗吏迥然不同。郭郁守浮梁時又曾刊行元代名儒胡炳文的《周易本義通釋》，並爲之作序，作爲同時代的朱、方二人，應該是很熟悉的吧。

三人詞作賴《敏行録》幸得傳存，不過可惜的是，三人的生平行實很難確考。姚堅爲文獻中所僅見。明何喬遠《名山藏》中有“朱友聞”，於洪武二年（1369）爲蘭州衛知事，與作詞者未必是同一人。方希願曾參加元延祐元年（1314）首科江浙鄉試，《新刊類編歷舉三場文選》經疑與對策卷各收録了他一篇科場程文，小傳注明“第二名”“饒州人”。《敏行録》中還編入了他的七律《和艮齋先生寄贈》與《復齋說》一文。《復齋說》的結尾寫道：“余客侯館下且三載，茲將會試京師，而侯之得代伊邇，少寓贈言之意。時延祐甲寅日南至，館下士昌江方希願再拜謹書。”這是此年冬至日方希願上郭郁的文章，表示他將赴大都參加會試。從現存元代科舉文獻來看，他未能通過禮部考試。

順帶還可以提及的是，《全金元詞》根據《詞綜》卷三十三收入了“劉忠之”的《太常引》：“少年南北快飛騰，身到處，有佳聲。甓社化才行。又出使、余杭故城。　春風滿路，堤邊楊柳，難系去留情。何處望雙旌。泛千里、孤舟月明。”此詞題爲“送郭復齋”，正與郭郁相關。《敏行録》中恰好收有此詞，系於高郵詩文中，當即《詞綜》的輯録來源。至治三年（1323）正月，郭郁由知高郵府選授同知兩浙都轉運鹽使司事，劉詞是爲郭郁離任餞行而作。“何處望雙旌”，《敏行録》作“何處望台旌”，當從。小詞作者，《敏行録》作“劉忠”，《全金元詞》與《詞綜》都誤增了“之”字，這也是需要糾正的。

《士人身份與南宋詩文研究》評介

張少助

四川大學中國俗文化研究所

摘　要：侯體健的《士人身份與南宋詩文研究》師承王水照“將南宋文學作爲獨立研究單元”的理念，有意識地專門截取南宋文人、文集與文學團體作深入的挖掘探源，對南宋文學圖景作出了多層次、多視角、多維度的觀照。該書在論述南宋詩文時，著眼點是士人，所強調的因素有二：一爲身份，二爲地域。這種文學與身份、文學與地域的交叉研究既遵循“詩必與詩人評之”的藝術規律，又契合南宋文壇多層次、網絡性、塊狀化的特點，可謂深刻把握了南宋文學發展之規律。作者在闡釋時從不脱離時代環境，致力於進行“歷史圖景與作家個體之間的互闡互釋”，從而對南宋文學面貌作出了科學合理的表達。

關鍵詞：南宋　士人　詩文　評介

侯體健①的《士人身份與南宋詩文研究》隸属王水照主持編纂的“復旦文學研究書系第二輯”，該書上承“第一輯”系列的北宋文學研究脈落，下接“第二輯”系列對南宋文學的重點探討。全書分上下兩編，上編爲“身份與詩藝：南宋詩學的多維觀照”，下編爲“結構與程式：南宋文章的知識考察”，從詩學與文章兩個方面勾勒了南宋文壇的基本風貌。筆者現從以下三個方面談談讀後感。

① 侯體健，1982 年生，湖南永興人。2010 年 1 月畢業於復旦大學中文系，師從中國宋代文學研究大家王水照。現爲復旦大學中文系副教授，主要從事宋代文學與文獻研究，著有《劉克莊的文學世界——晚宋文學生態的一種考察》（2013），整理《履齋示兒編》（2014）、《洪咨夔集》（2015）等。

一、關於南宋士大夫詩人身份的界定

每當從政治經歷或社會身份的角度分析文學，對文學家身份的界定本身就是一個難點。作者在之前的論文《劉克莊的鄉紳身份與其文學總體風貌的形成——兼及江湖詩派的再認識》和著作《劉克莊的文學世界——晚宋文學生態的一種考察》中，將劉克莊的身份表述爲"鄉紳詩人"或"地方精英"，這種身份界定未能突出劉克莊作爲宋代士大夫詩人身份的獨特性。因此，作者在這本書中爲劉克莊、周必大等"祠官文學"的代表人物尋求到一個合理的身份表達，即"退居士大夫"，從而將這一群體的創作稱爲"退居士大夫詩文"。作者的這種界定主要受到了林巖的啓發。林巖在寫給作者的書評《身份、文體與地方社會：劉克莊文學活動的多面相》一文中指出："這一類人物，較之'鄉紳'有全國性的聲望和社會影響力，較之'地方精英'文化教養的特徵更爲突出，而且他們隨時有機會回到朝廷出任要職。鑑於這類人物，有不少會因厭倦官場而自動退出，回到家鄉居住。稱爲'退居（型）士大夫'或許更爲恰當。"[①] 林巖的這種界定是從陸游的詩文中提取出來的。他在《晚年陸游的鄉居身份與自我意識——兼及南宋"退居型士大夫"的提出》一文中[②]，從陸游詩文中多次提及的"退士"一詞出發，根據其詩歌中的自我敘述及其居鄉身份的自我認知，同時結合對陸游晚年在朝野間影響的具體考察，提出了一個南宋"退居型士大夫"的概念，並勾勒出其基本特徵。林巖的界定方法具有學理依據和啓發意義。作者在此書中參考了林巖的建議，將劉克莊改稱爲"退居士大夫"，這種界定對作者接下來從"文學與祠祿官制"的角度展開論述有很大幫助，從中也可以看出作者的學術架構具有很強的包容性和科學性。

---

① 林巖《身份、文體與地方社會：劉克莊文學活動的多面相》，《中華文史論叢》2015 年第 3 期，第 390 頁。

② 林巖《晚年陸游的鄉居身份與自我意識——兼及南宋"退居型士大夫"的提出》，《華南師範大學學報（社會科學版）》2016 年第 1 期，第 29～42 頁。

二、對“祠官文學”作品價值的開拓

本書從第一章第二節開始論述祠官文學，作者首先重新認識了宋代祠禄官制在文化上的積極意義，并以此爲切入點作深入研究。其次，雖然祠禄官制在北宋就開始設置，但是真正規模迅速擴大、對一大批文學家産生影響卻是在南宋，正如朱熹議論其“皆可以得之矣”①，這種局面使得“祠官文學”成爲南宋的獨特景觀，作者將“祠官文學”劃歸南宋而非北宋，論述十分精闢：

> 祠禄制度爲宋代所獨有，然祠官書寫在北宋仍較鮮見，此時雖有一定數量的祠官文學作品，但這些作品數量上不成規模，更重要的是它們呈現出的精神世界比較單一，作者奉祠心態相對簡單……而且北宋的奉祠士人并不具有自覺的祠官身份意識，沒有在文學作品之中表現出祠官特有的心理狀態，他們奉祠期間的作品也就很難作爲一個獨立的文學現象加以討論。只有到了南宋，祠官文學作品不但數量激增，蔚爲一道獨特的文學景觀，而且能夠互相勾連，共同反映出較爲豐富的南宋士人心態。②

作者認爲可稱作“祠官文學”的關鍵是要擁有“祠官身份意識”，并且在作品中要有“身份意識以及祠官心態的書寫”，這種界定是非常符合事實的，爲我們準確清晰地描述了“祠官文學”的內涵。

與此同時，作者在談及南宋“祠官文學”時，特別注重從地域特征的角度進行具體論述。我們知道，南宋時期不同地域之間有着發展程度的區別，有先進地區與落後地區之分，不同地區也有因爲不同自然地理條件的限制而産生了內陸與沿海之別（日本學者宮澤知之有過這方面的研究），比如福建、浙江、江西三地之間必然會有差別。作者對此有特別的關注：“南宋詩人的地域分布主要集中在以臨安爲中心的江浙地區（含兩浙東路、兩浙西路、江南東路）、以吉州爲中心的江西地區（江南西路）和以福州

---

① 朱熹《朱子語類》卷一二八，《朱子全書》第18册，上海/安徽：上海古籍出版社、安徽教育出版社，2010年，第4009頁。

② 侯體健《士人身份與南宋詩文研究》，上海：復旦大學出版社，2018年，第60頁。

爲中心的八閩地區（福建路）三大塊。其中江浙、江西早已引起學界重視，而對另一重鎮福建，研究稍顯不足。”① 針對學界的研究現狀，作者著眼於南宋福建地域詩人群體，并以劉克莊爲核心，論述了圍繞在他身邊的頗具規模的福建莆田地域詩人群體，對當地奉祠士人的交遊及文學創作情況作了極爲詳細的地域研究。這既體現了作者“文學與地域”相結合的交叉研究方法，又彌補了學界研究的不足，可謂意義重大。

但是，關於祠官文學作品的意義與價值究竟如何體現，筆者仍然有一些疑問。誠如作者在第一部分“作爲南宋獨特景觀的祠官文學”概述中所說的：

> 南宋一大批代表性文學家都具有奉祠經歷，如劉一止、洪适、周必大、陸游、朱熹、尤袤、楊萬里、呂祖謙、樓鑰、辛棄疾、葉適、趙蕃、曹彦約、程公許、真德秀、劉克莊、文天祥等無一不領受過祠祿，甚至長期任領祠官。祠官成爲許多南宋文學家不可抹去的身份角色，在他們的交遊活動、群體心理、文化記憶、詩文創作等方面，留下了濃重的印記。由於奉祠並非南宋少數士人的個別遭遇，而是大量士人的共同經歷，祠官身份也就承載了整個南宋士人的集體經驗，將之訴諸文學作品，便形成了獨特的“祠官文學”現象。②

作者認爲，祠官身份和祠官經歷使得這些文人士大夫的文學創作具有共同的“奉祠”主題和類似心境，形成了“祠官文學”的現象。但是，“祠官文學”是否能夠真正還原（或者能夠在多大程度上還原）這些文人在這一時期的文學世界和思想感情？他們創作的“祠官文學”作品是否可以視作他們這一時期在文學創作上的代表？參考了作者對“祠官文學”的定義后，這種疑問就又加深了。作者對“祠官文學”的定義是：

> 我們認爲，所謂的“祠官文學”並非指文人奉祠期間所作的所有文學作品，而是任領祠禄官（特指狹義的、專職卻無實際執掌的宮觀官）的宋代文人表達請祠願望、記録奉祠心理、書寫任祠情懷、認識祠官身份的各類創作之總和，也涵括周邊文人酬唱、體味祠官們特殊

① 侯體健《士人身份與南宋詩文研究》，第45頁。
② 侯體健《士人身份與南宋詩文研究》，第59頁。

精神處境的文學作品。“祠官文學”所涉及的文體亦不僅僅是詩詞的唱和，還有大量的“乞宫觀劄子”“丐祠申狀”“任祠謝表”“賀得祠啓”等奏狀表啓的文章創作和相關文字（如日記、序跋等記録），它們共同組成了宋代獨有的文學景觀。①

首先，作者列舉的相關作品僅僅涉及“詩”而不提及“詞”。詩歌如姜特立《庚申春再得奉祠》、周必大《恩許奉祠子中兄重寄臣字韻詩再次韻》《蒙恩奉祠桐柏》《受外祠敕》、吕祖謙《尚書汪公得請奉祠，餞者十有四人分韻賦詩，某得敢字》、范成大《送汪仲嘉待制奉祠歸四明分韻得論字》、劉克莊《秘書弟得祠》《賀秘書弟提舉崇禧》等，其中不乏優秀詩作，但是這種帶有强烈“奉祠”主題的詩作，其創作格局難免受限，作者在書中對它們的分析也是側重於發掘其“觀察詩人群體心態的一個視角”②，强調作品對文人奉祠心態的記録以及對精神特質的反映。而且，這種建立在“幾乎可稱是整個南宋士人的群體記憶”③之上的文學創作，是否會有泯滅個人特色的風險，即使作者將“周必大”作爲“一個祠官文學的典型樣本”，卻并未從這個樣本中强調周必大“祠官文學”的典型性與獨特性。從作者的論述中也很少看到從“詩歌藝術”的角度對這些詩作進行分析，這些詩作的文學性是否還有待進一步挖掘呢？

其次，是那些大量的“乞宫觀劄子”“丐祠申狀”“任祠謝表”“賀得祠啓”等奏狀表啓的文章創作和相關文字。誠如作者所説的“‘祠官文學’并非一個完全獨立的文學概念”④，而是與政治有着直接密切的聯繫，從這些表文（例如周必大的《乞宫觀奏狀》）就可以看出，其内容體現的政治訴求是十分明顯的，作者在寫作中會受到行文規範、政治關係的制約，其文學性和作者真實的思想感情有時是較難體現出來的。

最後，像陸游、范成大、楊萬里、辛棄疾、劉克莊等退居士大夫在里居時期，相較於此前的仕宦階段，文學創作的產量都更爲豐碩，如陸游的詩三分之二寫於里居時期，辛棄疾的詞也有三分之二寫於退居時期。而其中的優秀作品，雖然大多創作於奉祠時期，但是大多不屬於作者定義的

---

① 侯體健《士人身份與南宋詩文研究》，第 59 頁。
② 侯體健《士人身份與南宋詩文研究》，第 52 頁。
③ 侯體健《士人身份與南宋詩文研究》，第 54 頁。
④ 侯體健《士人身份與南宋詩文研究》，第 53 頁。

“祠官文學”之列。“奉祠”與“文學創作”之關係，以奉祠的代表劉克莊爲例，其《跋黄慥詩》説：“奉南岳祠未兩考，得詩三百，非必技進，身閑而攻專爾。”① 劉克莊奉祠期間寫的“詩三百”，當然不可能都算作“祠官文學”作品，“奉祠”給他們帶來更多的是經濟基礎上的保證和生活上的閒適，從而促進他們文學產量的提升。

總而言之，“祠官文學”反映了南宋特有的政治生態與士人情懷，但對於反映奉祠“個體”的自我心理則稍顯不足，或者説在這方面還有很大的開拓空間。我們十分認同作者的相關闡述：奉祠經歷和祠官文學“在維繫群體關係、加強群體情感交流、建構群體文學精神世界、形成地區詩人群體”② 等方面都有重要作用。但是，“祠官文學”的文學價值、通過這一途徑所能窺見的南宋文人的心靈世界還有待進一步開拓。

三、對互文性闡釋的思考：《楚辭補注》中的“以騷注騷”

作者在論述洪興祖的《楚辭補注》之前，將洪興祖生平行履與《楚辭補注》的成書狀況以“年譜”的方式作了重新考證與梳理，這種重視“年譜”的研究方法與宋人的治學風氣暗合，從闡釋學的角度來説，宋代“詩史”的觀念已經成爲當時學者的共識。作者這種編年譜以探尋“本末”的研究思維可謂深得宋代治學之門徑。

關於作者提出的“以騷注騷”，可先參看湯炳正在《淵研樓屈學存稿》中的“以屈證屈，本義自見”一條：

> 所謂“以屈證屈”，即在衆説紛紜之中，如果能以屈賦本身斷之，則是非立定，異説自息。研討微言大義者當如此，涉及文字訓詁者亦當如此……③

作者順着湯炳正提出的“以屈證屈”的思路繼續深入研究，將以屈賦

① 劉克莊《跋黄慥詩》，載《劉克莊集箋校》卷九九，第9册，北京：中華書局，2011年，第4180頁。

② 侯體健《士人身份與南宋詩文研究》，第56～57頁。

③ 湯炳正《淵研樓屈學存稿》，北京：華齡出版社，2013年，第68頁。

爲核心的“以屈證屈”擴大到以洪興祖補注下的整個《楚辭》爲對象的“以騷注騷”（“以騷注騷”就是利用《楚辭》各章之間或一章之內具有某些關聯的句子對文本進行字詞的訓詁、名物的互證，情感的映照和事件的比勘等，從而取得對《楚辭》中字句理解的準確、名物認知的清楚、情感取向的認同和具體事件的證實[①]），并以“互文性闡釋”作爲理論依據。作者論述了《楚辭補注》中“以騷注騷”的互文性闡釋與中國傳統的互文性闡釋、西方“互文性”理論的區別：第一，認爲中國傳統的互文性闡釋“互文見義、相爲表裏”與西方“互文性”理論所謂的“許多行文的鑲嵌品”[②]在肯定文本之間的聯繫層面上具有很強的趨同性，《楚辭補注》就繼承了這一思想。第二，在那些以其他文本印證“本文”的主流互文性闡釋之外，“以騷注騷”卻是以“本文”印證“本文”的互文性闡釋，是一種“內向型”互文闡釋。作者爲此還引證了周裕鍇“互文性闡釋學”[③]的觀點和李清良“解喻結合”“雙重還原法”[④]的觀點。在舉例論證中，作者認爲《楚辭補註》中運用“以騷注騷”的各例可以體現在字詞訓詁、名物互證、情感應照、事件比勘四個方面，並且進一步從中國古代闡釋學的角度來審視洪興祖“以騷注騷”的闡釋學意義、優點與局限性，將《楚辭補註》中“以騷注騷”的方法論述得十分清晰和深入。

不過，關於作者的論述，筆者仍然有一些思考想提出來以供探討：第一，作者引用了周裕鍇“互文性闡釋學”的觀點：“中國最正統的闡釋學所採用的方法，幾乎使用的都是以其他文本來解釋或印證‘本文’的方法。”[⑤]但是，周裕鍇論述的“互文性闡釋學”與作者論述的“互文性闡釋”在內涵上仍有細微差別，這裏涉及中國古代傳統的“互文性”闡釋的具體表現，如兩漢諸儒的“讖緯”、兩晉諸僧的“格義”，到唐代《文選》諸注的引經據典、宋代杜詩諸注的釋事釋史，其中雖然不乏有個別詩與詩之間的相發明，但更大的部分是屬於“詩史互證”或詩文與“經史相發明”，周裕鍇又論述了這種“詩史互證”的缺點：“文學文本和歷史文本畢

① 侯體健《士人身份與南宋詩文研究》，第160頁。

② 茱莉婭·克里斯蒂娃《詞語、對話和小說》，收入史忠義譯《符號學：符義分析探索集》，上海：復旦大學出版社，2015年，第87頁。

③ 周裕鍇《中國古代闡釋學研究》，上海：復旦大學出版社，2019年，第377頁。

④ 李清良《中國闡釋學》，長沙：湖南師範大學出版社，2001年，第472～473頁。

⑤ 周裕鍇《中國古代闡釋學研究》，第377頁。

竟具有不同的性質，即使是紀實性的詩歌，經過詩人的情感處理以及詩歌的形式制約，都會與史籍有别……考證學的方法只能用於辨證‘實事’的真僞，一旦它試圖僭越去證實‘心跡’的曲直，便很可能弄巧成拙”，因爲“詩意本身不屬於實證的範圍”①。

所以說，“以其他文本來解釋或印證‘本文’”中的“其他文本”，在中國的闡釋傳統中，更多的是屬於歷史文本，或者說是與“詩”不同性質的文本，而不是用“其他詩文本”來印證“本詩文本”，作者的“以本文印證本文”的方法屬於對“互文性闡釋”的進一步發揮，這一點似乎值得提出來。

第二，作者在論述洪興祖“以騷注騷”的原因時，還應該充分觀照《楚辭》的闡釋史。我們知道，洪興祖作《楚辭補注》的一大動因，是不滿漢代王逸《楚辭章句》的不足，逸注有的“依經立義”，頻繁徵引五經導致過度比附；有的則不符屈作原意，洪興祖對此是有所調和的。另外，就《楚辭》的文體特征而言，曹丕《典論·論文》提出“文本同而末異”的思想，劉勰《文心雕龍·序志》也稱“原始以表末”，《漢書·藝文志》直以詩教傳統來探討辭賦的起源與發展，把辭賦看作古《詩》之流，晉代摯虞《文章流别論》明確指出頌、賦、楚辭皆源於《詩》。自漢至宋，詩、賦合流的觀點一以貫之，特别到了宋代晁補之，他在《離騷新序》中說：

> 傳曰：“賦者，古詩之流也。”故《懷沙》言賦，《橘頌》言頌，《九歌》言歌，《天問》言問，皆詩也，《離騷》備之矣。蓋詩之流，至楚而爲《離騷》，至漢而爲賦，其後賦復變爲詩，又變而爲雜言、長謠、問對、銘贊、操引，苟類出於楚人之辭而小變者，雖百世可知。②

此論直接將楚辭文體定性爲“楚辭皆詩也”。洪興祖在《楚辭補注》的具體注釋中廣泛徵引樂府、詩歌、辭賦等來注解《楚辭》，說明了他對晁補之“楚辭皆詩”觀點的認同與採納。如《離騷》“退將復修吾初服”

---

① 周裕鍇《中國古代闡釋學研究》，第377頁。

② 晁補之《雞肋集》，載《景印文淵閣四庫全書》，第1118册，新北：台灣商務印書館，1986年，第682頁。

句，洪補曰："曹植《七啓》曰：願反初服，從子而歸。"① 《離騷》"閨中既以邃遠兮，哲王又不寤"句，洪補曰："韓愈《琴操》云：臣罪當誅兮，天王聖明。亦此意。"② 《九歌·東皇太一》"奠桂酒兮椒漿"句，洪補曰："漢樂歌曰：奠桂酒，勺椒漿。"③ 諸如此類，洪興祖廣泛以詩注《楚辭》，而"楚辭皆詩"，那麼他就極有可能也用這種注釋思路以《楚辭》注《楚辭》，即"以騷注騷"。

第三，"以騷注騷"的核心，就是在《楚辭》中用具有相同或相通之情感的篇目互證、用大量相似語句的相互提示，從而發掘章句之間、篇目之間的文學共性。換言之，"以騷注騷"終究是一種依靠推導的解讀方式，它非常依賴上下文和字句之間的關係，在推導過程中，假如對屈原某詞某句的解讀不準確或是有不同理解，那麼即使將相似的字句排列在一起，也未必能推導并還原屈原本來的意旨。這非常考驗注釋者的知識水平，該方法在實際運用中也會受到局限，注釋者往往只會在自己有把握、有靈感之處採用"以騷注騷"。更何況，這種解讀方式很少從文字訓詁的角度追根溯源，而解讀不僅僅是一個還原的過程，還是一個創造的過程，這樣，或許就不一定能"回到事物的本來面目"了。正是因爲這些局限，所以洪興祖除"以騷注騷外"，還廣引經（53 種）、史（30 種）、子（81 種）、集（73 種）共 237 種 2307 次。④ 作者提出的"洪氏沒有窮盡性地'以騷注騷'"，有沒有可能是因爲這種方法本身的局限性呢？

這部學術著作展示了南宋文學研究重要面貌，吸收了最新的研究成果，其獨特的學術視角和最新的研究方法都值得我們欽佩和學習。瑕不掩瑜，希望這本好書能夠啓發更多的人。

---

① 洪興祖《楚辭補注》，北京：中華書局，1983 年，第 17 頁。
② 洪興祖《楚辭補注》，第 34～35 頁。
③ 洪興祖《楚辭補注》，第 56 頁。
④ 朱佩弦《洪興祖〈楚辭補註〉研究》，華中師範大學博士學位論文，2015 年，第 237 頁。

稿　約

一、《新國學》是刊佈當代學者運用現代科學精神研究中國古典文獻的最新成果的專業學術集刊，由教育部人文社會科學重點研究基地四川大學中國俗文化研究所主辦。

二、本集刊熱忱歡迎海內外同行專家學者惠賜尊稿。本集刊登載有關中國傳統文化研究的論文，內容包括以中國古典文獻為載體的以下學科：文學、史學、哲學、宗教學、倫理學、美學、藝術學、考古學、文字學、音韻學、訓詁學、目錄學、版本學、校勘學、敦煌吐魯番學、政治學、軍事學、經濟學、博物學、科技史、民俗學、闡釋學以及古代中外文化交流比較研究。

三、本集刊採用匿名審稿制。來稿均由編輯委員會送呈校內外至少兩位同行專家審閱，再由編輯委員會決定是否採用。

四、編輯委員會對來稿可提出修改意見，但除了技術性的處理之外，不代為作者修改。文責自負。

五、來稿請用中文繁體字書寫或電腦打印。電腦打印者，除寄打印稿之外，請附以 Microsoft Word 文檔或純文本方式儲存的軟碟，或者將電子文檔發至編輯委員會電子信箱。無論手寫或是打印，皆要求：

1. 論文的標題之下，附以 300 字左右的“摘要”、3 至 5 個“關鍵詞”。並請同時提交論文題目、作者姓名之英譯。

2. 國標 7000 字以外的字或符號，另紙書寫。

3. 來稿若為基金項目，請於第一頁腳注詳細列出基金項目名稱、批准時間及編號。

4. 於另頁上，按順序寫上：論文題目、作者姓名、出生年月、性別、籍貫、工作單位、職稱或職務、通訊地址、郵政編碼、電子信箱（E－

mail)、電話號碼。

5. 如需要圖片，除在文檔中插入之外，請再提交供印刷的 JPEG 或 TIFF 文件。

六、來稿中，古代紀年、古籍卷數，一般用中文數字，而古代紀年首次出現時尚須加注公元紀年。如：元和十三年（818）；《山海經》卷一。其他的數字，一般用阿拉伯數字。凡是第一次提及外國人名，在漢譯之外，須附外文原名，如：柏拉圖（Plato）。

七、注釋要求：

1. 一律採用當頁頁下注。

2. 注釋碼，請用①②③之類表示，並標注在正文相應內容的上方，如：——①，——②，——③。每頁重新編號。

3. 引用中文文獻的參考格式如下。

（1）引用專著，如：胡適《中國哲學史大綱》卷上，上海：商務印書館，1919 年，第 99 頁。

（2）引用文集之文，如：陳寅恪《清華大學王觀堂先生紀念碑銘》，載《金明館叢稿二編》，上海：上海古籍出版社，1980 年，第 218 頁。

（3）所引專著或文集若有多個版次，宜將版次標出。例如：李贄《焚書 續焚書》，北京：中華書局，2009 年第 2 版，第 82 頁。

（4）引用學位論文，應標注學校、學位及提交時間。例如：張曉敏《日本江戶時代〈詩經〉學研究》，山西大學博士學位論文，2013 年，第 169 頁。

（5）引用期刊文章，如：楊明照《四川治水神話中的夏禹》，《四川大學學報（哲學社會科學版）》1959 年第 4 期，第××～××頁。

（6）相同書籍的第二次引用，可省略出版信息。如：胡適《中國哲學史大綱》卷上，第 100 頁。

八、本集刊只發表原創性成果，請勿一稿兩投。來稿敬請自留底稿，編輯委員會將在收到稿件三個月之內答復，若未得答復，作者可另行處理。來稿刊出後，贈送樣書貳冊。

九、來稿請寄：中國四川省成都市九眼橋，四川大學望江校區中國俗文化研究所《新國學》編輯委員會。郵政編碼：610064。

電子信箱：scuxinguoxue@163. com。

《新國學》希望得到海內外各界的關心和支持！